中国网络犯罪综合报告

腾讯安全战略研究部
Center for Strategic Security Studies (CSSS)

Comprehensive Report on Cybercrime in China

江溯 主编
李佳 副主编

北京大学出版社
PEKING UNIVERSITY PRESS

图书在版编目(CIP)数据

中国网络犯罪综合报告 / 江溯主编. — 北京：北京大学出版社，2021.4
ISBN 978-7-301-31987-1

Ⅰ.①中… Ⅱ.①江… Ⅲ.①互联网络—计算机犯罪—研究报告—中国 Ⅳ.①D924.364

中国版本图书馆 CIP 数据核字(2021)第 022883 号

书　　　名	中国网络犯罪综合报告 ZHONGGUO WANGLUO FANZUI ZONGHE BAOGAO
著作责任者	江　溯　主编
责 任 编 辑	杨玉洁　靳振国
标 准 书 号	ISBN 978-7-301-31987-1
出 版 发 行	北京大学出版社
地　　　址	北京市海淀区成府路 205 号　100871
网　　　址	http://www.pup.cn　http://www.yandayuanzhao.com
电 子 信 箱	yandayuanzhao@163.com
新 浪 微 博	@北京大学出版社　@北大出版社燕大元照法律图书
电　　　话	邮购部 010-62752015　发行部 010-62750672 编辑部 010-62117788
印　刷　者	涿州市星河印刷有限公司
经　销　者	新华书店
	965 毫米×1300 毫米　16 开本　14.75 印张　232 千字 2021 年 4 月第 1 版　2021 年 6 月第 2 次印刷
定　　　价	59.00 元

未经许可，不得以任何方式复制或抄袭本书之部分或全部内容。
版权所有，侵权必究
举报电话：010-62752024　电子信箱：fd@pup.pku.edu.cn
图书如有印装质量问题，请与出版部联系，电话：010-62756370

《中国网络犯罪综合报告》编委会

顾　问：陈兴良　梁根林
主　编：江　溯
副主编：李　佳
委　员：门美子　姚　理　王　斌
　　　　吴延鸿　张宝峰　王华伟

编写说明

江 溯[*]

现代信息网络技术的发展一方面给人们的生活带来极大的便利,另一方面也为新型网络犯罪提供了全新的手段。最近20多年以来,世界各国面临的一个严峻挑战就是网络犯罪的日益增加。与世界其他国家相比,我国的网络犯罪呈现出诸多不同的特征。为了应对日益增多的网络犯罪,我国不断加强和完善立法与司法,逐步积累了一些宝贵的经验。全面回顾和评价最近20多年以来我国打击网络犯罪的立法与司法方面的经验,对于完善立法与司法,从而更为有效地打击网络犯罪,具有重要的现实意义。有鉴于此,北京大学刑事法治研究中心与腾讯网络安全与犯罪研究基地合作完成了《中国网络犯罪综合报告》,以期为观察和研究我国网络犯罪提供一个全景敞视式的视角。

本报告第一章是"网络犯罪的发展态势"。近年来,全国各级法院一审审结的网络犯罪案件的案件量,以及其在全部刑事案件总量中的占比均呈逐年上升趋势。相对于传统犯罪,网络犯罪有其独特特征,包括犯罪手段专业化、犯罪主体团伙化、犯罪之间链条化、犯罪对象涉众化、犯罪范围跨国(境)化。随着网络空间与现实空间的

---

[*] 北京大学法学院副教授,北京大学刑事法治研究中心副主任。

结合日益紧密，几乎所有的犯罪都可以在网络空间内或者利用网络来实施。根据个罪与网络关系的紧密程度，可以将网络犯罪分为两种重要类型，即专门的网络犯罪和被网络化的传统犯罪。本章以这两类犯罪涉及的主要罪名为线索，结合中国裁判文书网的案例数据，描绘了近年来各典型网络犯罪的发展态势以及行为模式。此外，本章阐释了网络犯罪的地域、人员和手段特征。地域层面，分别分析了网络犯罪与地域经济情况、地理位置和人口数量的关系。人员层面则重点考察了职业、学历和年龄三项因素。手段层面，在总结出网络犯罪手段整体呈现规模化、专业化、集团化和产业化特征的基础上，对七种常见技术手段的概念、发展态势和典型案例进行了相应描绘。

本报告第二章是"网络犯罪的立法框架"。从目前来看，我国规制网络犯罪的法律、司法解释等规范性文件种类繁多、数量庞杂。本章从历史的、宏观的、分类的和发展的四个面向梳理网络犯罪的相关立法，全面呈现网络犯罪的立法框架。从历史的面向出发，介绍了网络犯罪历经互联网发展三个时代的立法沿革，以及相关罪名的立法背景和立法模式的选择。从宏观的面向出发，总结了网络犯罪的刑事立法应始终坚持的两个原则：谦抑性和预防性。从分类的面向出发，一方面，详细阐述了网络犯罪的现行规范（包括刑法条文、修正案内容、立法解释和司法解释）；另一方面，由于网络犯罪的特殊性，最高人民检察院、最高人民法院分别出台了两批指导性案例作为现行规范的实践补充，也具有重要的指引作用。从发展的面向出发，从上述内容中提炼出五大网络犯罪的立法模式，分别为"有形向无形：财物到财产性利益""系统向空间：计算机到网络秩序""个体向国家：个人到超个人法益""单独向共同：共犯行为的责任扩张""现在向未来：大数据与人工智能时代新型网络犯罪的立法应对"。

本报告第三章是"网络犯罪的罪名体系"。我国刑法中的网络犯罪罪名体系经历了不断拓展的三个发展阶段，体现出回应性扩张、预防性前置、概括开放性的特点。虽然我国网络犯罪立法积极回应实践难题，整体上契合网络刑事治理的发展，但是仍然存在诸多值得反思之处。首先，网络犯罪体现出复杂而多元的法益属性，兼具公共性、秩序性与个体性的多重特征，将其置于《刑法》第六章第一节之下并不恰当。其次，现有网络犯罪罪名体系存在刑法保护范围不周延、罪名之间相互交叉重合的现象。最后，近年来的网络犯罪立法并没有对明确性原则给予充分重视，引发了正当性危机和司法适用争议。面对上述问题，在法教义学的努力之外，应当在宏观层面重构网络犯罪罪名篇章结构，严密刑事保护法网，在微观层面理顺罪名关系，细化罪状表述。

本报告第四章是"网络犯罪的刑事侦查"。网络时代没有旁观者，网络技术的高速发展使得社会中绝大多数人都或主动或被动地与网络空间发生关联。而犯罪作为一个难以彻底根治的社会问题，自然也就蔓延到网络空间之中。由于网络犯罪相比传统犯罪利用了新型技术，对于网络犯罪的侦查措施也必须进行一定的革新，其中，大数据侦查将成为网络犯罪侦查所依赖的主要侦查技术。本章主要围绕三个问题展开对网络犯罪侦查的研究综述。首先，明确网络犯罪侦查所应遵循的原理，也即物质交换原理、同一认定原理和犯罪再现原理，以及这些原理应用于网络犯罪侦查时，区别于传统犯罪侦查的独特之处。其次，明确网络犯罪的侦查模式应当包括事前侦查模式和事后侦查模式。最后，明确网络犯罪侦查与隐私权保护的关系，展示网络犯罪侦查中可能出现的网络隐私侵权问题，同时提出网络犯罪侦查规范化的尝试，例如在《刑事诉讼法》中明确大数据侦查的地位等，以期能够实现对网络犯罪侦查相关核心问题较为全面的概括。

本报告第五章是"网络犯罪与电子数据"。电子数据对于打击网络犯罪至关重要。本章对网络犯罪与电子数据的一般问题、电子数据的法律渊源及其规制路径进行了介绍。网络犯罪与电子数据的一般问题包括电子数据的界定、电子数据与网络犯罪的关系、电子数据与公民权利保障的协调。电子数据，是指案件发生过程中形成的，以数字化形式存储、处理、传输的，能够证明案件事实的证据。

网络犯罪必然会产生电子数据,但有电子数据不意味着发生了网络犯罪,非网络犯罪也可能在计算机或网络中留下与犯罪相关的电子数据。电子数据的取证难免侵犯到公民个人权利,因此有必要把目光投向如何在坚持有限制取证的同时保证证据的完整性。在法律渊源上,电子数据的法定地位经历了从非法定证据向法定证据的转换,其规制体系也在逐步完善。最高人民法院、最高人民检察院、公安部《关于办理刑事案件收集提取和审查判断电子数据若干问题的规定》对电子数据进行了体系化的规则建构。根据这一规定,检察院、法院工作人员对此撰写的"理解与适用"以及现有研究和司法判例,电子数据的规制路径可以分为三个部分:收集提取、移送展示、审查判断。其中,收集提取部分包括取证主体与取证方法,取证规则,冻结、收集、提取电子数据的程序要求,检查以及鉴定与检验;移送展示部分包括移送和展示;审查判断部分包括对真实性与完整性的审查判断、对合法性的审查判断、对关联性的审查判断、对瑕疵证据的补正与排除以及一般性的排除规则。

本报告试图全面客观地描述最近20多年我国网络犯罪的发展态势,真实展现我国打击网络犯罪的实体法和程序法框架。本报告的框架由北京大学刑事法治研究中心副主任江溯与腾讯网络安全与犯罪研究基地李佳、门美子等研究人员共同商议确定。腾讯网络安全与犯罪研究基地为本报告的撰写提供了大量宝贵的参考资料,尤其是腾讯公司内部发行的《腾讯安全战略研究》为本报告的撰写提供了坚实的基础。本报告的具体执笔人员均为北京大学刑事法治研究中心的研究人员和博士生,他们分别是:江溯(负责导论);李佳馨、邢文升(北京大学法学院博士研究生,负责第一章);褚础(北京大学法学院博士研究生,负责第二章);王华伟(北京大学法学院助理教授,负责第三章);马天成(北京大学法学院博士研究生,负责第四章);曾军翰(北京大学法学院博士研究生,负责第五章)。本报告初稿完成之后,王华伟老师拨冗对全文进行了审校,在此予以特别感谢。此外,本报告还得到了北京大学法学院陈兴良教授、梁根林教授,最高人民检察院副检察长陈国庆同志和最高人民法院研究室副主任周加海同志的亲切指导,腾讯公司副总裁谢呼先生给予指导并作序,在此一并表示深深的谢意!我们期待今后北京大学刑事法治研究中心与腾讯网络安全与犯罪研究基地的进一步深度合作,不断更新《中国网络犯罪综合报告》,使之成为观察和研究我国网络犯罪的一面明镜。

谨识于北京大学法学院陈明楼304室
2020年12月5日

序

谢 呼[*]

    光之所至,有影随行。随着互联网技术的代际发展,人们开始享受万物互联给生活带来的便利,但同时,在巨额非法利益的诱引下,也有些心怀不轨的恶意分子开始打起互联网的主意。他们"苦心钻研"犯罪技术,"精心筹划"犯罪剧本,"裂变式传播"犯罪信息,不断侵蚀用户权益、平台安全乃至整个网络生态的健康秩序。

    技术虽不易分好坏,但人性却有善恶。应对技术依附性极强且日益复杂的网络犯罪,我们必须穿透手段的乱象,看清行为的本质。"机器能否被骗"曾是法学界的一个经典议题,其实,不论技术如何发展,我们要看到,驱动技术变革的不是机器,而是其背后的设计者和使用者。诺贝尔发明炸药的初衷本是助力工业生产和工程建设,但落入恶意分子之手,却成为了对社会危害极大的危险品。在互联网全面普及的时代,如何积极引导用户、平台乃至整个互联网生态都形成一个积极、健康的用网习惯和使用氛围,不让技术的发展沦为恶意分子的犯罪工具,便成了保护用户权益、维护网络生态的关键。

    腾讯公司本着"用户为本,科技向善"的使命愿景,不断升级对

---

[*] 腾讯公司副总裁。

抗网络犯罪和各类违法行为的能力。腾讯公司一直以正直的价值观引导科技创新的方向,以进取的态度整合公司技术资源,正向投入到网络黑灰产的平台治理中来。同时,腾讯公司在与黑灰产对抗中,不断总结经验,完善解决思路,打通技术和法律的双向资源,形成了"腾讯安全课"系列品牌课程,贯穿所有涉及网络安全的模块,希望能够将应对网络犯罪的经验和研究成果分享给更多的伙伴,优势互补,勠力共为。

积跬步,乃至千里;汇江河,才成瀚海。腾讯公司希望以自己的点滴努力呼吁更多致力于网络安全的同仁,微光聚火,互促共进,在应对网络犯罪中形成合力,共筑网络安全的全方位屏障,一同驱散互联网世界的阴霾,携手维护网络生态的碧朗晴空。

2020 年 12 月 21 日

目 录

导　论　网络犯罪对中国刑法的挑战 ……………（001）

第一章　网络犯罪的发展态势 ……………………（022）

第二章　网络犯罪的立法框架 ……………………（105）

第三章　网络犯罪的罪名体系 ……………………（139）

第四章　网络犯罪的刑事侦查 ……………………（162）

第五章　网络犯罪与电子数据 ……………………（197）

导论　网络犯罪对中国刑法的挑战*

最近 20 多年来,随着现代信息技术的迅猛发展,网络已经融入社会生活的方方面面,成为人们生活、工作中不可或缺的组成部分。一方面,网络的发展给人们的社会生活带来极大的便利;另一方面,互联网也面临着日益严峻的安全问题,网络犯罪的数量急剧增长,不仅对公民的人身、财产造成损害,而且对国家安全和社会秩序造成严重威胁。根据有关报道,在中国,网络犯罪的数量已经占到所有犯罪的三分之一,成为名副其实的第一大犯罪类型,其所具有的社会危害性不容小觑。① 与传统犯罪相比,网络犯罪具有智能性、隐蔽性、匿名性与无国界性等特征,因此给中国的刑事实体法与刑事程序法带来了许多严峻的挑战。不仅如此,由于网络犯罪具有全球性和无国界性的特征,因此,如何通过加强与国际社会的合作,有效地打击跨国网络犯罪,也是中国刑法面临的一个重大挑战。

一、网络犯罪对刑事实体法的挑战

从中国网络犯罪的演进历程来看,网络犯罪经历了从网络作为"犯罪对象"到网络作为"犯罪工具",再到网络作为"犯罪空间"的

---

*　本导论作者为江溯。
①　参见高语阳:《网络犯罪已占犯罪总数近三分之一》,载中国长安网(http://www.chinapeace.gov.cn/chinapeace/c54415/2016-10/14/content_12155502.shtml),访问日期:2021 年 4 月 5 日。

过程。① 为了应对网络犯罪的发展态势,从 1997 年开始,通过制定新法(例如 2016 年的《网络安全法》等)、修改旧法(例如刑法修正案)以及颁布相关司法解释等方式,中国刑法确立了网络犯罪的三种基本类型,即以计算机信息系统作为"犯罪对象"的网络犯罪、以网络作为"犯罪工具"的网络犯罪和以网络作为"犯罪空间"的网络犯罪。在某种程度上,可以说中国的"网络刑法"已经初见雏形。当然,由于网络犯罪与传统犯罪存在诸多重大的区别,因此中国的"网络刑法"仍然面临许多挑战。

(一)网络犯罪的三种类型

1. 以计算机信息系统作为"犯罪对象"的网络犯罪

以计算机信息系统作为"犯罪对象"的网络犯罪是网络 1.0 时代的基本犯罪形态。网络 1.0 时代的网络是一个以"联"为主的网络,网络只是把所有的终端或者网民连接在一起,无论是网民之间还是网民与网络之间,均无法实现"互动",只能是信息交换,因此网民在网络面前只是"受众",个人与计算机信息系统之间的"冲突"成为犯罪的唯一表现形式,个人挑战、攻击系统成为这一时代的"标准化"犯罪模式。② 以计算机信息系统为对象实施的计算机犯罪,往往为熟练掌握专门甚至特殊计算机技术的各种黑客出于炫耀技能、挑战极限、表现自我、窥探隐私、获取秘密等个人动机所实施,或者竞争对手出于商业利益而雇佣计算机专业技术人员所实施,甚至可能是特定国家的政府机构、军队为谋取特定政治、经济或者军事利益而设置的专门部门所实施,因而被认为是高技术、高智能犯罪。③ 中国刑法规定了下列针对计算机信息系统的犯罪:①非法侵入计算机

---

① 参见于志刚:《网络思维的演变与网络犯罪的制裁思路》,载《中外法学》2014 年第 4 期,第 1047—1053 页。
② 参见于志刚:《网络思维的演变与网络犯罪的制裁思路》,载《中外法学》2014 年第 4 期,第 1047—1048 页。
③ 参见梁根林:《传统犯罪网络化:归责障碍、刑法应对与教义限缩》,载《法学》2017 年第 2 期,第 4 页。

信息系统罪(《刑法》第285条第1款),是指违反国家规定,侵入国家事务、国防建设、尖端科学技术领域的计算机信息系统的行为。②非法获取计算机信息系统数据、非法控制计算机信息系统罪(《刑法》第285条第2款),是指违反国家规定,侵入非国家事务、国防建设、尖端科学技术领域的计算机信息系统或者采用其他技术手段,获取该计算机信息系统中存储、处理或者传输的数据,或者对该计算机信息系统实施非法控制,情节严重的行为。③提供侵入、非法控制计算机信息系统程序、工具罪(《刑法》第285条第3款),是指提供专门用于侵入、非法控制计算机信息系统的程序、工具,或者明知他人实施侵入、非法控制计算机信息系统的违法犯罪行为而为其提供程序、工具,情节严重的行为。④破坏计算机信息系统罪(《刑法》第286条),是指违反国家规定,对计算机信息系统功能进行删除、修改、增加、干扰,造成计算机信息系统不能正常运行,或者违反国家规定,对计算机信息系统中存储、处理或者传输的数据和应用程序进行删除、修改、增加的操作,或者故意制作、传播计算机病毒等破坏性程序,影响计算机系统正常运行,造成严重后果的行为。计算机信息系统在现代社会中发挥着越来越重要的作用,大量的经济活动、社会交往和日常生活都依赖于计算机信息系统的正常运行,因此计算机信息系统自身的安全极其重要。中国刑法的上述规定对于保护计算机信息系统安全,打击计算机网络犯罪发挥着重要作用。

2. 以网络作为"犯罪工具"的网络犯罪

中国大约从2000年开始进入了网络2.0时代,这是一个以"互"为主的网络时代,网民之间、网民与网络之间的"互动"是这一时代的根本特点。"点对点"的互动交流是网络2.0时代的基本特征,以此为基础的电子商务等快速兴起。在这一时代,挑战、攻击计算机信息系统的犯罪即以计算机信息系统为"犯罪对象"的犯罪数量大幅度下降,而以网络作为犯罪工具实施的传统犯罪的数量则出现爆发式增长的趋势,其中财产犯罪(例如引起中国社会广泛关注的电信网络诈骗)的比例最高。① 在这种背景下,《刑法》第 287 条就变得日益重要。该条规定:"利用计算机实施金融诈骗、盗窃、贪污、挪用公款、窃取国家秘密或者其他犯罪的,依照本法有关规定定罪处罚。"由于几乎所有传统犯罪都可以网络为工具来实施,因此网络犯罪的范围大幅度扩张。虽然利用网络作为"犯罪工具"的传统犯罪并未改变这些犯罪的实质,但是,其所造成的社会危害却远远大于在物理空间所实施的传统犯罪。除此以外,针对将网络作为"犯罪工具"的预备行为和帮助行为,《刑法》专门作出了规定:①第 287 条之一的非法利用信息网络罪,是指利用信息网络实施下列行为之一,情节严重的行为:A. 设立用于实施诈骗、传授犯罪方法、制作或者销售违禁物品、管制物品等违法犯罪活动的网站、通讯群组的;B. 发布有关制作或者销售毒品、枪支、淫秽物品等违禁物品、管制物品或者其他违法犯罪信息的;C. 为实施诈骗等违法犯罪活动发布信息的。②第 287 条之二的帮助信息网络犯罪活动罪,是指明知他人利用信息网络实施犯罪,为其犯罪提供互联网接入、服务器托管、网络存储、通讯传输等技术支持,或者提供广告推广、支付结算等帮助,情节严重的行为。从网络犯罪的实际状况来看,将上述网络犯罪的预备行为和帮助行为作为独立的犯罪来处罚,当然是必要的,但同时不可否认的是,这种犯罪化对传统的刑法教义学形成了很大的挑战。

3. 以网络作为"犯罪空间"的网络犯罪

网络的迅速发展和网络社会的快速形成,让人类社会的方方面面都刻上了网络的烙印,仅仅经过几年的实践,人类社会就进入了网络社会和现实社会并存的"双层社会"阶段。网络在网络犯罪中的地位,也从作为犯罪对象、犯罪工具进入一个全新的阶段——网络空间成为一个犯罪的空间,成为一个全新的犯罪场域。② 为了应

---

① 参见于志刚:《网络思维的演变与网络犯罪的制裁思路》,载《中外法学》2014 年第 4 期,第 1049 页。

② 参见于志刚:《"双层社会"中传统刑法的适用空间——以"两高"〈网络诽谤解释〉的发布为背景》,载《法学》2013 年第 10 期,第 102 页。

对网络作为"犯罪空间"的网络犯罪,中国最高司法机关首先在一些司法解释中进行了尝试。例如,2005年《最高人民法院、最高人民检察院关于办理赌博刑事案件具体应用法律若干问题的解释》和2010年《最高人民法院、最高人民检察院、公安部关于办理网络赌博犯罪案件适用法律若干问题的意见》(以下简称《网络赌博案件意见》)明确将赌博网站与传统的、物理性的赌场解释为刑法上的"赌场",这就等于承认了网络作为赌博犯罪之"空间"的地位。又如,2013年《最高人民法院、最高人民检察院关于办理利用信息网络实施诽谤等刑事案件适用法律若干问题的解释》(以下简称《网络诽谤案件解释》)尝试将网络空间解释为寻衅滋事罪中的"公共场所",并且将在网络空间中实施的辱骂、恐吓他人,或者编造、散布虚假信息,起哄闹事的行为解释为对"公共秩序"的破坏。此外,由于网络平台的重要性日渐凸显,网络服务提供者的刑事责任开始受到重视。《刑法》第286条之一规定了拒不履行信息网络安全管理义务罪,它是指网络服务提供者不履行法律、行政法规规定的信息网络安全管理义务,经监管部门责令采取改正措施而拒不改正,有下列情形之一的行为:①致使违法信息大量传播的;②致使用户信息泄露,造成严重后果的;③致使刑事案件证据灭失,情节严重的;④有其他严重情节的。今后,随着网络社会的不断发展,网络空间会成为更多犯罪的温床,因此立法和司法应当对其给予更多关注。

(二)实体刑法面临的挑战

通过上述关于中国"网络刑法"的描述,我们可以看到,中国刑法已经确立了打击网络犯罪的基本框架。这一基本框架对于维护国家安全、网络安全、社会安全以及公民的个人法益具有重要意义。但是,由于网络犯罪本身具有许多不同于传统犯罪的特征,因此必然会给传统刑法体系带来诸多严峻挑战。

1. 罪刑法定原则与刑法解释

传统刑法体系产生于农业社会和工业社会,主要针对的是物理空间。问题是,传统刑法体系是否可以适用于网络犯罪?在传统刑法条文的语义范围无法涵盖网络空间的时候,是否可以通过扩张刑法解释,将现有刑法规范适用于网络犯罪?就网络犯罪而言,刑法扩张解释的边界在哪里?《刑法》第3条明确规定了罪刑法定原则:"法律明文规定为犯罪行为的,依照法律定罪处刑;法律没有明文规定为犯罪行为的,不得定罪处刑。"众所周知,罪刑法定原则的内容之一是禁止类推,但不反对扩张解释。虽然在理论上区分类推与扩张解释并非易事[①],但是,在中国网络犯罪的解释中,却存在明显的过度扩张解释,因而有类推之嫌疑的情形。

(1)"兜底条款"的扩张解释。例如,《刑法》第276条规定的破坏生产经营罪,是指由于泄愤报复或者其他个人目的,毁坏机器设备、残害耕畜或者以其他方法破坏生产经营的行为。在董志超、谢文浩破坏生产经营案[②]中,被告人董志超为了打击对手,雇佣被告人谢文浩以同一账号集中大量购买北京智齿数汇科技有限公司南京分公司(以下简称"智齿科技南京公司")"论文查重服务",并给予好评后又退单,导致智齿科技南京公司因涉嫌虚假交易而被淘宝降权,造成经济损失15万余元人民币。一审、二审法院都判决被告人构成破坏生产经营罪。但是,从《刑法》第276条的规定来看,破坏生产经营罪的客观构成要件是"毁坏机器设备、残害耕畜或者以其他方法破坏生产经营"。根据同类解释规则,"其他方法"的外延应当与"毁坏机器设备、残害耕畜"具有同类性,即行为方式必须表现为暴力,行为对象必须是生产工具、生产资料。上述案件中妨害网店经营的行为,无论是在行为方式还是在行为对象上,与破坏生产经营罪的构成要件均不符合。司法实务将这种行为解释为刑法上的破坏生产经营,是类推而非扩张解释,因而违反罪刑法定原则。

(2)行为方式的扩张解释。例如,根据《刑法》第217条的规

[①] 关于类推与扩张解释的区分,参见冯军:《论刑法解释的边界和路径——以扩张解释与类推适用的区分为中心》,载《法学家》2012年第1期,第63—75页。

[②] 参见江苏省南京市雨花台区人民法院(2015)雨刑二初字第29号刑事判决书、江苏省南京市中级人民法院(2016)苏01刑终33号刑事判决书。

定,以营利为目的,未经著作权人许可,复制发行其文字、音像、计算机软件等作品的,构成侵犯著作权罪。根据《著作权法》的规定,复制权、发行权和信息网络传播权是三种独立的著作权,"复制发行"并不包括"信息网络传播"。但是,为了打击利用网络实施的侵犯著作权犯罪,中国司法解释无一例外地将"复制发行"扩大解释为包括"信息网络传播",这就抹杀了"复制发行"与"信息网络传播"之间的差异,显然是类推而非扩张解释。① 不仅如此,中国司法判决对于被告人并未直接提供著作权人的作品,而仅仅提供该作品的"深层链接"的行为也解释为侵犯著作权罪中的"发行"行为(通过信息网络向公众传播),这显然也是类推而非扩张解释。②

(3)行为对象的扩张解释。传统刑法中的行为对象如"物品""财物""犯罪所得"等大多具有实体性,而网络犯罪的行为对象则具有虚拟性。因此,网络犯罪的行为对象是否可以解释为传统刑法中的行为对象,就是一个需要考虑的问题。例如,《刑法》第367条第1款规定的"淫秽物品"通常是指书刊、影片、录像带、录音带、图片等"物品",是否包括视频文件、音频文件、电子图书等"信息数据"呢? 中国司法解释对"淫秽物品"进行扩张解释,使之包括淫秽电子信息数据。③ 由于"物品"并不只包含具有物理外观的事物,因此这种解释并没有明显地超出该术语的文义解释范围,仍然是可以被接受的。

在中国刑法理论和实务中,对于网络虚拟财产以及数据、控制权是否可以解释为《刑法》第91条和第92条规定的"财产",则存在较大的争议。④ 首先,对于盗窃网络虚拟财产(Q币、游戏装备、上网流量包等)的行为,应当认定为盗窃罪还是计算机犯罪(主要是非法

---

① 参见欧阳本祺:《论网络时代刑法解释的限度》,载《中国法学》2017年第3期,第166页。
② 参见欧阳本祺:《论网络时代刑法解释的限度》,载《中国法学》2017年第3期,第167页。
③ 参见欧阳本祺:《论网络时代刑法解释的限度》,载《中国法学》2017年第3期,第166—167页。
④ 参见张智辉:《网络犯罪:传统刑法面临的挑战》,载《法学杂志》2014年第12期,第66—67页。

获取计算机信息系统数据罪与破坏计算机信息系统罪)？在中国司法实务中,有的判决是按照计算机犯罪来认定的,但刑法学者则更倾向于按照盗窃罪来认定。虚拟财产虽然没有传统财产的外在形式,但具备财产的实质特征即使用价值与交换价值,因此将其解释为刑法上的"财产",并不违反罪刑法定原则。① 其次,中国司法解释将"计算机信息系统数据、控制权"解释为掩饰、隐瞒犯罪所得、犯罪所得收益罪(《刑法》第 312 条)中的"犯罪所得",引起了较大的争议。在传统刑法中,"犯罪所得"是指通过实施犯罪行为而得到的财物。虽然计算机信息系统的数据、控制权可以为使用者带来某种财产利益甚至直接带来财产,但它本身并不是传统刑法上的财产。换言之,数据、控制权是行为人获得财产的手段,行为人只有通过使用这些数据、控制权,才有可能获得财产,但这些数据、控制权并非财产本身。因此,将数据、控制权解释为刑法上的财产,是违反罪刑法定原则的类推。②

(4)行为场所的扩张解释。例如,中国司法解释将"网络空间"解释为寻衅滋事罪(《刑法》第 293 条)中的"公共场所",并且将在网络空间中实施的辱骂、恐吓他人,或者编造、散布虚假信息,起哄闹事的行为解释为对"公共秩序"的破坏。③ 从中国刑法其他涉及公共场所的犯罪以及中国法律关于"公共场所"的界定来看,"公共场所"应当是指物理性的公共场所,而不包含网络空间。④ 相应地,上述司法解释所涉及的行为也不构成对"公共秩序"的破坏。因此,对于实施上述行为的行为人,不应按照寻衅滋事罪来定罪。事实上,对于在网络空间中实施的上述行为,完全可以按照侮辱罪、诽谤罪或者编造、故意传播虚假恐怖信息罪来定罪。

---

① 参见欧阳本祺:《论网络时代刑法解释的限度》,载《中国法学》2017 年第 3 期,第 167 页。
② 参见张智辉:《网络犯罪:传统刑法面临的挑战》,载《法学杂志》2014 年第 12 期,第 67—68 页。
③ 参见张智辉:《网络犯罪:传统刑法面临的挑战》,载《法学杂志》2014 年第 12 期,第 66 页。
④ 参见张智辉:《网络犯罪:传统刑法面临的挑战》,载《法学杂志》2014 年第 12 期,第 66 页。

由于网络空间与物理空间存在重大差异,因此在进行刑法解释时,一方面,我们有必要对许多传统刑法上的概念进行扩张解释,以便适应打击网络犯罪的需要,这是适应时代发展的正确路径;另一方面,我们必须坚守罪刑法定原则,确保扩张解释不至于过度地超越刑法条文的语义范围,以致危及刑法的人权保障功能。特别是在中国这样注重社会保护和打击犯罪的国家,我们应当始终强调罪刑法定原则的人权保障功能。

2. 预备行为实行化的质疑

与德国刑法不同,中国刑法原则上处罚所有犯罪的预备行为。《刑法》第22条规定:"为了犯罪,准备工具、制造条件的,是犯罪预备(第1款)。对于预备犯,可以比照既遂犯从轻、减轻处罚或者免除处罚(第2款)。"虽然《刑法》在总则中作出了这样的规定,但由于犯罪预备在客观上类型化程度比较低,而且主观故意难以证明,因此在中国司法实践中,犯罪预备实际上很少受到处罚。[①] 除《刑法》总则规定的犯罪预备以外,《刑法》分则针对一些具有重大法益侵害危险性的犯罪预备行为专门规定了独立的罪名。例如,《刑法》第120条之二专门就恐怖犯罪的预备行为规定了"准备实施恐怖活动罪"。就网络犯罪而言,《刑法》第287条之一的非法利用信息网络罪针对的是在信息网络上设立用于实施违法犯罪活动的网站、通讯群组,以及发布违法犯罪信息,为实施违法犯罪活动而发布信息的犯罪行为。这实际上是将网络犯罪的预备行为独立规定为犯罪,实现了预备行为的实行化。从立法理由来看,设立该罪的理由在于:在大量网络犯罪案件中,仅能查实行为人在网络上实施联络或者其他活动,对于线下实施的各种危害行为,很难一一查实、查全。为了减轻侦查机关搜集证据的难度,以及检察机关的证明责任,因此设立非法利用信息网络罪。[②] 通过将网络犯罪的预备行为规定为独立

---

① 参见梁根林:《预备犯普遍处罚原则的困境与突围——〈刑法〉第22条的解读与重构》,载《中国法学》2011年第2期,第167—168页。

② 全国人民代表大会常务委员会法制工作委员会编:《中华人民共和国刑法释义》(第六版·根据刑法修正案九最新修订),法律出版社2015年版,第235页。

的犯罪,刑法的法益保护得以提前。从防范网络犯罪风险这一刑事政策的角度看,这种立法方式当然具有一定的合理性。但问题是,如何在客观上区分网络犯罪的预备行为与日常生活的合法行为,如何证明行为人的主观故意,以及如何防止法益保护提前所导致的刑罚滥用,这些都是需要回答的问题。

3. 帮助行为正犯化的反思

随着网络社会的发展,网络技术越来越普及,网络空间中出现了大量的向一般公众提供用于实施网络犯罪技术支持的行为,使得一般公众实施网络犯罪成为可能。网络犯罪的帮助行为已经成为绝大多数网络犯罪的关键因素,也是当前网络犯罪泛滥的主要推动力之一,其危害性甚至远远超过了网络正犯行为。① 如何对网络犯罪的帮助行为进行适当的评价和处罚,是目前中国刑法面临的一个重要问题。《刑法》第 25 条第 1 款规定:"共同犯罪是指二人以上共同故意犯罪。"通说认为,共同犯罪的成立必须具备两个条件:第一,共同的犯罪行为,各共同犯罪人的行为都是指向同一的目标,彼此联系、互相配合,结成一个有机的犯罪行为整体;第二,共同的犯罪故意,即各共同犯罪人通过意思联络,认识到他们的共同犯罪行为会发生危害社会的结果,并决意参加共同犯罪,希望或放任这种结果发生的心理状态。② 但是,以信息技术支持为特征的网络犯罪帮助行为对这种传统的共同犯罪理论提出了严峻的挑战,这主要体现在:第一,网络将世界连成一体,网络便捷的传输性和无限的复制性,使得"一对多"的帮助成为可能。行为人只需将实施相应犯罪的方法、技术、程序等信息发布到网上,很快将会有难以计数的个体获得该信息,而在获得该信息的同时,也就跨越了网络犯罪的技术门槛,网络犯罪的帮助行为可以给大范围的潜在犯罪人提供实施犯罪的资源。因此,在网络犯罪中,帮助行为与正犯行为客观上并不是高度统一的,彼此之间的关系

---

① 参见于志刚:《传统犯罪的网络异化研究》,中国检察出版社 2010 年版,第 37 页。
② 参见高铭暄、马克昌主编:《刑法学》(第八版),北京大学出版社、高等教育出版社 2017 年版,第 315 页。

往往很松散。帮助行为与正犯行为之间的实施不具有同时性,两者之间的配合也不具有必然性。因此,网络犯罪的帮助行为与正犯行为之间往往不存在传统意义上的共同犯罪行为。第二,借助网络的虚拟性和技术性,不需要借助现实社会的实际接触,网络空间的各种信息可以实现充分的共享和传播,由此帮助行为和正犯行为在主观上的联系不再需要过于紧密,甚至不再需要有意思联络。因此,网络犯罪的帮助行为人与正犯之间缺乏传统意义上的共同犯罪故意。① 由于网络犯罪的帮助行为的上述特征,根据传统的共同犯罪理论对其加以评价,就会显得捉襟见肘。为了有效打击网络犯罪的帮助行为,中国的司法解释和刑事立法进行了重要的尝试:

(1)从司法解释上看,首先,为了有效地回应网络犯罪的帮助犯由于缺乏意思联络引发的共同犯罪评价困难,最高人民法院通过司法解释承认了传统共同犯罪理论所排斥的片面共犯,以实现对于网络犯罪帮助犯的充分评价。在2010年《最高人民法院、最高人民检察院关于办理利用互联网、移动通讯终端、声讯台制作、复制、出版、贩卖、传播淫秽电子信息刑事案件具体应用法律若干问题的解释(二)》[以下简称《淫秽信息案件解释(二)》]中,最高人民法院首次承认了网络犯罪的帮助行为可以缺乏"双向的意思联络",仅以"单向明知"与实行行为人成立共同犯罪,这一司法解释打破了中国传统刑法理论界不承认片面共犯的惯例。之后,在2010年《最高人民法院、最高人民检察院、公安部关于办理网络赌博犯罪案件适用法律若干问题的意见》和2011年《最高人民法院、最高人民检察院关于办理危害计算机信息系统安全刑事案件应用法律若干问题的解释》中,最高人民法院分别又在特定犯罪领域认可网络犯罪的帮助行为可以成立片面共犯。其次,在《淫秽信息案件解释(二)》中,对于特定的传播淫秽物品行为的网络技术支持的提供者,直接作为传播淫秽物品罪、传播淫秽物品牟利罪的正犯加以评价和制裁,不再

---

① 参见于志刚:《网络空间中犯罪帮助行为的制裁体系与完善思路》,载《中国法学》2016年第2期,第6—7页。

考虑其所帮助的、实际在网络中传播淫秽物品的行为人是否构成犯罪的问题，不再以共犯来对相关的技术帮助行为进行定性评价，在传播淫秽物品罪和传播淫秽物品牟利罪两个罪名中实现了帮助犯的正犯化。通过将网络犯罪的帮助行为评价为片面共犯和独立的正犯，最高人民法院对网络犯罪的帮助行为的评价进行了有益的尝试。当然，这些司法解释由于存在超越权限的问题，因此遭到了刑法学界的批判。①

（2）从刑事立法上看，首先，立法者通过2009年的刑法修改增设了提供侵入、非法控制计算机信息系统程序、工具罪，该罪名是网络犯罪帮助行为领域的共犯正犯化立法尝试，通过立法的形式实现了对非法侵入计算机信息系统和非法控制计算机信息系统提供帮助行为的充分评价，具有开创性。② 当然，这只是针对个别罪名的帮助行为的立法，无法应对具有全局性的网络犯罪帮助行为。通过2015年的刑法修改，立法者增设了帮助信息网络犯罪活动罪，该罪是所有为网络犯罪提供信息技术支持行为的兜底性罪名，是立法对于网络犯罪帮助行为的整体性回应。其次，立法者不仅对一般主体实施的网络犯罪帮助行为予以正犯化，而且通过规定拒不履行信息网络安全管理义务罪，确立了网络服务提供者的"平台刑事责任"。网络服务提供者是相对于网络用户而言的，与一般网络用户相比，网络服务提供者属于专门从事互联网服务的主体，在网络空间中为公众提供互联网服务，聚集大量的网络用户。网络服务提供者是网络平台的缔造者，而网络平台则是当前网络社会结构中的枢纽所在，网络服务提供者的行为对于确保网络社会安全有序具有重要影响，网络犯罪帮助行为"一对多"的特性在网络服务提供者的行为中更加明显。③ 从拒不履行信息网络安全管理义务罪的构成要件来看，网络服务提供者成立犯罪不再依托于

---

① 参见于志刚：《网络空间中犯罪帮助行为的制裁体系与完善思路》，载《中国法学》2016年第2期，第9—10页。
② 参见于志刚：《网络空间中犯罪帮助行为的制裁体系与完善思路》，载《中国法学》2016年第2期，第11页。
③ 参见于志刚：《网络空间中犯罪帮助行为的制裁体系与完善思路》，载《中国法学》2016年第2期，第12页。

网络空间中特定的其他犯罪行为,而是直接对自己所提供服务、所管理的平台中出现的危害后果承担刑事责任。与帮助信息网络犯罪活动罪的"正犯责任"相比,拒不履行信息网络安全管理义务罪的"平台责任"的独立性显然更加明显。①

从上述中国"网络刑法"的发展来看,对于网络犯罪的帮助行为,已经逐渐形成了"共犯责任""片面共犯""独立正犯"和"平台责任"的处罚体系。首先,对于符合共同犯罪成立条件的网络犯罪帮助行为,按照共犯来处罚,学界和实务界对此没有任何异议。其次,对于主观上缺乏共同犯罪故意或者客观上缺乏共同犯罪行为的网络犯罪帮助行为,中国刑法采取了将之认定为"片面共犯"或"独立正犯"的路径。这种路径是中国刑法针对网络犯罪帮助行为的特征所作出的回应,但很显然与传统的共同犯罪理论存在严重的冲突。对于这种路径的正当性,仅仅从社会危害性或者刑事政策的必要性角度来加以论证,显然还是不够的,有必要进一步加以研究。最后,由于网络服务提供者在网络社会和网络空间中扮演着重要角色,因此法律与行政法规要求其承担一定的信息网络安全管理义务是合乎情理的。② 但是,这并不意味着只要网络服务提供者未能履行相关义务,就必须承担刑事责任。网络服务提供者是否应当承担不作为犯的刑事责任,必须通过类型化地区分网络服务类型以及支撑网络服务的技术特性,确定其是否具有对网络安全危险源的技术控制可能性。网络服务类型不同,其技术特性与技术控制可能性有所不同,网络服务提供者的信息网络安全管理义务亦应当有所区别。从目前中国的网络法来看,其对网络服务提供者科处了过于宽泛和严格的信息网络安全管理义务,而没有根据网络服务类型以及相关的技术特征来划分不同网络服务提供者的义务,这可能导致网络服务提供者承担过于严苛的刑事责任。从长远来看,这种状况不

---

① 参见于志刚:《网络空间中犯罪帮助行为的制裁体系与完善思路》,载《中国法学》2016年第2期,第12页。
② 参见梁根林:《中国网络犯罪的刑法规制与教义分析》,2018年北大—立命馆大学法学研讨会,未刊稿。

利于网络平台技术的发展和网络服务水平的提升,对于网络社会的发展也会产生消极影响。①

4. 定罪量刑标准的革新

根据中国刑法,犯罪的成立不仅要求行为符合特定犯罪的客观构成要件和主观构成要件,而且要求达到一定的数额或者具备一定的情节。因此,在《刑法》中,大量犯罪的成立要件中包含"数额较大""情节严重"或者"情节恶劣"等要素。不仅如此,数额或情节还是大量犯罪的法定刑升格的条件,具体体现为"数额巨大""数额特别巨大"或者"情节特别严重""情节特别恶劣"等。如果缺乏这些数额或者情节,行为人就不构成犯罪或者不得加重其刑罚。因此,如何确定这些作为定罪量刑标准的数额或情节,是中国刑法的一个重要问题。通常,立法者不会对这些定罪量刑标准作出规定,而是由最高人民法院通过司法解释的形式来加以确定。

犯罪的定罪量刑标准在信息时代面临不同的适用背景,在内容和范围上发生了较大变化,难以直接适用于信息时代网络犯罪的定罪量刑。例如,数额标准在侵犯虚拟财产所有权、网络资源使用权等问题上不能很好地满足定量的要求。网络空间中犯罪行为的方式和侵害对象随着网络技术和犯罪平台、存在空间的变化,确实出现了一定的变异,影响着对于犯罪的定量评价。② 在此种背景下,传统的定罪量刑标准是难以直接适用于网络空间的。在过去几年内,最高人民法院通过司法解释,已经在一些罪名的定罪量刑标准中发展出了新的定罪量刑标准,以便适应打击网络犯罪的需求。在近几年关于网络犯罪定罪量刑标准的探索中,除沿用传统犯罪定罪量刑的数额等标准之外,中国司法机关已经开始将"实际被点击数""注册会员数""受害人次"等能够反映网络犯罪特有属性的数额标准纳入网络犯罪评价体系之内。例如,2004 年《最高人民法院、最高

---

① 参见梁根林:《中国网络犯罪的刑法规制与教义分析》,2018 年北大—立命馆法学研讨会,未刊稿。
② 参见于志刚、郭旨龙:《信息时代犯罪定量标准的体系化构建》,载《法律科学(西北政法大学学报)》2014 年第 3 期,第 130 页。

人民检察院关于办理利用互联网、移动通讯终端、声讯台制作、复制、出版、贩卖、传播淫秽电子信息刑事案件具体应用法律若干问题的解释》在认定是否成立相关的淫秽电子信息犯罪时,并未采取传统的数额或情节标准,而是以用户的点击数、注册会员数、受害人次等标准作为新型的量化标准。传统犯罪的定罪量刑标准主要是行为人本身的行为在客观上实际造成或可能造成的危害,但是在网络空间中,由于行为人与他人之间往往存在密切的互动关系,行为人的犯罪行为完全可能引起他人的连锁反应。因此,在确定行为人的犯罪行为是否达到一定数额或情节的时候,就不能局限于行为人自身行为所实际造成或者可能造成的危害,而是必须考虑该行为对他人造成的连锁反应。[①] 虽然最高人民法院对某些网络犯罪的定罪量刑标准已经进行了有益的探索,但是,由于几乎所有传统犯罪都可以借助网络或者在网络空间中实施,如何体系性地确定这些犯罪的定罪量刑标准,在今后相当长的时间里,仍然是中国刑法面临的一个巨大的现实挑战。

二、网络犯罪对刑事程序法的挑战

网络犯罪不仅对刑法提出了严峻的挑战,而且给刑事程序法带来许多难题。与传统的犯罪侦查不同,网络犯罪的侦查针对的是无形的电子数据。这些电子数据以各种隐蔽或者加密的方式存在于网络空间之中,而且能够轻而易举地在全球范围内流动。犯罪人可以通过互联网操纵或者消除这些数据。因此,网络犯罪给传统的犯罪侦查措施带来了严峻的挑战。而且,由于电子数据与传统的证据形式不同,因此如何确保这些电子数据可以作为追诉网络犯罪的证据,也是摆在立法者和司法者面前的问题。

---

① 参见于志刚、郭旨龙:《信息时代犯罪定量标准的体系化构建》,载《法律科学(西北政法大学学报)》2014年第3期,第134页。

(一)侦查措施的挑战

随着社会的发展和现代科学技术的不断进步,犯罪手段和方式也不断发生变异,常规的侦查措施难以应对一些日益隐蔽和智能的犯罪行为。例如,传统的搜查、扣押措施主要是针对有形的人或者物,对于无形的电子数据,这些措施的运用会受到极大的阻碍。为了有效侦查犯罪,在不断应用和改进常规侦查措施的同时,电子监听、电话监听、电子监控、秘密拍照、秘密录像等技术侦查措施逐渐兴起。中国法律允许对网络犯罪采取技术侦查措施,在符合法律规定的条件下,通过技术侦查获得的电子数据,可以作为认定网络犯罪的证据加以使用。[①] 但是,中国网络犯罪技术侦查存在的问题在于:第一,法律对于技术侦查的适用条件和适用程序的规定不够具体,缺乏对被适用对象的救济措施,因此在实践中有被滥用的危险。第二,在网络犯罪的技术侦查过程中,经常需要查找和筛选大量的数据资料,这些数据资料可能包含与网络犯罪无关的公民个人信息。如果对网络犯罪的技术侦查缺乏严格的控制,就可能对公民隐私权造成侵害。如何防止技术侦查的滥用,保护公民隐私权,如何平衡查明事实和保障人权之间的限度,是网络犯罪技术侦查中的一大难题。

由于网络犯罪是隐蔽性、技术性很强的犯罪,采取传统侦查措施发现和侦破该类犯罪的难度很大,是否应当根据网络犯罪的特点增设新的侦查措施,是值得中国立法和司法考虑的问题。例如,是否可以采用黑客技术,秘密远程进入目标计算机系统,以便达到取证的目的?虽然这样的措施并未被国际法律文件所认可,但考虑到网络犯罪的特点,是否可以在确保公民合法权利不受侵害的情况下引入这样的措施,是值得加以考虑的问题。[②]

[①] 参见于志刚、郭旨龙:《信息时代犯罪定量标准的体系化构建》,载《法律科学(西北政法大学学报)》2014年第3期,第138页。
[②] 参见陈永生:《计算机网络犯罪对刑事诉讼的挑战与制度应对》,载《法律科学(西北政法大学学报)》2014年第3期,第149—152页。

(二) 电子数据的挑战

与物证、书证等传统证据种类不同,电子证据以电子数据形式存在,人们难以看到电子数据本身,而只能看到电子数据的外在表现形式,如文本、图片等。与传统证据不同的是,电子数据容易丢失,而且容易被篡改,因此在收集、提取等方面给侦查机关造成了巨大的困难。为了保证电子数据的真实性和完整性,中国法律和司法解释对电子数据的保存、收集、提取等程序作出了相应的规定。

1. 电子数据的保存和提供

根据我国《网络安全法》《互联网信息服务管理办法》等法律法规的规定,网络服务提供者应记录、保存(通常要求保存60日)并在有权机关调查时提供电子数据证据。电子数据往往具有即时性,容易丢失,如果缺乏法定的记录、保存规范,电子数据的收集、提取就无法展开,从而无法有效地追诉网络犯罪。但是,从比较法角度上看,中国的行政法规对于电子数据保存期限的规定过短,而且缺乏在侦查机关要求的情况下重新计算保存期限的规定,因此可能导致无法在规定的期限内收集电子数据,从而丢失重要犯罪证据的情况。[①] 此外,中国的行政法规只规定了网络服务提供者的数据保留义务,没有对保护个人数据秘密权、公民隐私权、通信自由和通信秘密等权利作出规定,因此可能对公民的合法权利造成威胁。[②] 如何平衡打击网络犯罪和保护人权之间的关系,是今后中国电子数据保存制度应当关注的问题。

2. 电子数据的收集、提取和鉴定

为了确保电子数据的真实性、完整性,《刑事诉讼法》和相关司法解释对电子数据的收集、提取和鉴定等作出了详细的规定。例

[①] 参见陈永生:《计算机网络犯罪对刑事诉讼的挑战与制度应对》,载《法律科学(西北政法大学学报)》2014年第3期,第149—152页。

[②] 参见陈永生:《计算机网络犯罪对刑事诉讼的挑战与制度应对》,载《法律科学(西北政法大学学报)》2014年第3期,第153页。

如，在收集、提取电子数据的时候，要求两名以上具有专业知识的侦查人员进行；电子数据取证以收集原始存储介质为原则，以直接提取电子数据为例外；在收集、提取电子数据的时候，应当制作笔录；收集、提取的原始存储介质或电子数据，应当以封存状态移送；对电子数据涉及的专门性问题难以确定的，由司法鉴定机构出具鉴定意见，或者由公安部指定的机构出具检验报告。这些规定对电子数据的挑战作出了一些回应，对于有效地追诉网络犯罪发挥了积极作用。当然，中国司法实践中仍然存在一些困难，例如无法确保有足够数量的具备专业知识的侦查人员；在面对海量数据的时候，例如，在一个涉及淫秽视频的案件中，如果对超过20万个视频一一鉴真，就会给刑事程序带来严重困难。[①] 中国的立法和司法必须直面这样的挑战，寻找切实可行的解决方案。

三、网络犯罪的管辖权和司法协助

由于传统犯罪发生在物理空间之中，因此，与世界上大多数国家一样，《刑法》关于刑事管辖权的规定是建立在现实的物理空间基础之上的，采取了"属地管辖为主，属人管辖原则、保护管辖原则和普遍管辖原则为辅"的管辖权规则。然而，网络空间的全球化、虚拟化打破了主权领土的界限，行为人在网络空间中的犯罪行为可能同时跨越数个国家，使得传统刑事管辖权遭遇严重挑战。

第一，属地管辖的问题。传统地域管辖权的理论基础之一要求犯罪的行为地或者结果地之一应处于某一管辖区域内，即与某一物理空间具有稳定的联系。而网络是一个全球性和开放性的空间，网上的地址与现实中的地理位置没有必然的联系。对于网络空间中的行为，往往很难确定其真实的地理位置，网络犯罪的行为地和结

[①] 参见刘品新：《电子证据的鉴真问题：基于快播案的反思》，载《中外法学》2017年第1期，第89页。

果地的判断具有随意性和偶然性。① 一方面,网络空间的全球性和不确定性,使一个网络行为无法指向一个确定的管辖因素,从而使网络法律行为与传统地域管辖权的理论基础之间的关系变得不确定。另一方面,网络空间作为一个全球化的整体,具有虚拟和无形的特点,不可能像物理空间那样划分出单独的管辖区域。一旦网络法律行为与传统地域管辖权的理论基础失去了联系,那么将物理空间的管辖权规则适用于网络空间就成了一道难题。在超越国界的网络空间,某一犯罪的行为地或结果地可能涉及国际互联网所触及的所有国家和地区,如果所有这些国家和地区都主张管辖权,就会产生严重的管辖权冲突。网络犯罪行为地的隐蔽性和网络犯罪结果地的不确定性,使得以犯罪行为地或者犯罪结果地作为网络犯罪地域管辖的依据很难实现。

第二,属人管辖原则和保护管辖原则的问题。根据《刑法》的规定,是否行使属人管辖权与保护管辖权的一个重要前提是区分犯罪是发生在我国领域内还是领域外。对于传统犯罪的空间而言,领陆、领水、领空和移动领土都具有确定的界限和固定的范围,自然可以很轻易地区分出犯罪行为和犯罪结果是发生在我国领域内还是领域外。网络空间则不然,它没有确定的界限和固定的范围,是无界限的、全球性的开放系统,很难区分某一网络犯罪行为到底是发生在我国领域内还是领域外。② 既然很难确定中国公民或者外国人是在中国领域外还是在领域内实施网络犯罪,那么《刑法》关于属人管辖和保护管辖的规定对于网络犯罪管辖权的确定就形同虚设。换言之,传统的属人管辖原则和保护管辖原则难以解决网络犯罪的国际管辖权问题。

第三,普遍管辖原则的问题。由于网络犯罪是无国界的犯罪,其造成的危害后果可能是全球性的,其影响范围之广和涉及的

---

① 参见于志刚:《关于网络空间中刑事管辖权的思考》,载《中国法学》2003 年第 6 期,第 108 页。

② 参见于志刚:《关于网络空间中刑事管辖权的思考》,载《中国法学》2003 年第 6 期,第 105 页。

国家之多,远非传统犯罪所能比拟。针对网络犯罪行为,各国如果采用普遍管辖原则,必须满足以下条件:①该网络犯罪行为不仅在国内构成犯罪,在他国也构成犯罪,即已经构成"国家共管之下的犯罪";②以共同参加或缔结的国际条约为前提。① 从目前各国的立法和国际实践来看,关于网络犯罪管辖的国际条约尚未达成。因此,在网络犯罪中适用普遍管辖原则缺乏法律依据和现实基础。

网络犯罪的无国界性对以国家主权为基础的刑事管辖权提出了严峻挑战。为了迎接这种挑战,国际和地区层面已经出现了一些正式和非正式的合作机制。② 但是,从总体上看,相对于打击网络犯罪的实际需要而言,国家主权的利益似乎被放在一个更为重要的位置上,这极大地阻碍了网络犯罪国际合作机制的发展。在网络犯罪的国际司法合作方面,中国还没有与外国缔结关于打击网络犯罪的司法合作协议或者参加相关国际条约,因此导致司法机关在处理跨国网络犯罪案件时常常陷入困境。③ 近年来,在打击电信网络诈骗方面,中国开始与多个国家开展司法互助,成功地将许多犯罪人引渡回国;中国与美国关于共同打击网络犯罪的机制也正在建立。这些都是打击网络犯罪的国际司法合作的有益尝试。今后中国还需要不断加强与国际社会的合作,以便更有效地打击网络犯罪。

四、结 论

人类已经进入一个网络时代,网络在给我们的日常生活带来极大便利的同时,也为犯罪提供了新的工具和空间。网络空间的虚拟性、无国界性给刑法和刑事程序法带来了极大的挑战。为了应对这些挑战,立法者和司法者的任务不能局限于将传统刑法和刑事程序

---

① 参见于志刚:《关于网络空间中刑事管辖权的思考》,载《中国法学》2003年第6期,第103页。
② 参见郭烁:《应对"首要威胁"的起点:网络犯罪管辖研究》,载《求是学刊》2017年第5期,第108页。
③ 参见郭烁:《应对"首要威胁"的起点:网络犯罪管辖研究》,载《求是学刊》2017年第5期,第109页。

法简单地套用到网络犯罪的处理之上,而是需要确立一种不同于物理空间的"网络思维"。① 只有在这种新思维的指引下,才能真正应对网络犯罪给刑事司法体系带来的挑战。

---

① 参见于志刚:《网络思维的演变与网络犯罪的制裁思路》,载《中外法学》2014 年第 4 期,第 1058 页。

第一章　网络犯罪的发展态势*

第一节　网络犯罪的总体状况

一、我国网络发展概况

网络犯罪是指利用互联网实施的犯罪行为,或者针对计算机信息系统实施的犯罪行为。网络在网络犯罪中的角色主要是犯罪工具、犯罪空间以及犯罪对象。因此网络的发展情况很大程度上影响着网络犯罪的发展情况。

据统计,截至 2020 年 3 月,我国网民规模达 9.04 亿,较 2018 年年底增长 7 508 万,互联网普及率达 64.5%,较 2018 年年底提升 4.9 个百分点;网络购物用户规模达 7.10 亿,网络视频(含短视频)、网络音乐和网络游戏的用户规模分别为 8.50 亿、6.35 亿和 5.32 亿,在线教育用户规模达 4.23 亿,在线政务服务用户规模达 6.94 亿;数字经济快速发展,规模已达 31.3 万亿元,占国内生产总值(GDP)的比重达到 34.8%。① 由这些数据可知,我国的网民规模巨大,并且互联网普及率还在稳步增长;网上购物消费、网上娱乐休闲、网上接受教育、网上政务服务的群体巨大,互联网日益成为民众日常活动的平台,现实世界和网络空间的界限日益模糊,网络空间日益成为人们

---

* 本章作者为李佳馨、邢文升。

① 参见中国互联网络信息中心(CNNIC):《第 45 次〈中国互联网络发展状况统计报告〉(全文)》,载中国网信网(http://www.cac.gov.cn/2020-04/27/c_1589535470378587.htm),访问日期:2020 年 5 月 31 日。

须臾不可离的一部分。在这样的背景下,保护网络安全,保证民众在网络空间的活动有序开展,变得越来越重要。

与此同时,网络空间的不安全因素未见减少。截至 2019 年 12 月,国家计算机网络应急技术处理协调中心(CNCERT)监测发现我国境内被篡改网站 185 573 个,较 2018 年年底(7 049 个)增长超过 25 倍;监测发现我国境内被植入后门的网站数量达到 84 850 个,较 2018 年年底(23 608 个)增长 259.4%。截至 2019 年 12 月,全国各级网络举报部门共受理举报 13 899 万件,较 2018 年年底(16 502 万件)下降 15.8%。

二、我国网络犯罪发展概况

近些年网络犯罪日益受到司法机关的关注,这一点从最高人民法院和最高人民检察院的工作报告中可见一斑。

在 2011—2020 年最高人民法院的工作报告中,制作、复制、传播淫秽信息,网上造谣、传谣(诽谤、寻衅滋事),非法获取公民信息(包括利用网络泄露个人信息、非法买卖信息),电信网络诈骗各被提及 5 次,尤其电信网络诈骗在 2016—2020 年的 5 次工作报告中被连续单独提及。除此之外,非法生产销售使用"伪基站"设备和网络赌博(利用网络开设赌场)各被提及 2 次,利用网络窃取商业秘密、窃取手机流量、网络传销各被提及 1 次。在 2011—2020 年最高人民检察院的工作报告中,每年都会单独提及电信网络诈骗,频率次之的网络赌博被提及 9 次,利用网络传播淫秽信息被提及 7 次,侵犯公民个人信息(泄露个人信息)被提到 5 次,网络造谣、利用网络敲诈勒索各被提到 3 次,网络传销被提到 2 次,网络猥亵、网络贩枪、网络直播平台聚众吸毒、互联网金融、"伪基站"各被提及 1 次。打击网络犯罪情况已经成为最高人民法院、最高人民检察院工作报告中必不可少的一部分。

据统计,2016—2018 年,全国各级法院一审审结的网络犯罪案件共计 4.8 万余件,在全部刑事案件总量中的占比为 1.54%,案件量和占比均呈逐年上升趋势。2016年网络犯罪案件占当年刑事案件总量的1.15%;2017年案件量同比上升32.58%,占比上升0.24个百分点;2018年案件显著增加,同比升幅为50.91%,占比继续上升0.63个百分点。①

综上可知,网络犯罪已经引起司法机关的密切关注,但网络犯罪的势头有增无减。

三、网络犯罪的主要特征

为了有效应对日新月异的网络犯罪,学者提出:"要在宽严相济刑事政策之下,根据网络犯罪的自身特点及时调整政策,实现与网络犯罪作斗争的对策适当转型。"②相对于传统犯罪,网络犯罪不论在行为上,还是在结果上都有其独特性,认识这些特征,是有效打击网络犯罪的必要前提。

(一) 专业化

无论是利用互联网实施的犯罪,还是针对互联网实施的犯罪,网络犯罪都呈现出专业化的特点。网络犯罪的技术含量在不断提升,新的技术手段不断被应用到犯罪当中,例如,木马病毒威胁、僵尸网络威胁、DDoS攻击、拖库撞库、流量劫持、黑客渗透、恶意网站、利用人工智能破解验证码等案件层出不穷,本章第五节对此有详细论述,此处不赘。

(二) 团伙化

网络犯罪的团伙化特征十分显著,尤其是在以网络作为犯罪工

---

① 参见《司法大数据专题报告之网络犯罪特点和趋势(2016.1—2018.12)》,载最高人民法院网(http://www.court.gov.cn/fabu-xiangqing-202061.html),访问日期:2020年5月31日。该报告界定的网络犯罪是指以互联网为工具或手段实施的危害社会、侵害公民合法权益的行为,或是对计算机信息系统实施破坏的行为。

② 喻海松:《网络犯罪二十讲》,法律出版社2018年版,第6页。

具的犯罪中,犯罪分子之间分工合作、密切配合,共同完成一项复杂隐蔽的犯罪。① 例如,在利用网络组织卖淫的犯罪中,团伙分工异常复杂。利用网络组织卖淫远不是在网上直接发布招嫖信息那么简单。新型网络组织卖淫最主要的特征就是由传统的团伙包干制演变成专业外包制。以往一个犯罪团伙就已经包含了"鸡头""钟房""车夫""保镖""皮条客""小姐"等角色,而与网络黑色产业相结合后,一个完整架构的各节点也被相应"外包"出去,催生出专业的"号商""软件商"等上游支撑服务以及"站街""代聊"工作室,形成一个分工明确的专业化、组织化的网络犯罪黑色产业链。②

(三)链条化

从整个网络犯罪来看,网络犯罪的链条化非常明显。网络的无地域性为犯罪分子之间的沟通提供了极大便利,这为网络犯罪的链条化发展提供了客观条件。在犯罪链条中,网络犯罪的下游主要涉及盗窃罪、诈骗罪等传统犯罪;上游则为这些犯罪提供赖以实施犯罪的数据信息,主要涉及提供侵入、非法控制计算机信息系统程序、工具罪,非法获取计算机信息系统数据罪,破坏计算机信息系统罪,侵犯公民个人信息罪,非法利用信息网络罪,帮助信息网络犯罪活动罪等罪名。例如,甲利用扫号软件收集已经泄露的用户信息,乙提供专业的撞库软件,丙利用撞库软件和收集来的信息进行验证整理,获取准确的用户数据,并将这些数据出售给丁;丁再转卖给戊,或者丁自己利用这些准确的用户数据实施盗窃、诈骗等行为。

(四)涉众化

互联网的基本特征就是将独立的个体联结在了一个虚拟空间

---

① 参见林毓敏:《工具型网络犯罪的实证分析与刑事政策应对》,载《福建警察学院学报》2016年第6期,第18页。
② 参见钟振坤、陈磊、张宝峰:《网络组织卖淫黑色产业链分析》,载《腾讯网络安全与犯罪研究》2019年第3期,总第8期,第5页。

内,因此,实施网络犯罪的行为人与遭受不法侵害的被害人之间联系得更紧密了,相应地,利用互联网实施的犯罪也就具有了涉众广和危害大的特点。一方面,数亿网民在享受网络便捷服务的同时,随时都暴露在不良信息或者网络攻击之中,诈骗信息、赌博广告、淫秽电子信息等在网络上铺天盖地,而黑客攻击、病毒软件等更是让普通网民防不胜防,可以说,网络拉近了行为人和被害人之间的距离,使得网络犯罪可以短时间内波及众多被害人,危害极大;另一方面,谣言、诽谤等信息借助互联网可以迅速传遍全世界,并且难以被彻底清除,这种传播的速度与广度客观上扩大了谣言、诽谤等信息的危害性,使得被害人不堪其扰,甚至会导致被害人自杀。

(五)跨国(境)化

网络犯罪的跨国(境)化是指主要犯罪分子盘踞境外,通过网络对我国境内居民实施犯罪,或者遥控指挥境内下级犯罪分子实施犯罪。之所以出现跨国(境)化,一方面是因为网络为跨国(境)指挥或跨国(境)犯罪提供了沟通条件,使得跨国(境)犯罪具有可能性;另一方面是因为我国对网络犯罪的打击力度不断增强,而不同国家(地区)之间的刑事规范可能存在抵牾,且跨国(境)犯罪提升了取证、抓捕的难度,使得跨国(境)犯罪具有诱惑性。跨国(境)网络犯罪类型也越来越广,包括但不限于电信诈骗、黑客攻击、网络赌博[1]、网上色情[2]等。为了应对跨国(境)网络犯罪,在刑事法律协调下的国家间合作与区域合作就是治理网络犯罪跨国(境)化的必由之路。[3]

---

[1] 参见《中越破获特大跨境网络赌博案 自越南缉捕解回77人》,载新浪网(https://news.sina.com.cn/c/2019-07-29/doc-ihytcitm5433971.shtml),访问日期:2020年7月1日。

[2] 参见《公安部指挥破获跨国网络组织卖淫犯罪案件纪实》,载搜狐网(https://www.sohu.com/a/226728860_100001675),访问日期:2020年7月1日。

[3] 参见安柯颖:《跨国网络犯罪国际治理的中国参与》,载《云南民族大学学报(哲学社会科学版)》2019年第3期,第156页。

第二节　网络犯罪的主要类型

在当今中国,网络空间已经成为与现实空间并行存在的日常活动领域,并且线上和线下融合的趋势越来越明显。在这种背景下,几乎所有的犯罪都可以在网络空间内实施,或者利用网络来实施。因此,传统犯罪全面网络化是不可避免的现实。刑事立法也证明了这一点。《刑法修正案(九)》增加了第287条之一非法利用信息网络罪。非法利用信息网络罪的立法技术被称为预备行为实行化,从其内容来看,该罪包括两类行为:设立用于违法犯罪活动的网站、通讯群组;发布违法犯罪信息。从罪状表述来看,该罪针对所有犯罪的预备行为,因此,如果我们认为网络犯罪包括利用网络实施的犯罪,那么意味着几乎所有的犯罪都会被纳入网络犯罪,但是这样便会使得网络犯罪的范围无边无际。在这样的背景下,研究所有利用网络来实施的犯罪类型已经不可能,同时也无必要。类型化的目的是便于观察事物的具体特征。划分网络犯罪类型,也是为了观察最突出的几类网络犯罪,以把握网络犯罪的发展方向,提出应对策略。

根据个罪与网络的亲密关系,可以将网络犯罪分为两大类,即专门的网络犯罪和被网络化的传统犯罪。专门的网络犯罪是指不能离开网络而实施的犯罪,这些罪名伴随网络而生,包括针对网络基础设施的破坏、侵入行为,以及对网络安全的懈怠和对信息网络的滥用行为;具体罪名包括《刑法》第285条至第287条之二规定的非法侵入计算机信息系统罪,非法获取计算机信息系统数据罪,非法控制计算机信息系统罪,提供侵入、非法控制计算机信息系统程序、工具罪,破坏计算机信息系统罪,拒不履行信息网络安全管理义务罪,非法利用信息网络罪,帮助信息网络犯罪活动罪,以及第253

条之一规定的侵犯公民个人信息罪①。被网络化的传统犯罪(以下简称"网络化犯罪")是指以网络为犯罪工具或者在网络空间实施的传统犯罪,既包括定性清晰的网络诈骗、网络传销等行为,也包括定性存在争议的刷单炒信、抢购车票等行为。

一、专门的网络犯罪

(一)非法侵入计算机信息系统罪

1. 概述

非法侵入计算机信息系统罪,是指违反国家规定,侵入国家事务、国防建设、尖端科学技术领域的计算机信息系统的行为。

笔者在中国裁判文书网上输入以下搜索条件:"案由:刑事案由;案件类型:刑事案件;文书类型:判决书;判决结果:非法侵入计算机信息系统",共搜索到66件案件,具体结果如图1-1。② 由图1可知,以非法侵入计算机信息系统定罪的案件并不多,2011—2016年间,除了2013年为0件外,其余5年都是个位数;而2017年审理的非法侵入计算机信息系统案件的数量达到了最高峰,为18件;在2017—2019年,非法侵入计算机信息系统案件的年发案量都在10件以上,并呈下降趋势。由此可知,非法侵入计算机信息系统罪在实践中发案量较少。该罪发案量较少显然与该罪行为对象的内涵

---

① 严格来讲,脱离网络也可以实施侵犯公民个人信息的行为,如盗窃他人U盘存储的信息,甚至非法买卖公民个人信息也属于侵犯公民个人信息的行为,但是由于侵犯公民个人信息行为中的信息通常是以电子形式保存,以网络传输,甚至常常是以侵入、破坏计算机信息系统的方式获得,因此这里将其归入专门的网络犯罪未尝不可。

② 需要说明的是,第一,由于并非所有判决书都会被上传到中国裁判文书网上,因此中国裁判文书网上的判决书份数必然小于实际的发案量,但这是任何统计都无法求全的。第二,由于会存在一审和二审判决书的重复,所以判决书的数量也并不等于实际的发案量。避免一审判决书和二审判决书数量叠加的可能办法是只统计一审判决书的数量,但是,由于个别案件中,存在法官只上传二审判决书而不上传一审判决书的情况,因此仅统计一审判决书的数量也不会得到准确的数字,故笔者最终采用了上述搜索条件。第三,如无特别说明,以下数据获取路径和条件与此相同,仅"判决结果"处输入的罪名不同,检索时间为2020年7月2日。

与外延不明有关系。

非法侵入计算机信息系统罪的行为对象是国家事务、国防建设、尖端科学技术领域的计算机信息系统(以下简称"三大领域计算机信息系统"),但是"三大领域计算机信息系统"的具体范围如何,实践中往往难以判断。对此,《最高人民法院、最高人民检察院关于办理危害计算机信息系统安全刑事案件应用法律若干问题的解释》第10条指出:"难以确定的,应当委托省级以上负责计算机信息系统安全保护管理工作的部门检验。司法机关根据检验结论,并结合案件具体情况认定。"可见,司法解释也没有明确"三大领域计算机信息系统"的内涵与外延,而只是规定了认定程序。但这并不是司法解释的疏忽大意,而是有意留白。在制定司法解释过程中,有意见指出,对于非法侵入计算机信息系统罪应当以慎用、少用为原则。理由在于:从行为对象来看,《刑法》第285条第1款和第2款之间是互斥关系,一旦认定为"三大领域计算机信息系统",就只能适用第285条第1款,而不能适用第285条第2款,然而第285条第1款仅仅规定了侵入行为,且法定刑最高为三年有期徒刑。在行为人不仅侵入计算机信息系统,还获取该计算机信息系统中存储、处理或者传输的数据或者非法控制该计算机信息系统的情况下,仅仅适用《刑法》第285条第1款,便不能充分评价犯罪行为,也不能做到罪刑均衡。因此,从司法的角度来看,最好的解决办法就是通过严格限缩解释"三大领域计算机信息系统"的内涵以减少《刑法》第285条第1款的适用。不过,在极少数单纯侵入计算机信息系统而不实施非法获取数据或非法控制计算机信息系统案件中,明确地严格限缩解释"三大领域计算机信息系统"又有可能出现对"三大领域计算机信息系统"保护不利的局面。基于此,司法解释最终没有明确"三大领域计算机信息系统"的内涵,而是只规定了认定程序,使得司法部门可以弹性认定"三大领域计算机信息系统"的范围。[①]

---

① 参见喻海松:《网络犯罪二十讲》,法律出版社2018年版,第24—29页。

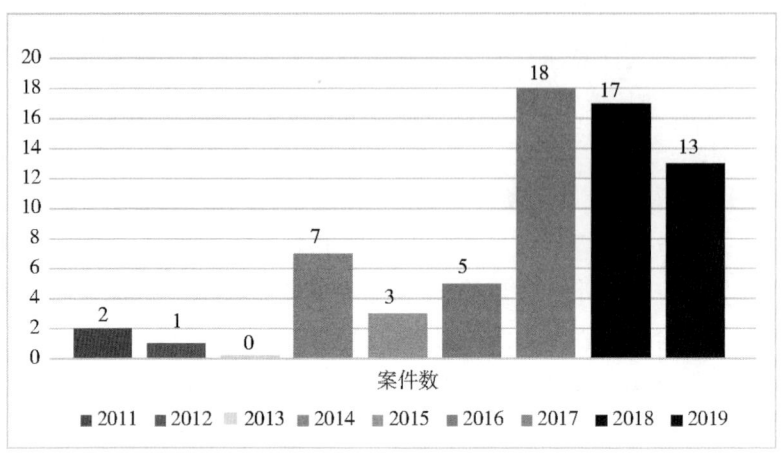

图 1-1　2011—2019 年非法侵入计算机信息系统罪案件数（单位：件）

2. 行为模式

非法侵入计算机信息系统罪的行为是"侵入"，包括无权或者超越权限进入国家事务、国防建设、尖端科学技术领域的计算机信息系统。该罪的技术性要求较高，行为人往往采用植入木马等技术手段侵入；而即使行为人非法获取了他人的账号和密码，直接进入计算机信息系统，也因为属于无权进入而构成"侵入"。

例如，在陈彪非法侵入计算机信息系统案①中，2017 年 6 月，被告人陈彪为通过网络推广非法保健品牟利，从网络下载"XISE"病毒软件，将非法保健品广告写入木马程序 global.asa、Global.asax 并添加到"XISE"病毒软件，未经网站权属人同意，多次利用"XISE"病毒软件使上述木马程序侵入他人网站，其中包括广州市公安局番禺区分局、番禺区人力资源和社会保障局等 28 个政府网站。其间，被告人陈彪等通过木马程序将非法保健品广告以超链接形式挂靠侵入网站，从而提高非法保健品广告在搜索引擎中的排名，从中获取不法收入人民币 1 万余元。法院认为，被告人陈彪违反国家规定，侵入

---

① 参见广东省广州市番禺区人民法院(2017)粤 0113 刑初 2102 号刑事判决书。

国家事务领域的计算机信息系统,其行为已构成非法侵入计算机信息系统罪。

(二)非法获取计算机信息系统数据罪

1. 概述

非法获取计算机信息系统数据罪,是指违反国家规定,侵入国家事务、国防建设、尖端科学技术领域以外的计算机信息系统或者采用其他技术手段,获取该计算机信息系统中存储、处理或者传输的数据,情节严重的行为。该罪行为对象是国家事务、国防建设、尖端科学技术领域之外的计算机信息系统。"计算机信息系统"涵盖的范围很广,尤其是在三网融合的大背景下,电信网、广播电视网、互联网的业务逐步趋同,"计算机信息系统"也不再仅限于以计算机为载体的信息系统,而是也包含移动互联网在内的多种信息系统。根据《最高人民法院、最高人民检察院关于办理危害计算机信息系统安全刑事案件应用法律若干问题的解释》的规定,"计算机信息系统"是指具备自动处理数据功能的系统,包括计算机、网络设备、通信设备、自动化控制设备等。该罪的行为对象范围明显宽于非法侵入计算机信息系统罪,因此发案量也较多。笔者根据前述路径,共检索到2011—2019年间的612件案件,具体结果如图1-2。2017年以来,法院审理的非法获取计算机信息系统数据案件较多,其中2017年达到顶峰,为154件。

2. 行为模式

非法获取计算机信息系统数据罪的行为手段包括两种:侵入或采用其他技术手段。

(1)侵入行为

非法获取计算机信息系统数据罪中的"侵入",是指违背被害人意愿,非法进入计算机信息系统的行为。其表现形式既包括采用技术手段破坏系统防护进入计算机信息系统,也包括未取得被害人授权擅自进入计算机信息系统,还包括超出被害人授权范围进入计算机信息系统。在卫梦龙、龚旭、薛东东非法获取计算机信息系统数

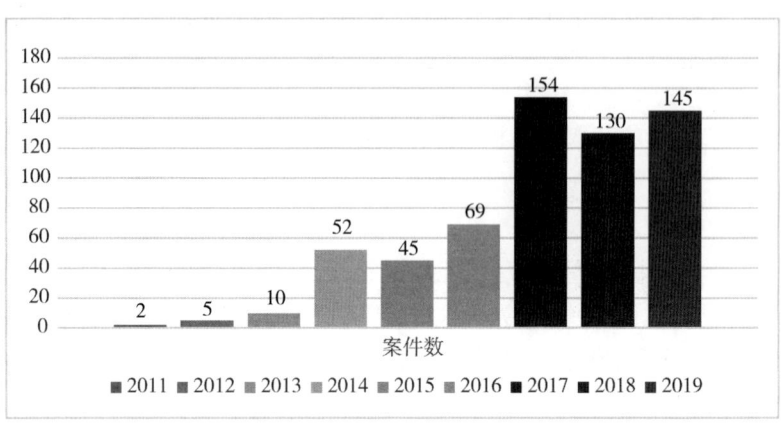

图1-2　2011—2019年非法获取计算机信息系统数据罪案件数(单位:件)

据案(检例第36号)①中,龚旭违反规定向卫梦龙提供自己所掌握的公司内部管理开发系统账号、密码、Token令牌。卫梦龙利用龚旭提供的账号、密码、Token令牌,违反规定多次在异地登录该大型网络公司内部管理开发系统,查询、下载该计算机信息系统中储存的电子数据。后卫梦龙将非法获取的电子数据交由薛东东通过互联网出售牟利,违法所得共计人民币37 000元。该案裁判要旨指出:超出授权范围使用账号、密码登录计算机信息系统,属于侵入计算机信息系统的行为;侵入计算机信息系统后下载其储存的数据,可以认定为非法获取计算机信息系统数据。

(2)其他技术手段

除了"侵入"以外的其他技术手段,主要是指不进入计算机信息系统而获取计算机系统存储、处理或传输的数据。实践中常见的是通过"钓鱼网站"获取计算机信息系统存储、处理或传输的数据,如冒充国家机关建立的网站设立"钓鱼网站",骗取其他计算机信息系统用户登录并注册信息,从而并不需要进入他人计算机信息系统就

---

① 参见《第九批指导性案例》,载最高人民检察院官网(https://www.spp.gov.cn/zxjy/qwfb/201710/t20171017_362934.shtml),访问日期:2020年5月31日。

可获取他人计算机信息系统存储、处理或传输的数据。①

此外,利用"撞库"方式获取数据信息的行为,近年来也较为常见。"撞库"在本质上是一种穷举验证。"撞库"是指黑客通过收集已泄露的用户信息,利用账户使用者相同的注册习惯,如相同的用户名和密码,尝试批量登录其他网站,从而非法获取可登录用户信息的行为。行为人通过撞库攻击获取了用户的账号和密码,却并没有侵入他人的计算机信息系统,这是一种在自己已经掌握了混乱的数据的基础上进行的整理行为,此种行为是否属于"获取"数据?实践中一般认为,行为人对用户身份认证信息的获取不仅包括"从无到有",而且包括"从不明确到明确",因此,通过撞库方式获取准确的用户身份认证信息的,属于采取其他技术手段获取计算机信息系统中存储、处理或者传输的数据。②

(三)非法控制计算机信息系统罪

1. 概述

非法控制计算机信息系统罪,是指违反国家规定,侵入国家事务、国防建设、尖端科学技术领域以外的计算机信息系统或者采用其他技术手段,非法控制计算机信息系统,情节严重的行为。笔者依据上述路径,检索到2013—2019年间共计385件非法控制计算机信息系统案件。由图1-3可知,2017—2019年,非法控制计算机信息系统案件发案较多,其中2018年发案量达到了顶峰,为145件。

2. 行为模式

非法控制计算机信息系统罪的核心行为是"非法控制","非法"体现为未经授权或超越授权,"控制"体现为对计算机信息系统的操纵,并不绝对排除其他人对被控制的计算机信息系统的使用。

---

① 参见喻海松:《网络犯罪二十讲》,法律出版社2018年版,第31页。
② 参见最高人民检察院法律政策研究室编:《网络犯罪指导性案例实务指引》,中国检察出版社2018年版,第103—104页。

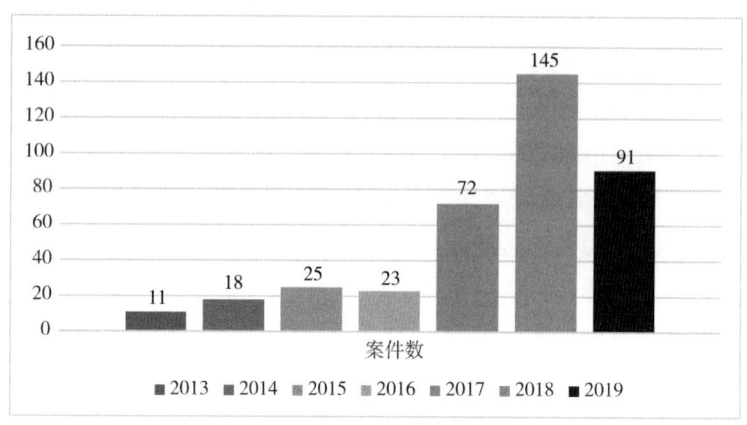

图1-3 2013—2019年非法控制计算机信息系统罪案件数(单位:件)

(1)木马控制

木马控制是一种比较常见的非法控制计算机信息系统的方式。行为人利用网站漏洞将木马植入到网站上,在用户访问网站时利用客户端漏洞将木马移植到用户计算机上,或在互联网上捆绑有木马的程序或文件。当用户连接到因特网时,这个程序就会通知黑客并报告用户IP地址以及预设端口,黑客利用这些信息和潜伏程序即可达到控制用户计算机的目的。

例如,在丁某非法控制计算机信息系统案[①]中,被告人丁某使用电脑,通过专用软件扫描互联网上存在漏洞的服务器,即"肉鸡",在专用软件抓取"肉鸡"成功,自动生成记录着存有漏洞的服务器的IP、用户名和密码的报告列表后,被告人丁某便使用该用户名和密码登录,同时往"肉鸡"中植入木马病毒,利用存储在自己服务器内的控制软件来掌控"肉鸡"。一旦黑客需要对他人的计算机系统进行流量攻击时,丁某就将自己控制"肉鸡"的软件提供给黑客。由此可知,非法控制计算机信息系统的行为也会同下游的破坏计算机信息系统的行为构成犯罪链条。

---

① 参见最高人民检察院法律政策研究室编:《网络犯罪指导性案例实务指引》,中国检察出版社2018年版,第97—98页。

（2）挂黑链

所谓挂黑链，是指行为人利用木马病毒等手段侵入相关网站，然后在该网站中加入隐藏的链接，借助该网站来提升链接网站在搜索引擎中排名和影响力的做法。

例如，在范某等非法侵入计算机信息系统、非法控制计算机信息系统案①中，二被告人通过后门程序进入多家政府网站、非政府网站，修改网页源代码，添加黑链代码，对上述网站的主页进行修改，以提高其他网站在搜索引擎中的排名，从而达到非法获利的目的。法院认为，二被告人的行为均已构成非法侵入计算机信息系统罪和非法控制计算机信息系统罪，依法应予数罪并罚。不过实践中也有法院将挂黑链的行为定性为破坏计算机信息系统罪的情况。例如，在郭加得等破坏计算机信息系统案②中，被告人郭加得通过网络纠集被告人杜长岐、杨琨、温永义到其租住的房间内，利用互联网下载木马程序，在目标网站的后台漏洞植入木马病毒，随后利用黑客工具"中国菜刀"链接所植入的木马控制目标网站，后将赌博、医疗等非法网站链接目标网站，依靠点击流量非法获利。法院认为，四被告人均构成破坏计算机信息系统罪。

（3）预置静默插件

在杨小慧等非法获取计算机信息系统数据、非法控制计算机信息系统案③中，被告人杨小慧等人以营利为目的，共同商量决定研发"静默插件"，未经手机用户的同意，通过向用户手机（通信设备）预置静默插件的方式侵入计算机信息系统，非法获取身份认证信息，并在手机用户不知情的情况下向用户推送软件、广告等商业性电子信息，其行为已违反国家规定，构成非法获取计算机信息系统数据罪、非法控制计算机信息系统罪。由此可知，向计算机信息系统推送信息的行为也是非法控制计算机信息系统的表现。

---

① 参见【法宝引证码】CLI.C.2449516，载北大法宝网（https://www.pkulaw.cn/pfnl_a25051f3312b07f35c1398662afdda1b37455f3706c0111dbdfb.html），访问日期：2020年7月3日。
② 参见河南省郑州市中级人民法院(2014)郑刑一终字第91号刑事裁定书。
③ 参见北京市朝阳区人民法院(2014)朝刑初字第1743号刑事判决书；北京市第三中级人民法院(2015)三中刑终字第00288号刑事裁定书。

(四)提供侵入、非法控制计算机信息系统程序、工具罪

1. 概述

提供侵入、非法控制计算机信息系统程序、工具罪,是指提供专门用于侵入、非法控制计算机信息系统的程序、工具,或者明知他人实施侵入、非法控制计算机信息系统的违法犯罪行为而为其提供程序、工具,情节严重的行为。该罪从立法技术上讲,属于帮助行为正犯化,因此此罪可以看作很多专门的网络犯罪的上游犯罪。笔者在中国裁判文书网搜集到的判决结果为提供侵入、非法控制计算机信息系统程序、工具罪的案件共计84件,总体发案量不大,具体结果如图1-4。其中2019年发案量最多,为25件。

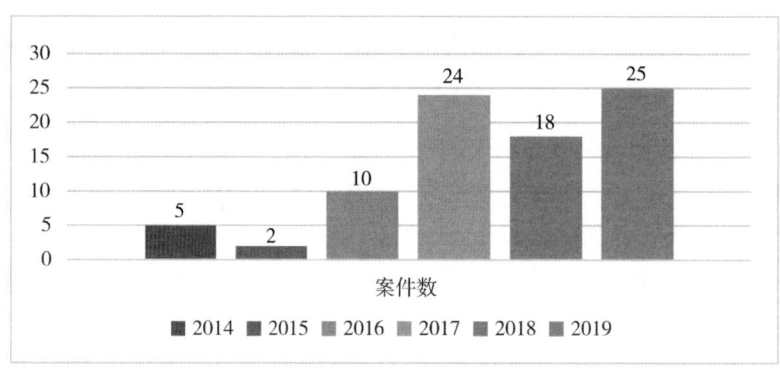

图1-4 2014—2019年提供侵入、非法控制计算机信息系统程序、工具罪案件数(单位:件)

2. 行为模式

提供侵入、非法控制计算机信息系统程序、工具罪的行为方式分两种:①提供专门用于侵入、非法控制计算机信息系统的程序、工具;②明知他人实施侵入、非法控制计算机信息系统的违法犯罪行为而为其提供程序、工具。从行为对象来看,第一种情况要求提供的对象是"专门用于侵入、非法控制计算机信息系统的程序、工具"。根据《最高人民法院、最高人民检察院关于办理危害计算机信息系

统安全刑事案件应用法律若干问题的解释》第 2 条和第 10 条的规定,"专门用于侵入、非法控制计算机信息系统的程序、工具",是指具有下列情形之一的程序、工具:"(一)具有避开或者突破计算机信息系统安全保护措施,未经授权或者超越授权获取计算机信息系统数据的功能的;(二)具有避开或者突破计算机信息系统安全保护措施,未经授权或者超越授权对计算机信息系统实施控制的功能的;(三)其他专门设计用于侵入、非法控制计算机信息系统、非法获取计算机信息系统数据的程序、工具。"对于是否属于"专门用于侵入、非法控制计算机信息系统的程序、工具"难以确定的,应当委托省级以上负责计算机信息系统安全保护管理工作的部门检验。司法机关根据检验结论,并结合案件具体情况认定。由此可见,司法解释先在实体上对此规定了兜底条款,又为了避免随意认定而规定了程序性限制条款。

现实中,很多软件都具有避开或者突破计算机信息系统安全保护措施的功能,对于新型工具,举例如下。

(1)撞库、打码软件

在叶源星、张剑秋提供侵入计算机信息系统程序,谭房妹非法获取计算机信息系统数据案(检例第 68 号)[①]中,被告人叶源星编写了用于批量登录某电商平台账户的"小黄伞"撞库软件供他人免费使用。检察机关在指导公安机关补充侦查后,明确了"小黄伞"软件具有以下功能特征:①用途单一,仅针对某电商平台账号进行撞库和接入打码平台,这种非法侵入计算机信息系统获取用户数据的程序没有合法用途。②具有避开或突破计算机信息系统安全保护措施的功能。在实施撞库过程中,一个 IP 地址需要多次登录大量账号,为防止被某电商平台识别为非法登录,导致 IP 地址被封锁,"小黄伞"软件被编入自动拨号功能,在批量登录几组账号后,会自动切换新的 IP 地址,从而达到避开该电商平台安全防护的目的。③具有绕过验证码识别防护措施的功能。在他人利用非法获取的该电商平

---

① 参见《第十八批指导性案例》,载最高人民检察院官网(https://www.spp.gov.cn/jczdal/202004/t20200408_458415.shtml),访问日期:2020 年 5 月 31 日。

台账号登录时,需要输入验证码。"小黄伞"软件会自动抓取验证码图片发送到打码平台,由张剑秋组织的码工对验证码进行识别。④具有非法获取计算机信息系统数据的功能。"小黄伞"软件对登录成功的某电商平台账号,在未经授权的情况下,会自动抓取账号对应的昵称、注册时间、账号等级等信息数据。根据以上特征,可以认定"小黄伞"软件属于刑法规定的"专门用于侵入计算机信息系统的程序"。

(2)抢购软件

在制作销售"黄牛"抢购软件案①中,被告人任景平等先后开发了黑米魅族抢购软件、专门针对天猫网站的黑米天猫(淘宝)抢购软件,并在网上大肆销售。被告人任景平、张鹏以出售黑米天猫(淘宝)抢购软件赚取买家抢购成功商品部分差价的方式共非法获利人民币110 708元。经鉴定,黑米天猫(淘宝)抢购软件为恶意程序。该程序具有以非常规的方式构造网络请求并发送给淘宝网站服务器,实现模拟用户手动登录淘宝账号并进行批量下单的功能。同时,该程序具有通过调用第三方打码平台发送非常规图形验证码绕过淘宝安全防护系统的人机识别验证机制的功能;还具有通过重新拨号的方式更换IP地址以绕过淘宝安全防火墙对同一IP地址不能频繁发送网络请求的限制。法院判决:被告人任景平犯提供侵入、非法控制计算机信息系统程序、工具罪。

(3)VPN翻墙软件

在邓杰威提供侵入、非法控制计算机信息系统程序、工具案②中,被告人邓杰威创建网站,并在该网站出售VPN翻墙软件账户。经鉴定,被告人邓杰威出售的软件可以访问(境内)IP不能访问的境外网站。法院认为,被告人邓杰威无视国法,伙同他人提供专门用于侵入、非法控制计算机信息系统的程序、工具,情节严重,其行为已构成提供侵入、非法控制计算机信息系统程序、工具罪。但是,单纯绕过互联网限制的行为,能否被认定为侵入或者非法控制计算机

---

① 参见山西省太原市迎泽区人民法院(2017)晋0106刑初583号刑事判决书。
② 参见广东省东莞市第一人民法院(2017)粤1971刑初250号刑事判决书。

信息系统,值得进一步探讨。

此外,实践中还存在提供手机监听监控软件①,提供能够批量获取淘宝、支付宝系统中数据信息的软件②等形形色色的案件。

(五)破坏计算机信息系统罪

1. 概述

破坏计算机信息系统罪,是指违反国家规定,对计算机信息系统功能进行删除、修改、增加、干扰,造成计算机信息系统不能正常运行,后果严重的行为;违反国家规定,对计算机信息系统中存储、处理或者传输的数据和应用程序进行删除、修改、增加的操作,后果严重的行为;故意制作、传播计算机病毒等破坏性程序,影响计算机系统正常运行,后果严重的行为。笔者依据前述路径,在中国裁判文书网上共搜索到2011—2019年间的668件案件,具体结果如图1-5。其中,2017—2019年均超过150件,2017年达到案件数的峰值,167件。由此可知,破坏计算机信息系统罪的发案量较其他专门的网络犯罪的发案量多一些。

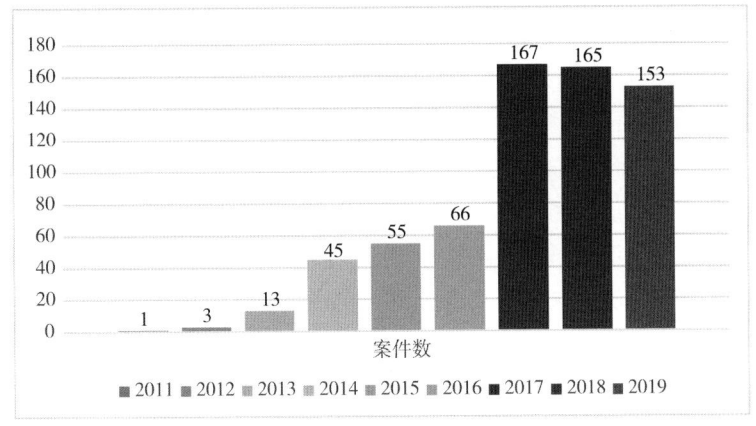

图1-5　2011—2019年破坏计算机信息系统罪案件数(单位:件)

---

① 参见梁建想、林双进提供侵入、非法控制计算机信息系统程序、工具案,载最高人民检察院法律政策研究室编:《网络犯罪指导性案例实务指引》,中国检察出版社2018年版,第103—104页。

② 参见浙江省绍兴市中级人民法院(2017)浙06刑终43号刑事裁定书。

2. 行为模式

（1）破坏计算机信息系统功能型

破坏计算机信息系统功能型，是指对计算机信息系统功能进行删除、修改、增加、干扰，造成计算机信息系统不能正常运行，后果严重的行为。

在司法实践中，以下具体类型值得重视：

① DNS 劫持

DNS 是域名系统的英文首字母缩写，作用是提供域名解析服务。DNS 劫持是指通过修改域名解析，使对特定域名的访问由原 IP 地址转入到篡改后的指定 IP 地址，导致用户无法访问原 IP 地址对应的网站或者访问虚假网站，从而实现窃取资料或者破坏网站原有正常服务的目的。

例如，在付宣豪、黄子超破坏计算机信息系统案（指导案例102号）①中，被告人付宣豪、黄子超等人租赁多台服务器，使用恶意代码修改互联网用户路由器的 DNS 设置，进而使用户登录"2345.com"等导航网站时跳转至其设置的"5w.com"导航网站，行为人再将获取的互联网用户流量出售给杭州久尚科技有限公司（系"5w.com"导航网站所有者），非法牟利人民币 75 万余元。法院认为，二被告人构成破坏计算机信息系统罪。

② 为设备解除远程锁定

"计算机信息系统"和"计算机系统"，是指具备自动处理数据功能的系统，包括计算机、网络设备、通信设备、自动化控制设备等。人为干扰自动化控制设备的运行也属于破坏计算机信息系统的行为。

例如，在徐强破坏计算机信息系统案（指导案例103号）中，中联重科对"按揭销售"的泵车设备均安装了中联重科物联网 GPS 信息服务系统，并由中联重科总部的远程监控维护平台对泵车进行监控，如发现客户有拖欠、赖账等情况，就会通过远程监控系统进行

---

① 类似案例参见李丙龙破坏计算机信息系统案（检例第33号）。

"锁机",泵车接收到"锁机"指令后依然能发动,但不能作业。2014年5月间,被告人徐强使用"GPS干扰器"先后为钟某某、龚某某、张某某名下或管理的5台中联重科泵车解除锁定。法院认为,中联重科物联网GPS信息服务系统具备自动采集、处理、存储、回传、显示数据和自动控制设备的功能,属于具备自动处理数据功能的通信设备与自动化控制设备,属于刑法意义上的计算机信息系统。被告人徐强利用"GPS干扰器"对中联重科物联网GPS信息服务系统进行修改、干扰,造成该系统无法对案涉泵车进行实时监控和远程锁车,是对计算机信息系统功能进行破坏,造成计算机信息系统不能正常运行的行为,且后果特别严重。

③ 用棉纱堵塞自动监测系统采样器

在李森、何利民、张锋勃等人破坏计算机信息系统案(指导案例104号)中,被告人李森、张锋勃多次进入长安子站内,采用棉纱堵塞采样器的方法,干扰子站内环境空气质量自动监测系统的数据采集功能,造成该站自动监测数据多次出现异常,多个时间段内监测数据严重失真,影响了国家环境空气质量自动监测系统正常运行。

法院认为,五被告人的行为破坏了计算机信息系统。长安子站系国控环境空气质量自动监测站点,产生的监测数据经过系统软件直接传输至监测总站,通过环保部和监测总站的政府网站实时向社会公布,参与计算环境空气质量指数并实时发布。空气采样器是环境空气质量监测系统的重要组成部分,被告人用棉纱堵塞采样器的采样孔或拆卸采样器的行为,必然造成采样器内部气流场的改变,造成监测数据失真,影响对环境空气质量的正确评估,属于对计算机信息系统功能进行干扰,造成计算机信息系统不能正常运行的行为。

④ 锁定智能手机导致不能使用

行为人通过修改被害人手机的登录密码,远程锁定被害人的智能手机设备,使之成为无法开机的"僵尸机",属于对计算机信息系统功能进行修改、干扰的行为。造成10台以上智能手机系统不能正常运行的,符合《刑法》第286条破坏计算机信息系统罪构成要件中

"对计算机信息系统功能进行修改、干扰""后果严重"的情形,构成破坏计算机信息系统罪。

例如,在曾兴亮、王玉生破坏计算机信息系统案(检例第35号)中,被告人曾兴亮与王玉生结伙或者单独使用聊天社交软件,冒充年轻女性与被害人聊天,谎称自己的苹果手机因故障无法登录"iCloud"(云存储),请被害人代为登录,诱骗被害人先注销其苹果手机上原有的 ID,再使用被告人提供的 ID 及密码登录。随后,曾、王二人立即在电脑上使用新的 ID 及密码登录苹果官方网站,利用苹果手机相关功能将被害人的手机设置修改,并使用"密码保护问题"修改该 ID 的密码,从而远程锁定被害人的苹果手机。曾、王二人再在其个人电脑上,用网络聊天软件与被害人联系,以解锁为条件索要钱财。

⑤ DDoS 攻击

DDoS 攻击,是指黑客通过远程控制服务器或计算机等资源,对目标发动高频服务请求,使目标服务器因来不及处理海量请求而瘫痪。

例如,在姚晓杰等 11 人破坏计算机信息系统案(检例第 69号)中,被告人姚晓杰等人接受王某某(另案处理)雇佣,招募多名网络技术人员,在境外成立"暗夜小组"黑客组织。"暗夜小组"从被告人丁虎子等 3 人处购买大量服务器资源,再利用木马软件操控控制端服务器实施 DDoS 攻击。2017 年 2—3 月间,"暗夜小组"成员三次利用 14 台控制端服务器下的计算机,持续对某互联网公司云服务器上运营的三家游戏公司的客户端 IP 进行 DDoS 攻击。攻击导致三家游戏公司的 IP 被封堵,出现游戏无法登录、用户频繁掉线、游戏无法正常运行等问题。为恢复云服务器的正常运营,某互联网公司组织人员对服务器进行了抢修并为此支付人民币 4 万余元。

(2)破坏计算机信息系统数据和应用程序型

破坏计算机信息系统数据和应用程序型,是指对计算机信息系统中存储、处理或者传输的数据和应用程序进行删除、修改、增加的操作,后果严重的行为。对于"数据和应用程序"中的"和"作何解释,存在争议。从司法实践来看,破坏数据、应用程序的案件,主要表现为对数据进行删除、修改、增加,鲜有破坏应用程序的案件,因此应当将这里的"和"理解为表示择一关系的"或",即"数据和应用程序"表明数据和应用程序都能成为破坏计算机信息系统行为的对象,而不要求必须同时破坏数据和应用程序,只破坏数据或应用程序也能构成破坏计算机信息系统罪。①

例如,在李骏杰等破坏计算机信息系统案(检例第 34 号)中,案例要旨指出,冒用购物网站买家身份进入网站内部评价系统删改购物评价,属于对计算机信息系统内存储数据进行修改操作,应当认定为破坏计算机信息系统的行为。

(3)故意制作、传播计算机病毒等破坏性程序型

故意制作、传播计算机病毒等破坏性程序型,是指故意制作、传播计算机病毒等破坏性程序,影响计算机系统正常运行,后果严重的行为。其中,认定"计算机病毒等破坏性程序"是关键。根据《最高人民法院、最高人民检察院关于办理危害计算机信息系统安全刑事案件应用法律若干问题的解释》的规定,"计算机病毒等破坏性程序"包括以下三类程序:A. 能够通过网络、存储介质、文件等媒介,将自身的部分、全部或者变种进行复制、传播,并破坏计算机系统功能、数据或者应用程序的。如何理解"并"字前后两部分内容的关系?"并"字前面表明的是该程序的复制传播特征,"并"字后面则表明的是程序的破坏性特征,破坏性特征是破坏性程序的核心特征,而复制传播特征只是计算机病毒这种特殊的破坏性程序的特征。换言之,只具有复制传播特征而不具有破坏性特征的程序,不能被认定为"计算机病毒等破坏性程序"。B. 能够在预先设定条件下自动触发,并破坏计算机系统功能、数据或者应用程序的。C. 其他专门设计用于破坏计算机系统功能、数据或者应用程序的程序。此外,如何理解"制作"与"传播"的关系也存在争议,争议的焦点在于单纯制作计算机病毒等破坏性程序是否构成

---

① 参见喻海松:《网络犯罪二十讲》,法律出版社 2018 年版,第 49—50 页。

破坏计算机信息系统罪。① 笔者认为,由于故意制作、传播计算机病毒等破坏性程序型犯罪要求"影响计算机系统正常运行",而单纯制作计算机病毒等破坏性程序并不会影响到计算机系统正常运行,因此单纯制作不属于"故意制作、传播计算机病毒等破坏性程序";"故意制作、传播"应当理解为"故意传播"或者"故意制作并传播"。

(六)拒不履行信息网络安全管理义务罪

拒不履行信息网络安全管理义务罪,是指网络服务提供者不履行法律、行政法规规定的信息网络安全管理义务,经监管部门责令采取改正措施而拒不改正,致使违法信息大量传播,或者致使用户信息泄露,造成严重后果,或者致使刑事案件证据灭失,情节严重,或者有其他严重情节的行为。根据 2019 年《最高人民法院、最高人民检察院关于办理非法利用信息网络、帮助信息网络犯罪活动等刑事案件适用法律若干问题的解释》的规定,"网络服务提供者"是指提供下列服务的单位和个人:①网络接入、域名注册解析等信息网络接入、计算、存储、传输服务;②信息发布、搜索引擎、即时通讯、网络支付、网络预约、网络购物、网络游戏、网络直播、网站建设、安全防护、广告推广、应用商店等信息网络应用服务;③利用信息网络提供的电子政务、通信、能源、交通、水利、金融、教育、医疗等公共服务。

2015 年《刑法修正案(九)》设立了拒不履行信息网络安全管理义务罪,直到 2019 年最高人民法院、最高人民检察院才出台司法解释对该罪的构成要件加以明确。笔者在中国裁判文书网仅搜索到 3 件最终被认定为拒不履行信息网络安全管理义务罪的案件,其中两件手法相同,即非法出售 VPN 翻墙软件②,判决时间也相近,都发生在 2018 年。值得注意的是,正如在前面"(四)提供侵入、非法控制

---

① 参见皮勇:《论我国刑法中的计算机病毒相关犯罪》,载《法学评论》2004 年第 2 期,第 50 页。
② 参见上海市浦东新区人民法院(2018)沪 0115 刑初 2974 号刑事判决书;湖北省荆州市荆州区人民法院(2018)鄂 1003 刑初 150 号刑事判决书。

计算机信息系统程序、工具罪"中所述,也有法院将提供翻墙软件的行为定性为提供侵入、非法控制计算机信息系统程序、工具罪,该定性是否合适值得进一步研究。另外一件则涉及开设赌场行为,法院认为,被告人利用互联网游戏平台开设赌场,情节严重,其行为已构成开设赌场罪;被告人在经营、管理盘古公司的辰龙游戏平台的过程中,不履行法律、行政法规规定的信息网络安全管理义务,经监管部门责令采取改正措施而拒不改正,且明知他人利用信息网络实施犯罪,为其犯罪提供技术支持,二被告人的行为同时触犯拒不履行信息网络安全管理义务罪、帮助信息网络犯罪活动罪,择一重罪处罚。① 由此可知,拒不履行信息网络安全管理义务罪属于不作为犯罪,证明难度大而法定刑较轻,在司法实践中很可能因为同时触犯其他罪名,而最终以其他犯罪论处。

(七)非法利用信息网络罪

1. 概述

非法利用信息网络罪,是指利用信息网络,设立用于实施诈骗、传授犯罪方法、制作或者销售违禁物品、管制物品等违法犯罪活动的网站、通讯群组,或者发布有关制作或者销售毒品、枪支、淫秽物品等违禁物品、管制物品或者其他违法犯罪信息,或者为实施诈骗等违法犯罪活动发布信息,情节严重的行为。非法利用信息网络罪为《刑法修正案(九)》增加罪名,直到2019年《最高人民法院、最高人民检察院关于办理非法利用信息网络、帮助信息网络犯罪活动等刑事案件适用法律若干问题的解释》中才对该罪的构成要件加以明确,但是在司法解释出台以前,非法利用信息网络案件一直存在,并且案件数量呈逐年上升的趋势,2019年达到86件。2018年和2019年发案量较之前明显增多。通过前述路径,笔者在中国裁判文书网上搜集到2015—2019年间的200份判决书和1份裁定书,共计201

---

① 参见江西省南昌市东湖区人民法院(2018)赣0102刑初585号刑事判决书。

件案件(如图1-6)。

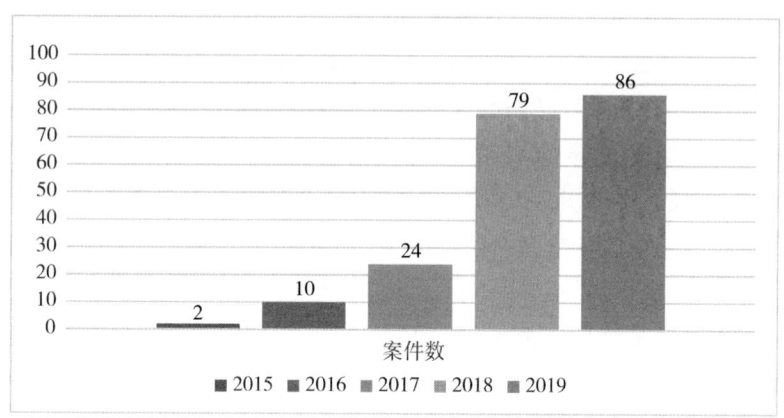

图1-6 2015—2019年非法利用信息网络罪案件数(单位:件)

2. 行为模式

非法利用信息网络罪的设置符合针对网络犯罪"打早打小"的策略要求,极大地前置了处罚时点。该罪在立法技术上属于预备行为实行化,行为方式主要有两类:一类是设立用于实施违法犯罪活动的网站、通讯群组,另一类是发布违法犯罪信息。由此可知,非法利用信息网络罪是一切网络犯罪的预备犯,其适用范围广、案例多发也是正常的。

在条文表述上,非法利用信息网络罪规定了三类行为:

(1)设立用于实施诈骗、传授犯罪方法、制作或者销售违禁物品、管制物品等违法犯罪活动的网站、通讯群组,情节严重的。值得注意的是,由于网络犯罪具有分工细化的特点,不仅参与设立上述网站、通讯群组的整个过程构成非法利用信息网络罪,参与设立上述网站、通讯群组部分行为的,也构成该罪,如为他人设立上述网站、通讯群组而提供互联网接入、服务器托管、网络存储空间、通讯传输通道等帮助的。① 根据司法解释,第一,《刑法》第287条之一规

---

① 参见喻海松:《网络犯罪二十讲》,法律出版社2018年版,第96页。

定的"违法犯罪"包括犯罪行为和属于刑法分则规定的行为类型但尚未构成犯罪的违法行为;第二,以实施违法犯罪活动为目的而设立或者设立后主要用于实施违法犯罪活动的网站、通讯群组,应当认定为该条规定的"用于实施诈骗、传授犯罪方法、制作或者销售违禁物品、管制物品等违法犯罪活动的网站、通讯群组"。

例如,在梁力元非法利用信息网络、非法持有毒品案①中,被告人梁力元重新架设并管理维护视频网络平台,发展平台会员,以虚拟房间的形式组织大量吸毒人员在一起视频吸毒,加速了吸毒、贩毒等违法犯罪行为的传播扩散,该平台成为毒品犯罪滋生蔓延的温床,社会危害很大。该网站会员人数众多,加入会员需要视频吸毒验证,陆洲、梁菊等八名会员均因贩卖毒品被判刑,可认定为"情节严重",应当以非法利用信息网络罪定罪处罚。

(2)发布有关制作或者销售毒品、枪支、淫秽物品等违禁物品、管制物品或者其他违法犯罪信息,情节严重的。发布信息的形式并不限于直接发布图文信息,根据司法解释,利用信息网络提供信息的链接、截屏、二维码、访问账号密码及其他指引访问服务的,应当认定为《刑法》第287条之一规定的"发布信息"。

例如,在黄杰明、陶胜新等非法利用信息网络案②中,被告人黄杰明使用昵称为"刀剑阁"的微信账号,在朋友圈发布其拍摄的管制刀具图片、视频和文字信息合计12 322条,用以销售管制刀具,并从中非法获利。被告人陶胜新、李孔祥、陶霖、曾俊杰在朋友圈发布从他人的朋友圈转载的管制刀具图片、视频和文字信息,数量分别为6 677条、16 540条、15 210条、5 316条,用以销售管制刀具,并从中非法获利。2018年5月至7月,宋雨林(已判刑)先后三次联系陶胜新,购买管制刀具。陶胜新与黄杰明联系,由黄杰明直接发货给宋雨林,被告人陶胜新从中赚取差价。宋雨林购得刀具后实施了故意伤害致人死亡的犯罪行为。法院认为,被告人黄杰明、陶胜新、李孔

---

① 参见江苏省苏州市吴中区人民法院(2017)苏0506刑初1050号刑事判决书。
② 参见《黄杰明、陶胜新等非法利用信息网络案》,载中国法院网(https://www.chinacourt.org/article/detail/2019/10/id/4589063.shtml),访问日期:2020年5月31日。

祥、曾俊杰、陶霖利用信息网络，发布有关销售管制物品的违法犯罪信息，其行为已构成非法利用信息网络罪。

实践中常见的其他违法犯罪信息，包括销售假证、赌博、传销的信息等。

(3) 为实施诈骗等违法犯罪活动发布信息，情节严重的。

例如，在谭张羽、张源等非法利用信息网络案①中，法院认为，被告人谭张羽、张源、秦秋发以非法获利为目的，通过信息网络发送刷单诈骗信息，其行为本质上属于诈骗犯罪预备，构成非法利用信息网络罪。虽然该案中并无证据证实具体实施诈骗的行为人归案并受到刑事追究，但不影响非法利用信息网络罪的成立。

(八) 帮助信息网络犯罪活动罪

1. 概述

帮助信息网络犯罪活动罪，是指明知他人利用信息网络实施犯罪，为其犯罪提供互联网接入、服务器托管、网络存储、通讯传输等技术支持，或者提供广告推广、支付结算等帮助，情节严重的行为。该罪同非法利用信息网络罪一样，也是《刑法修正案（九）》增加，直到2019年最高人民法院、最高人民检察院才通过司法解释加以明确的犯罪。自2015年新增当年起，适用该罪名的案件数量不断攀升，并且2019年相比2018年陡升，达到116件；而截至2020年7月2日，共可在中国裁判文书网上检索到262件帮助信息网络犯罪活动案件（如图1-7）。

2. 行为模式

帮助信息网络犯罪活动罪中提供帮助的前提是"明知他人利用信息网络实施犯罪"，司法解释对此采用了推定方式进行认定，具有下列情形之一的，可以认定行为人明知他人利用信息网络实施犯

---

① 参见《谭张羽、张源等非法利用信息网络案》，载中国法院网（https://www.china-court.org/article/detail/2019/10/id/4589067.shtml），访问日期：2020年5月31日。

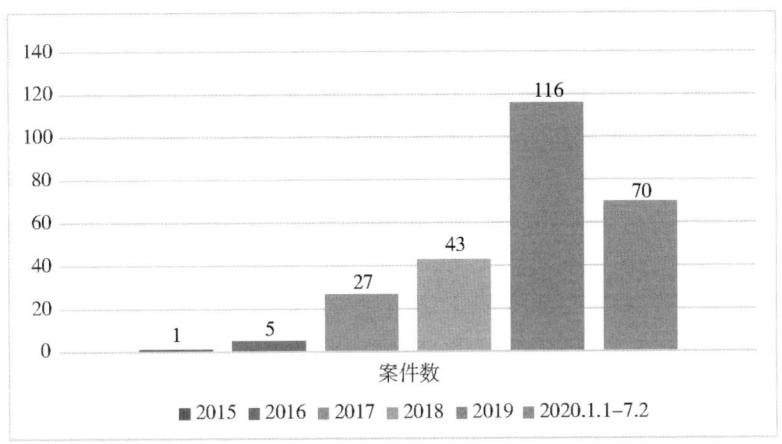

图 1-7　2015—2020 年帮助信息网络犯罪活动罪案件数（单位：件）

罪，但是有相反证据的除外：①经监管部门告知后仍然实施有关行为的；②接到举报后不履行法定管理职责的；③交易价格或者方式明显异常的；④提供专门用于违法犯罪的程序、工具或者其他技术支持、帮助的；⑤频繁采用隐蔽上网、加密通信、销毁数据等措施或者使用虚假身份，逃避监管或者规避调查的；⑥为他人逃避监管或者规避调查提供技术支持、帮助的；⑦其他足以认定行为人明知的情形。其中，"明知他人利用信息网络实施犯罪"中的"犯罪"实际上是指行为人实施了符合构成要件的行为，而不要求行为人具有责任，或者已经被判决成立犯罪；根据司法解释，被帮助对象实施的犯罪行为可以确认，但尚未到案、尚未依法裁判或者因未达到刑事责任年龄等原因依法未予追究刑事责任的，不影响帮助信息网络犯罪活动罪的认定。在认定"明知"的基础上，行为人提供的帮助可以分为技术性帮助和业务性帮助。

（1）技术性帮助包括提供互联网接入、服务器托管、网络存储、通讯传输等技术支持。技术支持包括网站的维护，例如，在黄挺、陈体忠、刘凯等诈骗案①中，被告人陈体忠、刘小华在明知刘某 3 等人

---

① 参见浙江省金华市中级人民法院(2019)浙 07 刑终 754 号刑事判决书。

开设违法犯罪网站的情况下,仍提供技术服务,帮助维护"金某国际"网站正常运行,并从中获利人民币8 000元,法院认为,二被告人构成帮助信息网络犯罪活动罪。

(2)业务性帮助即广告推广、支付结算等帮助。例如,在赵瑞帮助信息网络犯罪活动案①中,被告人赵瑞经营的网络科技有限公司的主营业务为第三方支付公司网络支付接口代理。被告人赵瑞在明知申请支付接口需要提供商户营业执照、法人身份证等五证信息和网络商城备案域名,且明知非法代理的网络支付接口可能被用于犯罪资金走账和洗钱的情况下,仍通过事先购买的企业五证信息和假域名备案在第三方公司申请支付账号,以每个账号收取人民币2 000~3 500元不等的接口费将账号卖给他人,并收取该账号入金金额千分之三左右的分润。2016年11月17日,被害人赵某被骗人民币600万元。其中,被骗资金50万元经他人账户后转入在第三方某股份有限公司开户的某贸易有限公司商户账号内流转,该商户账号由被告人赵瑞通过上述方式代理。法院认为,被告人赵瑞明知他人利用信息网络实施犯罪,仍为该犯罪提供支付结算帮助,其行为已构成帮助信息网络犯罪活动罪。

(九)侵犯公民个人信息罪

1. 概述

侵犯公民个人信息罪是指违反国家有关规定,向他人出售或者提供公民个人信息,情节严重的行为;或者违反国家有关规定,将在履行职责或者提供服务过程中获得的公民个人信息,出售或者提供给他人的行为;或者窃取或者以其他方法非法获取公民个人信息的行为。2009年《刑法修正案(七)》增加出售、非法提供公民个人信息罪,非法获取公民个人信息罪;2015年《刑法修正案(九)》扩张了《刑法》第253条之一的行为主体,进而扩大了适用范围,并提升了

---

① 参见浙江省义乌市人民法院(2017)浙0782刑初1563号刑事判决书。

法定刑配置,最高人民法院、最高人民检察院最终将该罪名统一为侵犯公民个人信息罪。根据《最高人民法院、最高人民检察院关于办理侵犯公民个人信息刑事案件适用法律若干问题的解释》的规定,公民个人信息存在的形式可以是"电子或者其他方式",但是,在现实中,这些信息通常是以电子信息的方式存在和流动的,可以说,侵犯公民个人信息罪的成立通常离不开网络平台,因此,将该罪归入专门的网络犯罪是没有问题的。

在信息时代,信息成为宝贵的资源,保护公民个人信息不被侵犯也成为刑法的任务。《刑法修正案(七)》颁布后至《刑法修正案(九)》施行前,即"2009年2月至2015年10月,全国法院新收出售、非法提供公民个人信息、非法获取公民个人信息刑事案件988起,审结969起,生效判决人数1 415人。其中,新收出售、非法提供公民个人信息刑事案件101件,审结98件,生效判决人数142人;新收非法获取公民个人信息刑事案件887件,审结871件,生效判决人数1 273人"[①]。由此可知,六年多的时间里,依据《刑法》原第253条之一办理的案件不超过1 000件。对公民个人信息保护力度不足,是修法的重要原因。《刑法修正案(九)》颁布之后,2015—2019年间,侵犯公民个人信息案件数量逐步上升,笔者依前述路径,在中国裁判文书网上共收集到6 234件案件(如图1-8),近三年,侵犯公民个人信息案件呈高发态势,2019年达到了2 399件,较2017年相比将近翻了一倍。

2. 行为模式

侵犯公民个人信息罪的行为对象是公民个人信息,对于"公民个人信息"的理解,需要注意以下几个方面:第一,该罪中的"公民"既包括中国公民,也包括外国公民和其他无国籍人,即凡是发生在中华人民共和国领域内的侵犯个人信息的犯罪,一律适用侵犯公民个人信息罪。第二,根据司法解释,"公民个人信息",是指以电子或

[①] 周加海、邹涛、喻海松:《〈关于办理侵犯公民个人信息刑事案件适用法律若干问题的解释〉的理解与适用》,载《人民司法(应用)》2017年第19期,第31页。

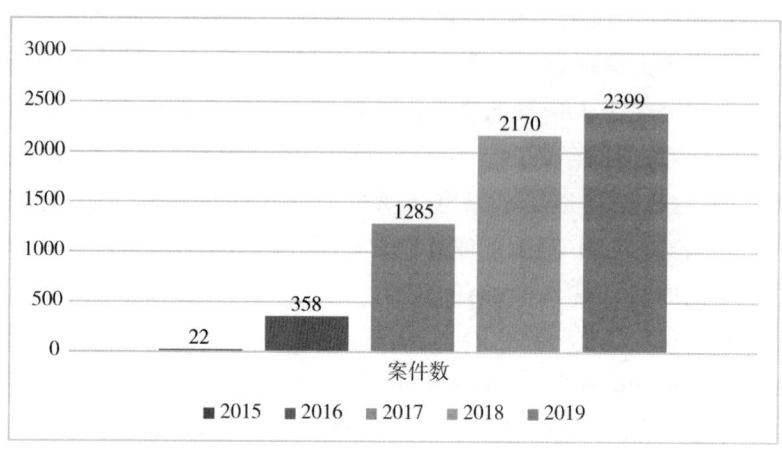

图1-8 2015—2019年侵犯公民个人信息罪案件数(单位:件)

者其他方式记录的能够单独或者与其他信息结合识别特定自然人身份或者反映特定自然人活动情况的各种信息,包括姓名、身份证件号码、通信通讯联系方式、住址、账号密码、财产状况、行踪轨迹等。由此可知,司法解释采用了广义的个人信息认定标准,"公民个人信息"不仅包括能够识别出特定自然人身份的信息,也包括反映特定自然人活动情况的信息,如行踪轨迹。第三,公民个人信息并不一定属于个人隐私,将公开的个人信息整合在一起再提供给他人的,也可能构成侵犯公民个人信息罪。对此,根据《最高人民法院、最高人民检察院关于办理侵犯公民个人信息刑事案件适用法律若干问题的解释》,未经被收集者同意,将合法收集的公民个人信息向他人提供的,属于《刑法》第253条之一规定的"提供公民个人信息",但是经过处理无法识别特定个人且不能复原的除外。第四,有些公民个人信息属于个人隐私,但是是否属于公民个人信息,还存在较大争议。例如,IP地址、设备ID等信息和cookie信息是否属于公民个人信息?以cookie信息为例,cookie反映了用户的网络活动轨迹及上网偏好,具有隐私属性,但是一方面这些信息无法确定具体的信息归属主体,其指向的是浏览器,而不能定向识别使用该浏览器的网络用户身份;另一方面,禁止网站利用这些信息,会使得精准广告业务被完全禁止,不符合产业发展趋势,因此不宜将 cookie 信息纳入公民个人信息。但是,cookie 信息指向的浏览器使用用户通常是特定的——尽管不是绝对的,通常情况下这些信息就能反映特定自然人的情况,所以一律不纳入公民个人信息也不合理。基于此,合理的做法是具体问题具体分析,凡是在具体案件中能够识别特定自然人身份或者反映特定自然人活动情况的信息就是侵犯公民个人信息罪保护的公民个人信息。①

侵犯公民个人信息的手段包括两大类,即非法提供与非法获取。两类手段的前提都是"违反国家有关规定"。"违反国家有关规定"不同于《刑法》第 96 条规定的"违反国家规定"。根据司法解释,违反法律、行政法规、部门规章有关公民个人信息保护的规定的,应当认定为《刑法》第 253 条之一规定的"违反国家有关规定"。具体手段介绍如下:

(1)非法提供

向特定人提供公民个人信息,以及通过信息网络或者其他途径发布公民个人信息的,应当认定为《刑法》第 253 条之一规定的"提供公民个人信息"。换言之,侵犯公民个人信息罪中的"提供"包括向特定人提供与向不特定人提供,后者相当于"散布"。

(2)非法获取

非法获取的方式包括窃取与其他方法。窃取通常是指通过黑客软件从他人网络系统中窃取信息。例如,在杜天禹侵犯公民个人信息案②中,被告人杜天禹通过植入木马程序,非法侵入山东省 2016 年普通高等学校招生考试信息平台网站,取得该网站管理权,非法获取 2016 年山东省高考考生个人信息 64 万余条,并向另案被告人陈文辉出售上述信息 10 万余条,最终酿成高考考生徐玉玉被骗身亡的悲剧。

---

① 参见喻海松:《网络犯罪二十讲》,法律出版社 2018 年版,第 215—216 页。
② 参见《杜天禹侵犯公民个人信息案》,载中国法院网(https://www.chinacourt.org/article/detail/2019/11/id/4644088.shtmll),访问日期:2020 年 5 月 31 日。

根据司法解释,"以其他方法非法获取公民个人信息"是指违反国家有关规定,通过购买、收受、交换等方式获取公民个人信息,或者在履行职责、提供服务过程中收集公民个人信息。实践中,购买是最常见的非法获取手段。侵犯公民个人信息犯罪作为电信网络诈骗的上游犯罪,诈骗分子往往先通过网络向他人购买公民个人信息,然后自己直接用于诈骗或转发给其他同伙用于诈骗。例如,实践中存在非法购买学生信息并出售牟利、非法买卖网购订单信息等行为。[1] 一些房产中介、物业管理公司、保险公司、担保公司的业务员往往与同行通过社交群组互相交换各自掌握的客户信息,这种交换行为也属于非法获取行为。此外,行为人在履行职责、提供服务过程中,违反国家有关规定,未经他人同意收集公民个人信息,或者收集与提供的服务无关的公民个人信息的,也属于非法获取公民个人信息的行为。例如,在郭某某侵犯公民个人信息案[2]中,被告人郭某某利用其原在某信息技术服务公司工作的便利,通过QQ群交换等途径,非法获取楼盘业主、公司企业法定代表人及股民等的姓名、电话、住址及工作单位等各类公民个人信息共计185 203条,上传存储于个人网盘内。后被告人郭某某通过互联网发布信息,将上述非法获取的公民个人信息出售给他人,从中非法获利人民币4 000元,构成侵犯公民个人信息罪。

二、网络化犯罪

网络化犯罪是指传统犯罪被网络化,或将网络作为实施传统犯罪的工具,或将网络作为实施传统犯罪的平台,或者二者皆有,不可区分。据统计,网络化犯罪案件占比排名前十的罪名依次如下:诈

---

[1] 参见《侵犯公民个人信息犯罪典型案例》,载中国法院网(https://www.chinacourt.org/article/detail/2017/05/id/2852365.shtml),访问日期:2020年5月31日。
[2] 参见《最高检发布六起侵犯公民个人信息犯罪典型案例》,载最高人民检察院官网(https://www.spp.gov.cn/xwfbh/wsfbt/201705/t20170516_190645.shtml#1),访问日期:2020年5月31日。

骗罪,开设赌场罪,非法制造、买卖、运输、邮寄、储存枪支、弹药、爆炸物罪,盗窃罪,组织、领导传销活动罪,非法吸收公众存款罪,走私、贩卖、运输、制造毒品罪,非法经营罪,制作、复制、出版、贩卖、传播淫秽物品牟利罪,合同诈骗罪。其中,诈骗罪占比一枝独秀,高达31.83%,开设赌场罪占比次之,达10.45%,其余罪名占比均不足5%。[1] 下面,笔者将结合以上罪名,介绍几类常见网络化犯罪类型的发案情况及特点。

(一)电信网络诈骗

1. 概述

电信网络诈骗是指以非法占有为目的,利用电话、短信、互联网等电信网络技术手段,虚构事实,设置骗局,实施远程、非接触式诈骗,骗取公私财物的犯罪行为。[2] 近些年来,电信网络诈骗犯罪属于最高发案件,已经成为网络空间治理的第一顽疾。电信网络仅仅是诈骗罪的一个实施平台,电信网络诈骗属于网络化犯罪的典型,诈骗罪的网络化程度远超全部犯罪的网络化程度,并且这一趋势还在不断增强。据统计,在全部诈骗案件中,利用网络手段实施犯罪的案件约占13.12%,远超全部刑事案件中网络犯罪案件的占比(1.54%);网络诈骗案件在诈骗案件中占比呈逐年上升趋势,2017年仅占7.67%,2018年占比达到17.61%,同比升幅也远超全部刑事案件中网络犯罪案件占比的升幅。[3] 电信网络诈骗犯罪的严重程度从最高人民法院、最高人民检察院在全国人民大表大会上所作的工作报告中可见一斑。最高人民法院在2016—2020年的工作报告中均提及坚决打击电信网络诈骗犯罪。根据2017年和2018年最高人

---

[1] 参见《司法大数据专题报告之网络犯罪特点和趋势(2016.1—2018.12)》,载最高人民法院网(http://www.court.gov.cn/fabu-xiangqing-202061.html),访问日期:2020年5月31日。
[2] 参见《检察机关办理电信网络诈骗案件指引》(高检发侦监字〔2018〕12号)。
[3] 参见《司法大数据专题报告之网络犯罪特点和趋势(2016.1—2018.12)》,载最高人民法院网(http://www.court.gov.cn/fabu-xiangqing-202061.html),访问日期:2020年5月31日。

民法院的工作报告,全国各级审判机关,在2016年审结电信网络诈骗案件1 726件,在2017年审结徐玉玉被诈骗等案件1.1万件。2016年《最高人民法院、最高人民检察院、公安部关于办理电信网络诈骗等刑事案件适用法律若干问题的意见》指出:"此类犯罪严重侵害人民群众财产安全和其他合法权益,严重干扰电信网络秩序,严重破坏社会诚信,严重影响人民群众安全感和社会和谐稳定,社会危害性大,人民群众反映强烈。"

2. 模式特点

(1)链条化

电信网络对于诈骗罪的影响是全方位的。根据行为人对被害人的选择方式,可以将电信网络诈骗分为两类:针对不特定被害人的诈骗和针对特定被害人的诈骗。在针对不特定被害人的诈骗案件中,行为人采用拨打网络改号电话、利用"伪基站"设备群发手机短信、网上发布诈骗信息等方式实施诈骗;在针对特定被害人的诈骗案件中,行为人首先需要获取被害人信息,然后根据被害人特点,如职业、年龄、身份,精心设计骗局,令被害人防不胜防。据统计,2016—2018年,在获取被害人信息后有针对性地实施的案件在所有网络诈骗案件中的占比维持在18%～20%之间。① 这两种类型的诈骗犯罪均需要外部支持,前者需要有人提供"伪基站"设备,后者需要有人提供公民个人信息。如今的电信网络诈骗犯罪已经形成了黑色产业链。其中,上游犯罪分子负责提供"伪基站"设备以及公民个人信息,而在前文已经提到,公民个人信息的获取已经被进一步分工细化。诈骗行为属于下游犯罪。当然,诈骗行为完成后还可能存在掩饰、隐瞒犯罪所得、犯罪所得收益的行为。

(2)团伙化

以团伙的形式出现的电信网络诈骗犯罪越发常见。据统计,网

---

① 参见《司法大数据专题报告之网络犯罪特点和趋势(2016.1—2018.12)》,载最高人民法院网(http://www.court.gov.cn/fabu-xiangqing-202061.html),访问日期:2020年5月31日。

络诈骗案件平均每案涉及的被告人数略高于网络犯罪案件：2016年至2018年全国网络诈骗案件共涉及4.64万名被告人，平均每件网络诈骗案件涉及被告人人数约为3.02人，高于平均每件网络犯罪案件涉及被告人人数（2.73人）；2016年平均每案涉及被告人人数为2.63人，2018年达到平均每件网络诈骗案件涉及3.23个被告人；超四成网络诈骗案件为两人及以上共同犯罪，三人及以上团伙诈骗的案件占比逐年提高。① 近些年还出现了以传销模式发展成员的电信网络诈骗团伙。例如，在李时权等69人诈骗案②中，以被告人李时权为首的69人犯罪集团利用传销模式发展诈骗成员，计酬返利，不断发展壮大，集团内部层级严密，分工明确，组织特征鲜明。

（3）招数多样化

网络诈骗的招数不断翻新，可谓花样迭出。并且新旧模式并存，常见电信网络诈骗手段超过30种。③ 随着非法获取公民个人信息行为的泛滥，针对特定人或特定群体量身定做的骗术更是让人防不胜防。根据最高人民法院2016年和2019年发布的电信网络诈骗犯罪案例可知，犯罪分子的手段至少包括虚构推荐优质股票、推销假冒保健产品或食品、发送医保卡出现异常的虚假语音信息、发送考试改分等虚假信息、虚构因购物有错误付款须取消的信息、开设虚假机票网站、发布电视节目中奖虚假信息、假冒QQ好友、发送招嫖虚假信息，甚至虚构所谓"民族大业""民族资产解冻"项目或"精准扶贫"等其他假借国家大政方针和社会热点的虚假项目，近些年还出现了更为隐蔽的网络诈骗手段，即利用电子商务平台，操纵农

---

① 参见《司法大数据专题报告之网络犯罪特点和趋势（2016.1—2018.12）》，载最高人民法院网（http://www.court.gov.cn/fabu-xiangqing-202061.html），访问日期：2020年5月31日。

② 参见《李时权等69人诈骗案》，载中国法院网（https://www.chinacourt.org/article/detail/2019/11/id/4644100.shtml），访问日期：2020年5月31日。

③ 参见广州市中级人民法院：《广州市电信网络诈骗犯罪审判白皮书（2016—2018年）》，载广州审判网（http://www.gzcourt.gov.cn/xwzx/bps/2019/05/21104839124.html），访问日期：2020年7月1日。

产品行情诱骗客户交易从客损中获利。①

(4) 跨地域化

网络犯罪具有非接触性的特点,这一特点意味着犯罪团伙在家中就可以针对身处世界各地的不特定对象实施诈骗,这也决定了此类犯罪严重的社会危害性。为了躲避刑事追究,也有犯罪分子躲到境外实施诈骗,例如在福建省晋江市吴金龙等人发送医保卡出现异常虚假语音信息诈骗案②中,该团伙在老挝万象设置窝点,将事先编辑好的诈骗语音包通过网络电话向中国各省市固定电话用户群发送语音信息,谎称被害人"医保卡出现异常,有疑问则回拨电话",实施诈骗,诈骗金额共计人民币 10 192 500 元。再如,在张凯闵等 52 人电信网络诈骗案(检例第 67 号)中,被告人张凯闵等 52 人先后在印度尼西亚共和国和肯尼亚共和国参加对中国居民进行电信网络诈骗的犯罪集团,骗取 75 名被害人钱款共计人民币 2 300 余万元。

(二) 网络赌博

1. 概述

网络赌博是指利用互联网、移动通讯终端等传输赌博视频、数据,组织赌博活动,建立赌博网站并接受投注,或者建立赌博网站并提供给他人组织赌博,或者为赌博网站担任代理并接受投注,或者参与赌博网站利润分成。网络赌博涉嫌的主要罪名是《刑法》第 303 条规定的赌博罪、开设赌场罪与组织参与国(境)外赌博罪。为打击网络赌博违法犯罪活动,最高人民法院、最高人民检察院、公安部等八部门从 2010 年 2 月开始,在全国范围内开展了集中整治网络赌博违法犯罪专项行动。同年 8 月 31 日,《最高人民法院、最高人民检

---

① 《最高法发布网络犯罪大数据报告以及电信网络诈骗犯罪典型案例》,载中国法院网(https://www.chinacourt.org/article/detail/2019/11/id/4644045.shtml),访问日期:2020 年 5 月 31 日。

② 《最高法发布网络犯罪大数据报告以及电信网络诈骗犯罪典型案例》,载中国法院网(https://www.chinacourt.org/article/detail/2019/11/id/4644045.shtml),访问日期:2020 年 5 月 31 日。

察院、公安部关于办理网络赌博犯罪案件适用法律若干问题的意见》印发。笔者以下列条件——全文:关于办理网络赌博犯罪案件适用法律若干问题的意见;案由:刑事案由;案件类型:刑事案件;文书类型:判决书——在中国裁判文书网搜索,共搜索到2013—2019年间的2 604件案件(如图1-9)。① 从过去七年的整体趋势来看,网络赌博犯罪发案量呈现不断上升的趋势,并且2019年相较于2018年,增幅达到了79%。

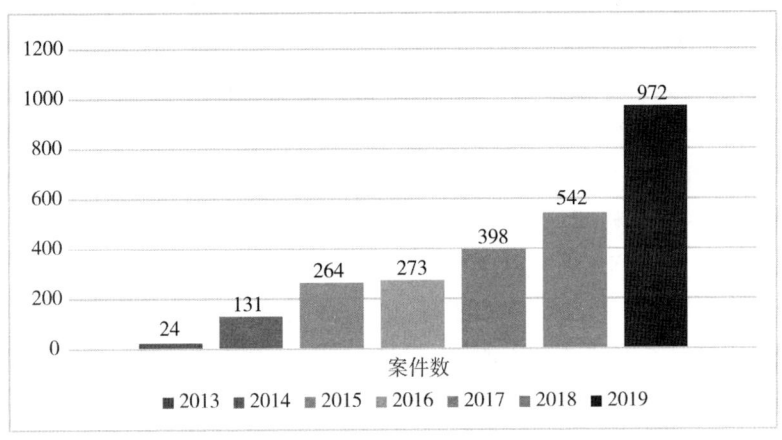

图1-9　2013—2019年网络赌博案例数(单位:件)

2. 行为模式

利用网络开设赌场,既包括将线下赌场运行模式原样搬到线上的赌博网站,也包括很多新型的开设赌场形式。

(1)利用社交媒体群竞猜游戏网站结果

洪小强、洪礼沃、洪清泉、李志荣开设赌场案(指导案例105号)的裁判要点指出:以营利为目的,通过邀请人员加入微信群的方式招揽赌客,根据竞猜游戏网站的开奖结果等方式进行赌博,设定赌博规

---

① 需要说明的是,从中国裁判文书网上获取的案件数不能等同于法院实际审判的案件数,因为无法保证所有生效判决书都被上传到中国裁判文书网。但是,在假设最近几年法院上传裁判文书的意愿大致相同的情况下,中国裁判文书网上的案件数量变化趋势就是有参考意义的。

则,利用社交群组进行控制管理,在一段时间内持续组织网络赌博活动的,属于《刑法》第 303 条第 2 款规定的"开设赌场"。

(2) 以抢红包方式赌博

谢检军、高垒、高尔樵、杨泽彬开设赌场案(指导案例 106 号)的裁判要点指出:以营利为目的,通过邀请人员加入微信群,利用群组进行控制管理,以抢红包方式进行赌博,在一段时间内持续组织赌博活动的行为,属于《刑法》第 303 条第 2 款规定的"开设赌场"。例如,在何嘉琪、单艳丽、吴辰、蒋丽君等开设赌场案①中,赌博的核心规则是,发包人每次发 288 元的四人抢红包,由抢到红包金额倒数第二小的参赌者继续发下一个红包。法院认为,抢红包本来是一种娱乐活动,但如果利用这种合法的娱乐方式,去制定用于盈利的规则,通过抽头牟利,就属于为赌博提供场所、设定赌博方式、运筹赌博资金的组织赌博行为,其行为构成开设赌场罪。

(3) 利用网络对境外赌场进行视频同步传输

在刘保玉、刘保华、张玉生等三人赌博案中,被告人刘保玉在老挝"金木棉百家乐"赌场实地驻扎,被告人刘保华在境内利用互联网对赌场实行远程视频传输,组织参赌人员通过视频观看赌场实况并下注;刘保玉在赌场实地下注(赌资由其垫付),张玉生负责招揽参赌人员。对于三人的行为是属于聚众赌博,还是开设赌场,检察院和法院的观点不同,检察院以赌博罪起诉,法院最终认定成立开设赌场罪。②

3. 行为特点

网络赌博的链条化、专业化非常明显。网络赌博犯罪活动屡禁不绝的主要原因之一,就是犯罪分子以牟取非法利益为目的,以网络为平台和联络载体,形成了网络赌博的信息流、人员流和资金流,并且其人员分工日趋细化;赌博网站的程序开发者、技术维护者、网络接入者、服务器托管者、为其提供资金支付结算服务的第

---

① 参见上海市徐汇区人民法院(2015)徐刑初字第 1063 号刑事判决书。
② 参见最高人民检察院法律政策研究室组织编写:《网络犯罪指导性案例实务指引》,中国检察出版社 2018 年版,第 158—162 页。

三方支付平台等,分工协作,相互配合,形成了环环相扣的利益链条。① 因此,要想有效打击网络赌博行为,防止其轻易地死灰复燃,就必须斩断整个利益链条。

我们可以从网络赌博资金流的角度一窥网络赌博犯罪的复杂程度。网络赌博资金结算过程可以分为赌资充值、赌资清洗和赌资提现三个环节。赌资充值指的是赌客将私人账户资金充值到赌博平台账户的过程。当前赌资充值有多种途径,但以网络银行和第三方支付为主。赌资清洗指的是赌博团伙将赌资从收款账户转移到赌博团伙持有账户的过程。这个过程由赌博团伙直接参与,或者由专门从事非法资金结算和地下钱庄的犯罪团伙协同完成资金结算、转移和隐匿。赌资提现指的是赌客申请从赌博平台提取赌博账户余额到个人私有账户的过程。这个过程中赌客主要以网络银行为主,少量使用第三方支付平台。一个网络赌博平台通常对接多家非法资金结算平台,同样,一家非法资金结算平台往往有多个网络赌博平台客户,并支持提供多家银行、第三方支付渠道。② 网络赌博平台和新型非法结算黑色产业已经形成分工明确、相互依附的复杂关系,这种成熟的资金流模式降低了网上开设赌场的门槛,并加大了监控打击难度。

(三)网络盗窃

1. 概述

网络盗窃是指财产转移发生在网络空间的盗窃行为。盗窃罪的客观行为是将他人占有的财物以和平的方式转移为自己占有,行为人主观上一般认为自己的行为是秘密的且具有非法占有目的。网络空间的非接触性,使得和平手段与秘密要素的认定极为容易,在此基础上,只要行为人转移了虚拟财产或者债权等财产性利

---

① 参见高贵君、张明、吴光侠、邓克珠:《〈关于办理网络赌博犯罪案件适用法律若干问题的意见〉的理解与适用》,载《人民司法(应用)》2010年第21期,第24页。
② 参见陈卓、董蕾:《跨境网络赌博常用资金结算手法、趋势和特点分析》,载《腾讯网络安全与犯罪研究》2019年第3期,总第8期,第22页。

益,盗窃罪即告成立。

2. 行为模式

(1)直接窃取

所谓直接窃取,就是不需要被害人行为的配合,完全由行为人利用互联网技术将他人名下的财产转移为自己支配。如前所述,网络盗窃属于下游犯罪,行为人利用从上游获取的公民个人信息,如账户、密码等身份信息,直接登录窃取他人的虚拟财产属于常见类型,但是对此是认定为非法获取计算机信息系统数据罪还是盗窃罪,理论界和实务界都存在较大分歧。例如,对于侵入他人计算机信息系统,窃取他人网络游戏装备的行为,北京市法院认定成立非法获取计算机信息系统数据罪,而广东省法院认定为盗窃罪。① 但是对于窃取他人银行账户内的债权的行为,则没有争议地会认为成立盗窃罪。例如,在南京市玄武区人民检察院诉余刚等四人盗窃案②中,被告人余刚、唐君、贺斌、贺科以非法占有为目的,编写、传播木马病毒程序,利用木马病毒程序截取他人网上银行账号、密码,然后秘密窃取他人网上银行的存款,其行为触犯《刑法》第264条的规定,均已构成盗窃罪。

(2)间接窃取

所谓间接窃取,就是利用了被害人或者第三人的介入行为窃取被害人的财物。正因为存在被害人的介入行为,因此对于间接窃取行为,常常在盗窃罪和诈骗罪之间存有争议。

①一元链接

在臧进泉等盗窃、诈骗案(指导案例27号)中,被告人存在两个行为:一是以尚未看到金某付款成功的记录为由,发送给被害人金某一个交易金额标注为1元而实际植入了支付305 000元的计算机

---

① 参见北京市第一中级人民法院(2017)京01刑终364号刑事裁定书;《广东高院发布2017年度涉互联网十大案例之四:杨某等盗窃案》,【法宝引证码】CLI. C. 11545897,载北大法宝网(https://www. pkulaw. com/pfnl/a25051f3312b07f31ebd1fbb3499a0c8bfd5a39dd9c7508ebdfb.html),访问日期:2020年7月2日。

② 参见《南京市玄武区人民检察院诉余刚等四人盗窃案》,【法宝引证码】CLI. C. 67299,载北大法宝网(https://www. pkulaw. com/pfnl/a25051f3312b07f3843ec530144aba7de397f6623856010bbdfb.html),访问日期:2020年7月2日。

程序的虚假链接,被害人金某在诱导下点击了该虚假链接;二是以虚假身份开设无货可供的淘宝店铺,并发送给顾客虚假的淘宝链接,顾客信以为真而付款。两个行为的区别是,被害人对第一个行为存在数额认识错误,因此缺乏对 305 000 元的处分意识;而对于虚假淘宝链接显示的数额则不存在错误认识,因此对价款存在处分意识,但被害人对行为人根本不打算发货存在错误认识。裁判要点指出:行为人利用信息网络,诱骗他人点击虚假链接而实际通过预先植入的计算机程序窃取财物构成犯罪的,以盗窃罪定罪处罚;虚构可供交易的商品或者服务,欺骗他人点击付款链接而骗取财物构成犯罪的,以诈骗罪定罪处罚。

②偷换二维码

偷换二维码,是指行为人偷偷地将被害人商店里的收款二维码调换为自己的收款二维码,骗取到店消费顾客本应转账至被害人账号的钱款。① 行为人只实施了一个调换二维码的行为,如果没有顾客扫描二维码并付款,行为人就不可能犯罪既遂;而顾客并不认为自己是被害人,其付款是根据商家的指示而履行支付价款的义务,所以没有商家的指示,行为人也不可能犯罪既遂。对于偷换二维码行为,理论上展开了激烈的争论,观点分歧非常大。迄今存在盗窃罪、诈骗罪、无罪三种看法。其中,盗窃罪可以细分为以顾客为被害人的盗窃和以商家为被害人的盗窃;诈骗罪可以分为以顾客为被害人的诈骗与以顾客为受骗人、商家为受害人的三角诈骗。

③利用漏洞

利用漏洞窃取他人财物,在生活中又被称为"薅羊毛"。利用漏洞其实可以细分为利用技术漏洞和利用规则漏洞。

利用技术漏洞大致可以分为以下三种:第一,利用系统存在的漏洞,人为干扰系统正常运行或者修改系统的特定数据。例如,行为人利用某网络科技公司经营的公众号手机话费充值界面存在的系统漏洞,通过软件及插件拦截充值订单并修改订单参数,将充值

---

① 参见福建省石狮市人民法院(2017)闽 0581 刑初 1070 号刑事判决书。

订单的支付金额修改为 1 分钱或 0 元,以此方法为自己和他人的手机号充值数十万元。① 第二,虽然没有干扰系统的正常运行,也没有修改系统数据,但其利用漏洞的行为违背了明示的交易规则。例如,行为人利用支付服务公司的系统技术漏洞,以该公司明确禁止的信用卡转账还信用卡的方式套取商业银行特别巨大资金用于个人存款、偿还债务和个人消费。② 这是一种违反规则的行为,由于被害人事前已经想到了此种漏洞,已经通过制定规则而予以堵截,因此行为人之所以能够得逞,并非利用了规则漏洞,而是违反了规则,利用了技术上存在的漏洞。第三,虽然没有违背明示的交易规则,但是行为人是在系统发生故障的情形下实施转移财物的行为,在实践中也被称为利用漏洞。例如,行为人利用浙江省湖州市名特优农产品快购有限公司农民巴巴网站积分兑换系统漏洞,采用反复兑换积分的手段,窃取该网站积分 31 802 000 分,后在支付宝网站转兑成人民币 318 000 元。③

利用规则漏洞,是指在行为人转移财物的过程中,系统并未发生故障,但是商家设置的交易规则在返还财物阶段存在漏洞。例如,行为人是一家商店的店长,其偶然发现在店内 POS 机上买单获取会员卡积分后再退单时,积分不会扣减,遂开始以上述方式盗取积分。这种行为可以简化为"退货不退积分",行为人按照商家制定的规则下单——支付价款——获取积分并等待发货——在商家发货前退货;而商家在行为人发起退货之后立即返还价款,但并没有追回积分,因此积分返还规则存在漏洞。这个漏洞完全可以通过完善规则来填补,比如规定只有在顾客发起退款并返还积分后,商家才会返还价款,那么顾客就没有机会套取积分。对于此类套取积分的行为,法院认定为盗窃罪,但是一个客观上符合交易规则的行

---

① 参见北京市第三中级人民法院(2017)京 03 刑终 211 号刑事裁定书。
② 参见江西省高级人民法院(2014)赣刑二终字第 41 号刑事判决书。
③ 参见浙江省湖州市吴兴区人民法院(2013)湖吴刑一初字第 122 号刑事判决书。

为,能否被认定为具有犯罪故意,值得探讨。①

(四)网络传销

1. 概述

网络传销是指组织者或者经营者利用网络发展会员,要求被发展人员以缴纳或者变相缴纳"入门费"为条件,获得提成和发展下线的资格;通过发展人员组成层级关系,并以直接或者间接发展的人员数量作为计酬或者返利的依据,引诱被发展人员继续发展他人参加,骗取财物,扰乱经济社会秩序的行为。②《刑法修正案(七)》增加了组织、领导传销活动罪。在此之前,传销行为主要由行政法予以规制。组织、领导传销活动罪的罪状过于复杂,给司法部门的认定带来很大困难,进而影响到对组织、领导传销活动行为的有效打击。而互联网又极大地便利了传销的蔓延,一方面,网络极大地扩张了传销的空间范围;另一方面,网络的非接触性也使得组织、领导传销变得更加隐蔽,增加了打击难度。因此网络传销的刑法规制难度非常大。截至2018年2月28日,国家工商总局(广东深圳)反传销监测治理基地共识别到3 534个疑似传销平台,平台参与人数高达3 176万,并且每天新增识别传销平台30个左右;互联网传销打着创新的名义,利用新型社交媒体快速发展的势头并没有有效遏制;通过网络发展下线,通过移动支付、虚拟币等新型手法交易给监管带来一定挑战。③

2. 行为模式

为了迷惑被害人,网络传销组织不断打出新的旗号,采用新的名义,因此归纳网络传销的行为模式对于认识此类犯罪很有帮助。

---

① 参见赵国玲、邢文升:《利用漏洞转移财物行为的刑法教义学分析》,载《国家检察官学院学报》2019年第2期,第91—100页。
② 参见叶经生等组织、领导传销活动案(检例第41号)。
③ 参见《腾讯2017年度传销态势感知白皮书》,载腾讯安全联合实验室网(https://slab.qq.com/news/authority/1745.html),访问日期:2020年5月30日。

以下七类网络传销模式值得关注①：①以高收益为诱饵的金融投资理财类传销，传销的同时还伴随着非法集资。以钱宝网为例，项目年化收益率高达50%以上，其收益组成＝任务收益＋签到收益＋推广收益＋体验任务收益。其中，拉人头推广就属于传销行为。②以互联网创新为幌子的境外投资类传销。例如，利用虚拟币②名义从事传销活动。③以"消费返现"为口号的商城促销类传销。例如，浙江万家购物网，打着"满500返500"等幌子诱使他人消费和入会，按照资格和条件，分为普通会员、VIP 会员、金牌代理、金牌代理商、区域代理商等级别，实行层级计酬，涉案190万人，金额高达240.45 亿元人民币，遍及全国 31 个省(市、区)的 2 300 多个县(市)。④以慈善、公益为名义实为敛财类传销，打着"精准扶贫""慈善互助""国家工程""民族大业""资本运作"等旗号，收取加盟费后承诺获取高额回报的(如年收益率高于 20%)，基本可以认定为传销。MMM 金融互助平台、善心汇③均属此类。⑤以保健品、收藏品、投资等为载体的骗老类传销，先以免费体检、产品体验、健康讲座等形式吸引老人参与，通过套近乎、亲情牌与老人拉近关系后，进行"洗脑"式推销。⑥社交平台内的传销，打着电商旗号，销售低质量、低成本商品甚至三无产品，通过发展社交平台好友成为下级，进行层级计酬。陈志华组织、领导传销活动案④即属此类典型案件。⑦设置高收益推荐奖励的理财游戏类传销，例如，实践中存在大量利用澳洲汇金理财游戏网站(AHKCAP 网站)、"自由国际"网站等进行传销的案件。

---

① 参见《腾讯 2017 年度传销态势感知白皮书》，载腾讯安全联合实验室网(https://slab.qq.com/news/authority/1745.html)，访问日期：2020 年 5 月 30 日。
② 参见《最高人民检察院发布 7 起"弘扬宪法精神 落实宪法规定"典型案例之二：卢某某、成某某等人利用"虚拟货币"组织、领导传销活动案——依法惩治传销，维护社会经济秩序》，【法宝引证码】CLI. C. 90057190，载北大法宝网(https://www.pkulaw.com/pfnl/a6bdb3332ec0adc47687d8cc162b5a84ec67f4aa90d 6442cbdfb.html)，访问日期：2020 年 5 月 30 日。
③ 参见安徽省芜湖市中级人民法院(2020)皖 02 刑终 40 号刑事裁定书。该案入选"2019 年度人民法院十大刑事案件"。
④ 参见江苏省南京市中级人民法院(2015)宁刑二终字第 77 号刑事裁定书。

(五)非法集资

1. 概述

非法集资涉及一系列罪名,其中最主要的两个罪名是非法吸收公众存款罪与集资诈骗罪。非法吸收公众存款行为需要具备四个特征,即非法性、公开性、利诱性与社会性。其中,公开性即通过媒体、推介会、传单、手机短信等途径向社会公开宣传;社会性是指向社会公众及社会不特定对象吸收资金。显然,互联网便利了向社会公开宣传与向不特定对象吸收资金。本来就具有涉众性的非法集资犯罪借助网络的传播,如虎添翼,常常能吸引成千上万甚至数十万的集资参与人,导致的损失数额更可高达数百亿元。笔者按照如下条件——判决结果:非法吸收公众存款罪;案由:刑事案由;案件类型:刑事案件;审判程序:刑事一审;文书类型:判决书——在中国裁判文书网上搜索,共搜索到 24 250 件案件。由图 1-10 可知,自 2014 年起,非法吸收公众存款案件数量便呈现井喷态势,并且不断攀升,2019 年单年以非法吸收公众存款罪定罪的案件就高达 6 508 件,是 2013 年审结案件数量的 20 多倍。以类似路径,笔者搜索到集资诈骗罪案件 3 751 件,在 2010—2019 年这十年间,以集资诈骗罪定罪的案件数量也呈不断上升的趋势,2019 年的案件审结数量相较于 2013 年增长了 15 倍之多。

2. P2P 网络借贷

如果说传统的非法集资犯罪主要是通过媒体、推介会、传单、手机短信等途径进行公开宣传,那么 P2P 网络借贷型非法集资则属于一种新型的网络犯罪。网络借贷是基于互联网平台而存在的一种互联网金融业务。网络借贷包括个体网络借贷(即 P2P 网络借贷)和网络小额贷款。其中,网络小额贷款是指互联网企业通过其控制的小额贷款公司,利用互联网向客户提供小额贷款,经营类似银行的贷款业务。而 P2P 网络借贷则是指个体和个体之间通过互联网平台实现的直接借贷。本质上,在 P2P 网络借贷平台上发生的

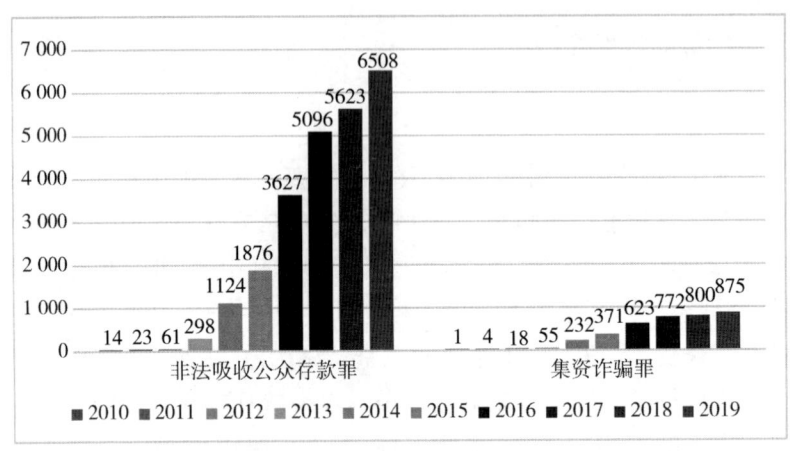

图 1-10　2010—2019 年非法集资案件数（单位：件）

直接借贷行为属于民间借贷范畴,只要平台坚持其信息中介性质,那么就不会构成犯罪,但是近些年来,很多 P2P 网络借贷机构都形成了资金池,从信息中介机构异化为信用中介机构,进而构成非法吸收公众存款罪与集资诈骗罪。

例如,在周辉集资诈骗案(检例第 40 号)中,被告人周辉在线运营"中宝投资"网络平台,借款人(发标人)在网络平台注册、缴纳会费后,可发布各种招标信息,吸引投资人投资。投资人在网络平台注册成为会员后可参与投标,通过银行汇款、支付宝、财付通等方式将投资款汇至周辉公布在网站上的 8 个其个人账户或第三方支付平台账户。运行前期,周辉通过网络平台为 13 个借款人提供总金额约 170 万余元人民币的融资服务,因部分借款人未能还清借款造成公司亏损。此后,周辉除用本人真实身份信息在公司网络平台注册 2 个会员外,自 2011 年 5 月至 2013 年 12 月陆续虚构 34 个借款人,并利用上述虚假身份自行发布大量虚假抵押标、宝石标等,以支付投资人约 20%的年化收益率及额外奖励等为诱饵,向社会不特定公众募集资金。所募资金未进入公司账户,全部由周辉个人掌控和支配,除部分用于归还投资人到期的本金及收益外,其余主要用于购买房产、高档车辆、首饰等。这些资产绝大部分登记在周辉名下或供周辉个人使用。案例要旨指出,网络借贷信息中介机构或其控制人,利用网络借贷平台发布虚假信息,非法建立资金池募集资金,所得资金大部分未用于生产经营活动,主要用于借新还旧和个人挥霍,无法归还所募资金数额巨大,应认定为具有非法占有目的,以集资诈骗罪追究刑事责任。

再如,在杨卫国等人非法吸收公众存款案(检例第64号)中,被告人杨卫国通过线下和线上两个渠道开展非法吸收公众存款活动。在线下渠道,望洲集团在全国多个省、市开设门店,采用发放宣传单、举办年会、发布广告等方式进行宣传,理财客户或者通过与杨卫国签订债权转让协议,或者通过匹配望洲集团虚构的信贷客户借款需求进行投资,将投资款转账至杨卫国个人名下42个银行账户,被望洲集团用于还本付息、生产经营等活动。在线上渠道,望洲集团及其关联公司以网络借贷信息中介活动的名义进行宣传,理财客户根据望洲集团的要求在第三方支付平台上开设虚拟账户并绑定银行账户。理财客户选定投资项目后将投资款从银行账户转入第三方支付平台的虚拟账户进行投资活动,望洲集团、杨卫国及望洲集团实际控制的担保公司为理财客户的债权提供担保。望洲集团对理财客户虚拟账户内的资金进行调配,划拨出借资金和还本付息资金到相应理财客户和信贷客户账户,并将剩余资金直接转至杨卫国在第三方支付平台上开设的托管账户,再转账至杨卫国开设的个人银行账户,与线下资金混同,由望洲集团支配使用。因资金链断裂,望洲集团无法按期兑付本息。截至2016年4月20日,望洲集团通过线上、线下两个渠道非法吸收公众存款共计人民币64亿余元,未兑付资金共计人民币26亿余元,涉及集资参与人13 400余人。其中,通过线上渠道吸收公众存款人民币11亿余元。案例要旨指出,单位或个人假借开展网络借贷信息中介业务之名,未经依法批准,归集不特定公众的资金设立资金池,控制、支配资金池中的资金,并承诺还本付息的,构成非法吸收公众存款罪。

(六) 网络色情

1. 概述

网络色情一般是指通过网络传播淫秽电子信息或者卖淫信息的行为，具体罪名通常会涉及传播淫秽物品（牟利）罪、组织播放淫秽音像制品罪、组织淫秽表演罪、组织卖淫罪与介绍卖淫罪；除此之外，通过网络侵犯他人的性自主权的行为也可以被归入网络色情之中，涉及的罪名是强制猥亵罪与猥亵儿童罪。网络色情传播具有操作简单、传播广泛、行为隐蔽等特点，为打击此类犯罪带来巨大困难。网络色情犯罪一方面侵犯了社会公序良俗，破坏社会管理秩序；另一方面对未成年人的身心健康造成很大伤害，还容易引发观看者尤其是未成年观看者实施性犯罪。

2. 行为模式

通过网络散布招嫖信息属于网络化犯罪的典型形式，即把网络作为犯罪工具加以利用，这种行为比较常见，在此不加赘述。除此之外，还有一些新型的网络色情犯罪值得关注。

（1）裸聊服务与色情直播

裸聊服务和色情直播在本质上都是提供淫秽表演的行为，只不过前者一般是一对一的，后者一般是一对多的。色情直播的兴起有赖于网络直播技术的成熟。在色情直播之前，已经存在过一对一裸聊和多人一起通过视频聊天室裸聊，前者如方惠茹传播淫秽物品牟利案[1]，后者如李某某聚众淫乱案[2]。对于此类通过网络提供淫秽表演的行为如何定性，司法实践中存在着罪与非罪、此罪与彼罪的分歧。在网络直播技术兴起以后，有人组织一批主播专门从事色情直

---

[1] 参见浙江省龙游县人民法院（2007）龙刑初字第 249 号刑事判决书。
[2] 参见北京市石景山区人民法院（2006）石刑初字第 133 号刑事判决书。

播,实践中一般认定组织者成立组织淫秽表演罪。①

值得注意的是,实践中也有大量以裸聊为幌子,实际上通过裸聊,获取被害人裸聊视频,并以此为要挟敲诈勒索被害人钱财的案件。②

(2) 网络猥亵

网络猥亵是指以网络为媒介,不与对方发生身体接触,通过视频聊天、发送照片、视频的方式侵犯对方的性自主权从而满足自己的性刺激的行为。这种案件的受害者往往是未成年人,其由于安全防范意识较弱,出于恐惧或者其他理由而接受不法分子的操控。例如,在骆某猥亵儿童案(检例第 43 号)中,行为人骆某利用"李某"的身份在网络聊天中对小羽进行威胁恐吓,小羽被迫按照要求自拍裸照十张,传送给骆某观看。案例要旨指出,行为人以满足性刺激为目的,以诱骗、强迫或者其他方法要求儿童拍摄裸体、敏感部位照片、视频等供其观看,严重侵害儿童人格尊严和心理健康的,构成猥亵儿童罪。此外,也有假借招聘童星、平面模特的名义,以检查身材条件和演员素质为由,诱导儿童裸露身体或骗取儿童裸体影像资料的案件。③

(3) 传播淫秽电子信息

通过网络传播淫秽物品,一般是指传播淫秽电子信息,包括图片、视频、音频、文字。传播的方式有很多种,早期以直接传播淫秽电子信息为主,现在则出现很多传播载有淫秽色情内容的软件,并且这些色情软件是收费的,因此涉嫌贩卖淫秽物品牟利罪。例如,2018 年 8 月 24 日,中国警方会同柬埔寨警方在境外一举抓获涉

---

① 参见《最高人民法院公布六起互联网和手机色情信息犯罪典型案例之五:郑立、戴泽焱、刘峻松、张戎、何佳组织淫秽表演案》,【法宝引证码】CLI.C.86967797,载北大法宝网(https://www. pkulaw. com/pfnl/a6bdb3332ec0adc41e39302936a631cc50cdd2b33e6f9a98bdfb. html),访问日期:2020 年 7 月 8 日。

② 参见陕西省宝鸡市中级人民法院(2019)陕 03 刑终 224 号刑事裁定书。

③ 参见《最高人民法院发布保护未成年人权益十大优秀案例之四:蒋某猥亵儿童案——依法严惩通过网络实施的无身体接触的猥亵犯罪》,【法宝引证码】CLI.C.77866275,载 北 大 法 宝 网 (https://www. pkulaw. com/pfnl/a6bdb3332ec0adc41c8d46a0bfbf5d9c044fdc06221f97fcbdfb.html),访问日期:2020 年 7 月 2 日。

案平台负责人陈佳雄等18名犯罪嫌疑人,成功打掉这一盘踞境外,利用网络传播淫秽物品牟利的特大犯罪团伙。此前,该团伙通过在境外架设服务器,自行开发App接入淫秽色情直播源,传播淫秽视频。陈佳雄、周安达通过操控境内总代理,发展一级代理、二级代理、三级代理等,层层加价,分销卡密,非法牟利。①

(七)网络造谣传谣

1. 概述

根据谣言涉及的对象,可以将谣言分为针对个人的谣言和针对公共事件的谣言。根据这种划分,网络造谣传谣是指捏造虚假信息,并利用网络散布该信息,或者明知是他人捏造的虚假信息而散布该虚假信息,以损害他人名誉或者扰乱公共秩序的行为。近些年来,网络造谣传谣愈演愈烈。网络造谣传谣具有扩散范围广、传播速度快、影响不易消除等特点,不仅侵犯个别公民的名誉权、财产权,也导致网络空间上的信息真假难辨,使得一般公民难以从网络上获取有效信息,妨碍互联网的健康发展。为打击此类犯罪,《最高人民法院、最高人民检察院关于办理利用信息网络实施诽谤等刑事案件适用法律若干问题的解释》(以下简称《诽谤等解释》)于2013年出台。最高人民法院曾在2014年、2015年、2016年、2018年、2020年的工作报告中提及惩治网络造谣、传谣行为,以净化网络空间。笔者按照如下搜索条件——全文:关于办理利用信息网络实施诽谤等刑事案件适用法律若干问题的解释;案由:刑事案由;法院层级:全部;案件类型:刑事案件;审判程序:刑事一审;文书类型:判决书——在中国裁判文书网上搜索到2014—2019年间的265件案件。由图1-11可知,在《诽谤等解释》颁布之后的6年间,网络空间的造谣传谣犯罪数量呈不断上升趋势。

---

① 参见《浙江嘉兴中院二审宣判一起特大跨境网络色情直播平台案》,载新浪网(http://news.sina.com.cn/s/2020-04-02/doc-iimxyqwa4646037.shtml),访问日期:2020年5月30日。

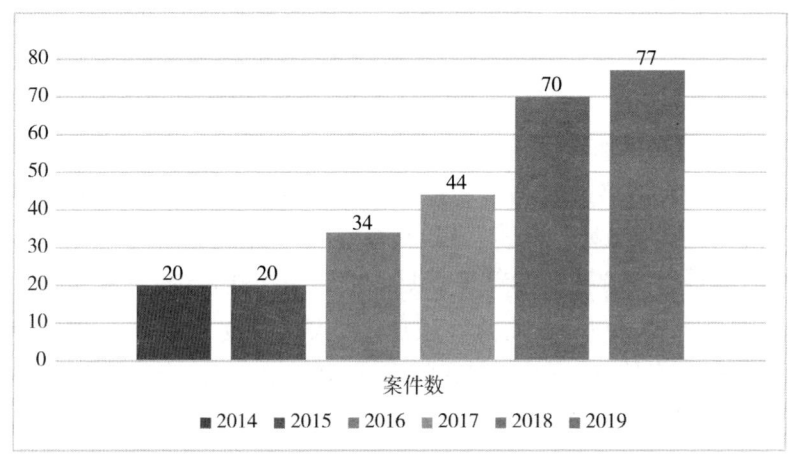

图 1-11　2014—2019 年网络造谣传谣案件数（单位：件）

2. 行为模式

（1）针对个人的造谣

行为人捏造损害他人名誉的事实，并在网络空间散布；或者将在网络空间中的信息篡改为损害他人名誉的信息；或者明知是捏造的损害他人名誉的信息而予以散布的，都涉嫌诽谤罪。此类行为将网络作为传播的工具，扩大了损害的结果，属于网络化犯罪的典型形式。例如，在秦志晖诽谤、寻衅滋事案①中，被告人秦志晖于 2012 年 12 月至 2013 年 8 月间，分别使用"东土秦火火""淮上秦火火""江淮秦火火""炎黄秦火火"等新浪微博账户捏造损害罗援、杨澜、兰和、张海迪等人名誉的事实在信息网络上散布，引发大量网民转发和负面评论。

（2）针对公共部门或公共事件的造谣

行为人捏造虚假事实攻击国家机关，或者针对公共事件作出歪曲事实的报道，以混淆视听，扰乱公共秩序，涉嫌寻衅滋事罪。例如，在前述提及的秦志晖诽谤、寻衅滋事案中，被告人秦志晖编造并散布虚假信息，称原铁道部向"7·23"甬温线动车事故中外籍遇难

---

① 参见北京市朝阳区人民法院（2013）朝刑初字第 2584 号刑事判决书。

旅客支付3 000万欧元高额赔偿金。该微博被转发11 000次,评论超过3 300次,引发大量网民对国家机关公信力的质疑,其行为最终被认定成立寻衅滋事罪。

再如,在董如彬、侯某非法经营、寻衅滋事案①中,被告人董如彬为提高个人网络影响力,在湄公河中国船员遇害案的处理过程中,利用"新浪微博""腾讯微博""QQ空间""天涯社区"等互联网公共信息平台,编造、散布大量虚假信息和煽动性言论,引发网民围观,严重混淆视听,扰乱公共秩序,被认定成立寻衅滋事罪。但是,值得注意的是,与司法实践的意见不同,对于《诽谤等解释》第5条第2款规定的"造成公共秩序严重混乱"能否等同于《刑法》第293条规定的"造成公共场所秩序严重混乱",学界多持否定态度。

(3)提供有偿发帖和删帖服务

一些所谓的"网络公关公司"和"网络推手",通过在信息网络上为编造的虚假信息提供发帖等服务,非法牟取经济利益。在前述提及的董如彬、侯某非法经营、寻衅滋事案中,法院认为,被告人董如彬、侯某违反国家规定,以营利为目的,明知是虚假信息,通过信息网络有偿提供发布信息服务,扰乱市场秩序,其行为已构成非法经营罪。

(八)刷单炒信

刷单炒信是指经营者通过虚假交易提高本店信用和商誉的行为。这是伴随电子商务发展而兴起的一种行为,严重侵害电子商务领域的信用评价机制,扰乱了电子商务领域的经济秩序。一般所谓刷单炒信是指正向刷单,但是也有所谓反向刷单,即为了打击商业竞争对手,行为人故意在短时间内增加竞争对手的交易量,以使得监管平台误认为该竞争对手存在刷单行为,进而对对手作出处罚。但是对于刷单行为是否属于非法经营行为,反向刷单是否属于破坏生产经营行为,理论界还存在很大分歧。

---

① 参见云南省昆明市中级人民法院(2014)昆刑一终字第53号刑事裁定书。

李某某非法经营案①被称为刷单炒信第一案。被告人李某某通过创建"零距网商联盟"网站和利用 YY 语音聊天工具建立刷单炒信平台,吸纳淘宝卖家注册账户成为会员,收取 300 元至 500 元不等的保证金和 40 元至 50 元的平台管理维护费及体验费,并通过制定刷单炒信规则与流程,组织会员通过该平台发布或接受刷单炒信任务。会员在承接任务后,通过与发布任务的会员在淘宝网上进行虚假交易并给予虚假好评的方式赚取任务点,使自己能够采用悬赏任务点的方式吸引其他会员为自己刷单炒信,进而提升自己淘宝店铺的销量和信誉,欺骗淘宝买家。其间,被告人李某某还通过向会员销售任务点的方式牟利。法院认为,组织刷单炒信属于通过信息网络有偿提供发布虚假信息等服务的其他严重扰乱市场秩序的行为,构成非法经营罪。

董志超、谢文浩破坏生产经营案②被称为反向刷单炒信第一案。2014 年 4 月,被告人董志超为谋取市场竞争优势,雇佣被告人谢文浩,多次以同一账号大量购买智齿科技南京公司淘宝网店铺的商品,致使该公司店铺被淘宝网认定为虚假交易刷销量,并对其搜索降权。因消费者在数日内无法通过淘宝网搜索栏搜索到智齿科技南京公司淘宝网店铺的商品,严重影响该公司正常经营。法院认为,被告人主观上具有报复和从中获利的目的,客观上实施了反向刷单炒信行为,导致竞争对手的淘宝店铺被淘宝网实施了搜索降权,其生产经营因此受到严重影响,遭受重大损失,该行为应以破坏生产经营罪定罪处罚。

(九) 倒卖车票

信息时代的倒卖车票,是指根据他人的身份信息,通过互联网抢票软件提高抢票概率,抢到后再加价倒卖给他人的行为。在火车票实名制下,行为人使用他人信息为他人代抢车票,是否还存在倒卖车票罪的适用空间?部分学者给出否定的答案,但是也有学者和

---

① 参见浙江省杭州市余杭区人民法院(2016)浙 0110 刑初 726 号刑事判决书。
② 参见江苏省南京市中级人民法院(2016)苏 01 刑终 33 号刑事判决书。

实务界的法官给出了肯定答案。

例如,在刘金福倒卖车票、船票案①中,刘金福使用抢票软件,通过自动破解12306网站的登录验证图片,实现多账户同时登录、多线下单、重复登录不间断刷单、自动移除冲突乘客等功能,取得了在12306网站抢票的优势,侵害了其他旅客平等的购票权,扰乱了铁路客运售票秩序。法院认为,倒卖车票罪不以车票所有权的转移为犯罪构成要件;构成倒卖车票罪的关键,一是行为非法,二是高价、变相加价行为。非法囤积后倒卖,不具备代办铁路客票资质为他人代办铁路客票并非法加价牟利的,都构成倒卖车票违法犯罪。

(十) 其他

如前所述,在现实空间和网络空间逐渐融合的背景下,几乎所有犯罪都可能和网络发生联系,除了前述或高发或有争议的网络犯罪类型,利用网络煽动颠覆国家政权,利用网络宣扬恐怖主义,在网络上发表的作品侵犯知识产权,利用网络招募贩毒人员②等案件也都值得关注,但是由于此类行为的定性一般争议不大,囿于篇幅,不再详细展开。

第三节 网络犯罪的地域特征

一、总体分布概况

中国司法大数据研究院发布的《司法大数据专题报告之网络犯

---

① 参见南昌铁路运输中级法院(2019)赣71刑终8号刑事判决书。这份判决书中提到,最高人民法院法研(2015)29号《复函》认为,以营利为目的,冒用他人身份信息囤积实名制火车票,只要已支付票款,无论车票是否实际售出,均可以认定为倒卖车票罪既遂。

② 参见"5·24"特大黑社会性质跨国走私贩毒集团案,该贩毒团伙在网上招募人体运毒人员,据查实的就超过5000人。参见《5·24特大跨国涉黑贩毒案告破》,载封面新闻网(http://www.thecover.cn/video/2141361),访问日期: 2020年5月31日。

罪特点和趋势（2016.1—2018.12）》从审结案件绝对数目和审结网络犯罪案件占总审结刑事案件比例两方面统计了2016—2018年各地的网络犯罪案件数据。在绝对数目上，2016—2018年审结网络犯罪案件排名前十的为广东省、浙江省、河南省和江苏省等。①

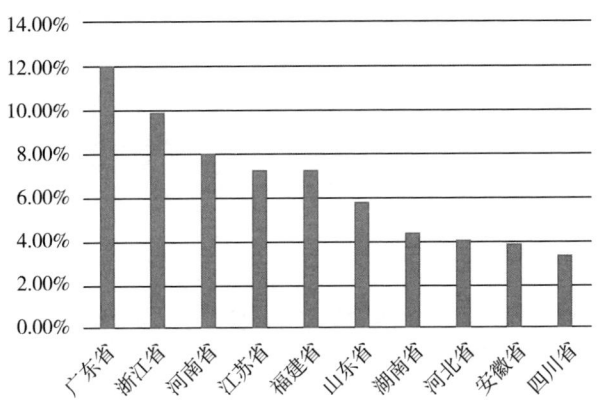

图1-12　2016—2018年网络犯罪结案地前十

从比例上看，各地网络犯罪案件数量占总刑事案件数量的比例为0.72%～2.42%不等；福建省、浙江省、山西省等十地占比超过全国平均水平。值得注意的是，山西省、新疆维吾尔自治区、北京市等地虽然案件量较小，但利用网络手段实施犯罪的案件占比较高；而案件量排名靠前的河南省、四川省等地，利用网络手段实施犯罪的案件占比低于全国平均值。

二、具体因素与网络犯罪分布

（一）地域经济发展

2018年，我国各省人均GDP中，超过全国人均GDP数值的省级

---

① 参见《司法大数据专题报告之网络犯罪特点和趋势（2016.1—2018.12）》，载最高人民法院网（http://www.court.gov.cn/fabu-xiangqing-202061.html），访问日期：2020年5月31日。

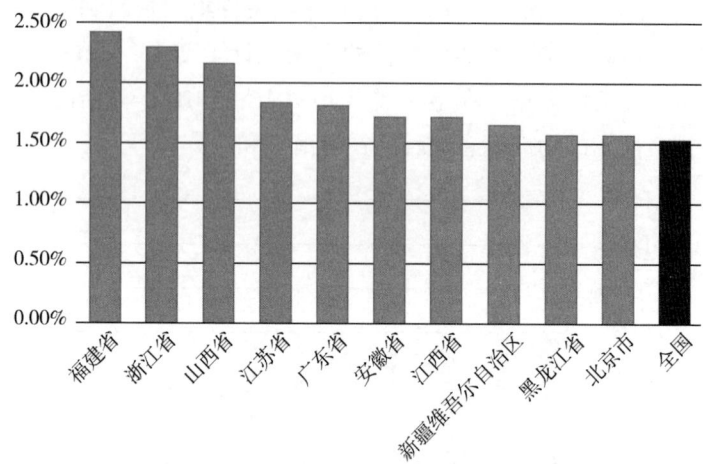

图 1-13 网络犯罪案件数量占总刑事案件
数量的比例处于全国平均值以上地区

行政区按顺序排布为北京市、上海市、江苏省、天津市、浙江省、福建省、广东省、山东省、内蒙古自治区和重庆市。① 对比各地人均 GDP 和前述网络犯罪的统计数据可知,2016—2018 年,网络犯罪结案数前十个地区,人均 GDP 排名分别为第 7、第 5、第 19、第 3、第 6、第 8、第 17、第 24、第 20 和第 21;而网络犯罪案件数量占总刑事案件数量的比例前十的地区,人均 GDP 排名分别为第 6、第 5、第 25、第 3、第 7、第 20、第 23、第 19、第 27 和第 1。可见,经济最发达的十个省级行政区中,网络犯罪结案数与网络犯罪案件数量占总刑事案件数量的比例高于全国平均水平的分别仅有 5 个;而人均 GDP 排位靠后的地区同样有 5 个左右分别属于审结网络犯罪案件数量和占总刑事案件的数量比例的前十。据此,网络犯罪绝对数目与网络犯罪案件数量占总刑事案件的数量比例与地区人均 GDP 之间均不存在高度相关性,网络犯罪多发于经济发达地区的观点不能成立。

---

① 人均 GDP 数据参见国家统计局网站(http://data.stats.gov.cn/index.htm),访问日期:2020 年 6 月 3 日。

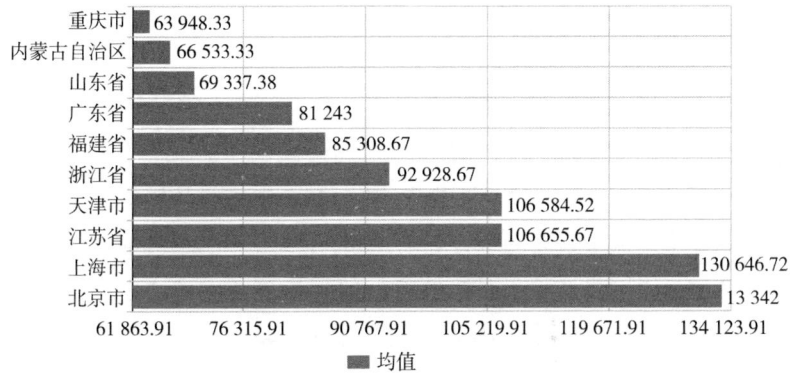

图 1-14 2016—2018 年度人均 GDP 前十的省级行政区(单位:亿元)

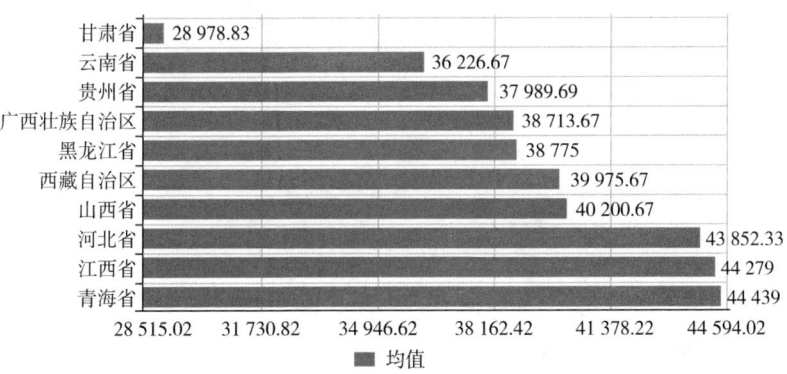

图 1-15 2016—2018 年度人均 GDP 后十的省级行政区(单位:亿元)

(二)地域地理位置

2016—2018 年,全国人民法院审结网络犯罪案件数量自东向西减少趋势明显。审结案件量排名靠前的地区大多位于东南沿海,而中西部地区审结案件量较小。故从绝对值看,各地审结网络犯罪数量呈现由东到西,由沿海到内陆逐渐减少的趋势。但从审结网络犯罪案件数量占总刑事案件数量的比例来看,东南沿海、中西部和东北部地区均有高于全国平均值的地区,故网络犯罪案件数量占总刑事案件数量的比例与地理位置之间不存在高度相关性。

(三) 地域人口数量

统计显示,2016—2018 年全国人口最多的十个省级行政区为广东省、山东省、河南省、四川省、江苏省、河北省、湖南省、安徽省、湖北省和浙江省①,其中,除了湖北省,其余九个省级行政区均位于网络犯罪案件审结数量最多的十省之中;同时,除了河北省,其他九个省级行政区均处于网络诈骗犯罪案件审结数量最多的十省之中。由此可推知,地域人口数量与网络犯罪绝对数量呈现较高的相关性。

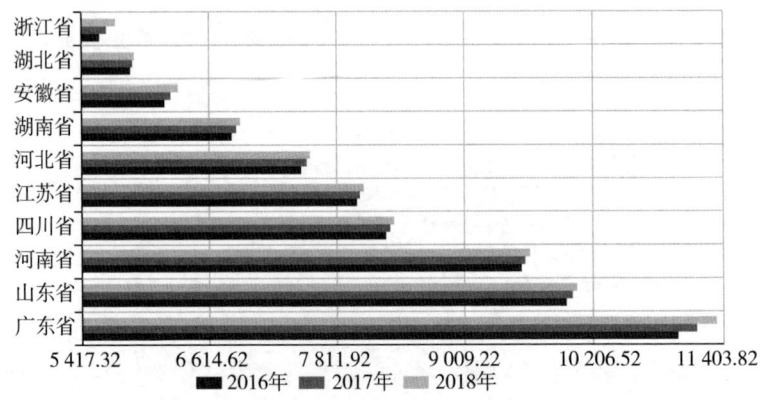

图 1-16 2016—2018 年全国人口最多的十个省级行政区(单位:万人)

综上,网络犯罪绝对数量与地域人口数量高度相关,且在地理位置上呈现从东南沿海到中西内陆减少的趋势,但与地域经济发展程度的相关性较低。网络犯罪案件数量占总刑事案件数量的比例与地域经济发展、地域地理位置相关性程度均较低。我们推测,网络犯罪与传统犯罪在与地域分布的关系问题上差异较小,其与经济、地理位置之间没有以往所想象的高度关联关系,而在人口稠密地区分布较多。

---

① 人口数据参见国家统计局网站(http://data.stats.gov.cn/index.htm),访问日期:2020 年 6 月 3 日。

第四节　网络犯罪的人员特征

一、职　业

据统计,2016—2018 年,网络犯罪案件的被告人主要涉及 17 种类型的行业。其中,从事信息传输、计算机服务和软件行业的被告人最多,占有行业信息记录被告人总数的 37.21%,其次为金融业和制造业,占比分别为 16.39% 和 12.4%。① 不过,统计数据可能难以体现网络犯罪案件被告人的职业分布全貌,因为学生、自由职业、农民和进城务工人员等占比可能较大的群体通常不具有确切的职业记录。

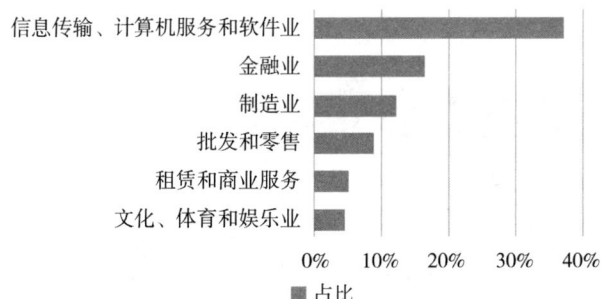

图 1-17　网络犯罪案件被告人行业分布

二、学　历

中国司法大数据研究院关于电信网络诈骗犯罪的统计显示,2017 年电信网络诈骗犯罪案件被告人文化程度为本科及以上的占

---

① 参见《司法大数据专题报告之网络犯罪特点和趋势(2016.1—2018.12)》,载最高人民法院网(http://www.court.gov.cn/fabu-xiangqing-202061.html),访问日期:2020 年 5 月 31 日。

比有所上升。2016—2017年,已结一审电信网络诈骗案件中被告人文化程度为初中文化的最多,在所有被告人中占比46.96%。其次是小学、高中和中专,分别占比21.54%、11.83%和10.67%。①《北京市海淀区人民检察院网络安全刑事司法保护白皮书》也显示,其2016—2020年3月办理的网络犯罪案件共涉及1 076人,犯罪嫌疑人学历普遍较低,本科及其以上学历仅82人(占21%),而初中、中专、小学等教育主体242人(占62.05%)。② 从上述数据可以初步推断,网络犯罪虽然与科技具有一定的关联性,但在目前的形势下,网络犯罪并不意味着高学历犯罪。这可能与网络的大众化、各类应用的平民化以及基础计算机知识的普及化存在关联。此外,使用高科技手段进行网络犯罪的人群可能有所增加,不过这一结论不能简单地从全国数据中本科被告人占比的短暂上升确定,有赖进一步的实证研究提供直接相关的数据。

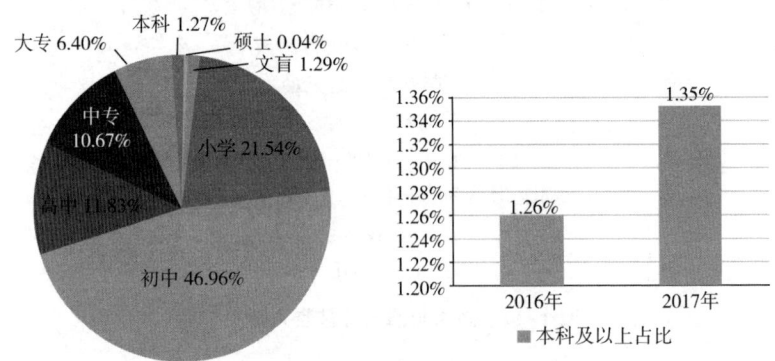

图1-18 2016—2017年网络诈骗犯罪案件被告人文化程度

---

① 参见《司法大数据专题报告之电信网络诈骗(2016.1.1—2017.12.31)》,载最高人民法院网(http://www.court.gov.cn/fabu-xiangqing-115701.html),访问日期:2020年7月9日。
② 参见《北京市海淀区人民检察院网络安全刑事司法保护白皮书》。

三、年　龄

从年龄上看,2016—2018 年,约四分之三的网络犯罪案件被告人年龄在 20～40 周岁之间,且该部分被告人占比呈逐年上升趋势。实施网络犯罪的人员年龄最集中的区间在 24～30 周岁,其中 28 周岁时绝对值最高,近 8 000 人,占比约 5.97%。未成年人实施网络犯罪的总数量较少(0.82%),老年人犯罪数量少(60 周岁以上老年人犯罪数趋近于零)。未成年被告人和 40 周岁以上未满 50 周岁被告人的占比均呈现逐年降低趋势,学者所称网络犯罪呈现低龄化的趋势①与数据呈现的客观趋势并不相符。

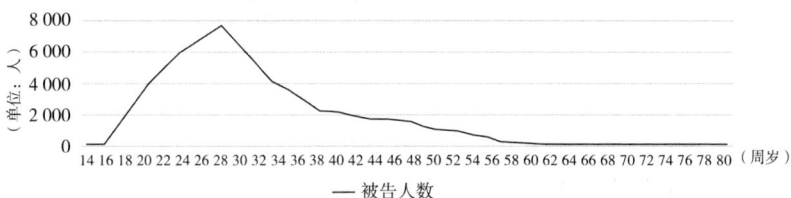

图 1-19　网络犯罪案件被告人年龄分布趋势②

我国的犯罪学研究一般认为,犯罪与年龄关系曲线相对稳定。③ 一项关于中国某市犯罪与年龄关系的研究曾表明,2017 年该市犯罪人中占比最高的群体在 22～41 岁,但其占比不到三分之二,42～57 岁的犯罪人仍占据了将近三分之一的比例。④ 根据对比,我们可以推断,虽然整体的分布都是中青年犯罪人较多,但网络犯罪与整体犯罪情况相比,或呈现出犯罪人年龄更加集中,且相较

---

①　参见徐才淇:《网络犯罪发展趋势分析》,载《甘肃社会科学》2016 年 03 期,第 169 页。
②　参见《司法大数据专题报告之网络犯罪特点和趋势(2016.1—2018.12)》,载最高人民法院网(http://www.court.gov.cn/fabu-xiangqing-202061.html),访问日期:2020 年 5 月 31 日。
③　参见邱格屏、吴真:《犯罪和年龄关系曲线纵向变化的实证分析——对 S 市的数据观察》,载《青少年犯罪问题》2018 年第 2 期,第 51 页。
④　参见邱格屏、吴真:《犯罪和年龄关系曲线纵向变化的实证分析——对 S 市的数据观察》,载《青少年犯罪问题》2018 年第 2 期,第 51 页。

图 1-20　网络犯罪案件被告人不同年龄段占比年度趋势

于普通犯罪更加青年化的特点。① 这可能与网络犯罪具有更强的技术性有关——至少在当下,青年人对新技术的消化吸收显然比中老年人快。此外,最高人民检察院最近发布的数据显示,2019 年全国检察院共提起公诉 1 818 808 人,其中未成年人 43 234 人,占比 2.38%。② 可见,网络犯罪中,未成年人犯罪占比略低于未成年人犯罪在全部犯罪类型中的比例。

第五节　网络犯罪的手段特征

一、手段特征概况

随着网络通信基础设施的全面普及,互联网发展进入深水区,各类网络技术手段层出不穷,在给人们生活带来更多便利的同时,也给网络空间带来了更多的安全隐患。如前所述,网络犯罪日

---

① 由于犯罪与年龄的关系问题暂无全国性实证研究,本文只能选取地区性数据进行类比,可能会存在一定偏差。
② 参见《2019 年全国检察机关主要办案数据》,载最高人民检察院网(https://www.spp.gov.cn/spp/xwfbh/wsfbt/202006/t20200602_463796.shtml#1),访问日期:2020 年 6 月 3 日。

渐呈现出规模化、专业化、集团化等特征,网络黑色产业链逐渐形成。目前,网络黑色产业已经形成十分成熟的运作模式,犯罪效率较以往大大提高。上游技术供应商承担着技术工具服务;下游行为人利用中游的数据和平台实现直接诈骗、刷单、"薅羊毛"、个人信息出售、流量劫持等犯罪。在产业链中,基于行为人目的的不同,上下游犯罪可以任意组合,形成典型或非典型的网络黑色产业犯罪。[①] 与传统刑事犯罪相比,网络黑色产业犯罪的手段具有隐蔽性、专业性、多样性等特征,且较之网络犯罪发展的早期,又呈现实施更容易、攻击更精准、成本更低等特征。[②]

网络黑色产业中,上游犯罪的出现是其产业化的集中体现。一方面,上游犯罪为下游犯罪提供了工具、技术、数据和平台等方面的支持,客观上帮助了下游犯罪的实施;下游犯罪在上游犯罪的支持下,犯罪成本下降、效率提升,上游犯罪产业也随之越来越专业化。另一方面,由于下游犯罪与上游犯罪在实体上的关联度小,在下游犯罪在被查获的同时,侦查机关很难通过回溯找到上游犯罪。

为了更好地规制网络犯罪,打击网络黑色产业,须尽量遏制上游犯罪行为。《刑法》为此设置了非法利用信息网络罪,帮助信息网络犯罪活动罪,提供侵入、非法控制计算机系统程序、工具罪等罪名规制上游犯罪,同时也在非法获取计算机信息系统数据罪、诈骗罪等下游犯罪中设置了"明知"的情节来认定其为下游犯罪的共同犯罪。

具体而言,上游犯罪主要包括几种类型:第一,网络平台提供者非法利用信息网络,为实施诈骗等违法犯罪活动发布信息;第二,技术工具提供者提供侵入、非法控制计算机信息系统的程序、工具;第三,信息传播服务者扰乱无线电通讯管理秩序。[③] 其中,技术工具提供环节又被称为"网络黑产威胁源",即以互联网为媒介、以网络技

---

① 参见《北京市海淀区人民检察院网络安全刑事司法保护白皮书》。
② 参见《2018上半年互联网黑产研究报告》,载腾讯安全联合实验室网(https://slab.qq.com/news/authority/1751.html),访问日期:2020年6月8日。
③ 参见《北京市海淀区人民检察院网络安全刑事司法保护白皮书》。

术为主要手段,给计算机信息系统安全和网络空间秩序,甚至国家安全、社会稳定带来潜在威胁或重大安全隐患的非法行为。网络黑产威胁源的表现形式主要包括木马病毒威胁、僵尸网络威胁、DDoS 攻击、拖库撞库、流量劫持、黑客渗透、恶意网站威胁等。本节第二部分将结合实践案例,对常见的技术手段进行详细阐述。

二、常见技术手段

(一)木马病毒威胁

1. 概述

计算机病毒是指在计算机程序中插入破坏计算机功能或数据、能影响计算机使用并自我复制的指令或者程序代码。其中,木马类病毒一般不会自我复制,而是通过伪装吸引用户下载安装,使不法分子可以毁坏或窃取被木马病毒感染的计算机内的文件,甚至远程操控被感染的计算机。国际上最广为人知的木马病毒是黑客团体影子经纪人 2017 年所制造的"永恒之蓝"勒索病毒,其利用 Windows 系统的 SMB 漏洞可以获取系统最高权限。其感染范围遍布欧洲各国的政府、银行、电力系统、通讯系统、能源企业、机场等地,中国也有跨境企业甚至高校受到影响。

木马病毒威胁一般分三个环节,包括木马病毒的制作、运营和推广,木马病毒制作者制作病毒后,由运营团伙购买,并交给渠道推广商通过线上、线下双重方式进行推广。木马病毒运营涉及的下游犯罪广泛,包括从受害者处获取隐私信息、进行广告骚扰、暗中扣费、刷量、诱导支付、敲诈勒索等不法行为,同时也包括从数据服务商、合作广告商、运营商、刷量需求者、诱导支付需求者等处获取佣金、分成、交易费用等不法收益。

从行为类型上看,利用木马病毒实施的犯罪行为包括五类:一是通过伪基站群发带有木马病毒的短信,获取个人信息并转卖;二是利用购买的木马病毒,通过添加社交软件好友的方式发送木马病毒,盗取对方密码,进而进行"画皮"诈骗;三是通过木马病毒非法侵入、控制他人计算机信息系统,盗取游戏币等出售牟利;四是冒充银行工作人员,发送"银行业务办理协议"的木马病毒短信,促使被害人在木马病毒生成的仿冒银行网站上填写姓名、身份证号、验证码等信息,通过网络终端操作将被害人卡中的钱转走;五是采用"SQL注入法""弱口令侵入"等黑客手段扫描漏洞网站植入木马病毒,获取公民个人信息并转卖。制作、出售用于实施下游犯罪的木马病毒的行为成立提供侵入、非法控制计算机信息系统程序、工具罪;传播计算机病毒影响计算机系统正常运行的行为,应被认定为破坏计算机信息系统罪。

2. 发展态势

随着区块链技术的火爆,比特币、以太币、门罗币等数字货币被热炒,许多人看好数字货币的发展,纷纷加入挖矿大军。与此同时,数字货币的火爆也伴随着挖矿黑产的兴起,不法分子将挖矿木马悄悄植入用户计算机、网页之中非法牟利。随着数字货币交易价格的走高,挖矿木马呈现爆发的趋势。此外,网页挖矿也迅速在网络横行,严重威胁网络空间安全。黑客团伙通过入侵网站植入挖矿脚本,当用户访问的网页中被植入挖矿脚本时,浏览器将解析挖矿脚本的内容并执行挖矿脚本,这将导致浏览器占用大量计算机资源进行挖矿。挖矿脚本的执行会使用户计算机出现卡慢甚至死机的情况,严重影响用户计算机的正常工作。

在国内首起利用挖矿木马非法控制计算机案件中,黑色产业团伙通过网吧增值联盟的平台,利用掌握的海量网络终端资源,传播挖矿木马,非法控制网吧计算机来实施挖矿进行非法获利。此外,黑色产业团伙还将挖矿木马封装到热门的程序中,如热门"吃鸡"游戏外挂,通过社交群组、论坛、下载站和云盘等多种渠道,推广传播封装有挖矿木马的应用程序,诱导用户下载安装,非法控制已被植入木马的计算机终端,连接指定矿池地址,为黑色产业团伙指定账号挖矿。

根据腾讯公司的统计数据,木马病毒威胁在 2015 年和 2016 年的 6—8 月间呈高发态势。但自 2016 年第四季度以来,公安机关广泛部署反诈骗产品打击伪基站发送的带有木马病毒链接的短信,以及工信部加大对木马病毒的打击力度,木马病毒威胁整体呈下降态势。2015—2017 年,在木马病毒的样本数和用户数下降的同时,木马病毒的种类却愈发多样,其潜在威胁仍然严重。如虚拟币、虚假投资理财等金融相关产业木马病毒增多,木马病毒技术能力提升,生存周期增加,影响面也越来越大。因此,在未来很长一段时间,以木马病毒为手段的网络犯罪仍是公安机关重点打击的对象。

3. 典型案例

利用木马病毒从事网络犯罪的典型案件如陈某某破坏计算机信息系统案①。2017 年 6 月,一种木马病毒冒充《王者荣耀》等时下热门手游辅助工具诱导用户下载,且与 PC 版"永恒之蓝"的界面和勒索手法几乎一致。该病毒会对手机中的照片、下载、云盘等目录下的个人文件进行加密,被告人陈某某以此索要赎金。后腾讯公司发现该款病毒在 QQ 软件中传播后,遂向公安机关报警。经腾讯公司安全管理部门分析,该款病毒共有 23 种勒索应用,病毒核心代码相同,均含陈某某的 QQ 号码 12×××38,广东省、福建省、河南省、广西壮族自治区、安徽省等地受感染手机用户 582 人次,经去重,受感染手机 441 部(仅代表用户已经安装了该应用,无法确定其是否已经运行)。2017 年 6 月 7 日,河南安阳警方在腾讯公司的协助下,对病毒制作者、主要传播者实施了精准抓捕,犯罪嫌疑人因涉嫌破坏计算机信息系统罪被刑事拘留。经福建中正司法鉴定中心鉴定,被告人陈某某制作的"永恒之蓝 Android 版"软件对手机系统实施未授权的增加、修改的操作,属于破坏性程序。2018 年 11 月 27 日,河南省安阳市文峰区人民法院认定被告人陈某某成立破坏计算机信息系统罪,判处其 3 年有期徒刑。

---

① 参见河南省安阳市文峰区人民法院(2018)豫 0502 刑初 259 号刑事判决书。

(二) 僵尸网络威胁

1. 概述

僵尸网络(Botnet)是指采用一种或多种传播手段,将大量主机感染 bot 程序(僵尸程序),从而在控制者和被感染主机之间形成的一个可一对多控制的网络。僵尸网络具有如下三个特征:①可控性;②采用一定的恶意传播手段形成;③可以一对多地执行相同的恶意行为,充当攻击平台的角色。[1] 据统计,全世界僵尸网络的 75% 位于我国,有的僵尸网络控制的计算机信息系统甚至多达数十万台,这已经成为我国互联网安全最大的隐患。[2]

僵尸网络的工作环节包括传播、加入和控制三个阶段。首先需要具有一定规模的被控计算机,而这个规模是随着采用某种或某几种传播手段的僵尸程序而逐渐形成的。在加入阶段,每一个被感染主机都会随着隐藏于自身的僵尸程序的发作而加入僵尸网络中去,加入的方式根据控制方式和通信协议的不同而有所不同。在控制阶段,攻击者通过中心服务器发送预先定义的控制指令,让被感染主机执行恶意行为。[3]

2. 典型案例

曾兴亮、王玉生破坏计算机信息系统案(检例第 35 号)是典型的僵尸网络案例。2016 年 10 月至 11 月,被告人曾兴亮与王玉生结伙或者单独使用聊天社交软件,冒充年轻女性与被害人聊天,谎称自己的苹果手机因故障无法登录"iCloud"(云存储),请被害人代为登录,诱骗被害人先注销其苹果手机上原有的 ID,再使用被告人提供的 ID 及密码登录。随后,曾、王二人立即在电脑上使用新的 ID 及密码登录苹果官方网站,利用苹果手机相关功能将被害人的手机设

---

[1] 参见喻海松:《网络犯罪二十讲》,法律出版社 2018 年版,第 315 页。
[2] 参见《2007 年至 2016 年海淀区人民法院审结网络犯罪案件情况调研报告》。
[3] 参见金双民等:《僵尸网络研究概述》,载《中国教育网络》2006 年第 6 期,第 52 页。

置修改,并使用"密码保护问题"修改该 ID 的密码,从而远程锁定被害人的苹果手机,使之成为无法开机的"僵尸机"。2017 年 1 月 20 日,海安县人民法院作出判决,认定被告人曾兴亮、王玉生的行为构成破坏计算机信息系统罪,分别判处有期徒刑 1 年零 3 个月、有期徒刑 6 个月。

有论者指出,形成僵尸网络的过程实际上是非法控制他人计算机信息系统的过程,行为人通过侵入他人计算机信息系统或采用其他技术手段,对计算机信息系统实施非法控制,从而形成僵尸网络,应以非法控制计算机信息系统罪定罪处罚。[①] 我们认为,这类行为可能同时成立非法控制计算机信息系统罪和破坏计算机信息系统罪,但两者之间存在包容竞合的关系,应以整体法,即非法控制计算机信息系统罪定罪处罚。

(三) DDoS 攻击

1. 概述

DDoS(Distributed Denial of Service)攻击,是指组织通过控制服务器、"肉鸡"(也称傀儡机,指可以被黑客远程控制的机器)等资源,发动对包括国家骨干网络、重要网络设施、政企或个人网站在内的互联网上任一目标的攻击,致使目标服务器断网或资源用尽而最终停止提供服务。DDoS 攻击常伴随敲诈金钱、打击报复、同行恶意竞争等行为。常见的 DDoS 攻击手段包括 SYN Flood[②]、UDP Flood[③]、ICMP Flood[④] 等。应当说,DDoS 是在僵尸网络的基础上发展出来的网络攻击手段。

目前 DDoS 攻击犯罪已经进入产业化时代——从以往的需要专

[①] 参见喻海松:《网络犯罪二十讲》,法律出版社 2018 年版,第 316 页。
[②] 指利用 TCP 协议缺陷,发送大量伪造的 TCP 连接请求,使得被攻击方资源耗尽,无法及时回应或处理正常的服务请求。
[③] 指利用大量 UDP 协议包冲击 DNS 服务器或 Radius 认证服务器、流媒体视频服务器,使得其无法及时回应或者处理正常的服务请求。
[④] 指通过对目标计算机发送超过 65 535 字节的数据包,令目标主机瘫痪的攻击行为。

业黑客实施全部攻击的行为,发展成由发单人、攻击实施人、DDoS攻击程序作者、肉鸡商、高带宽服务器租售者/控制者和担保人等多个犯罪个体共同参与实施的产业化犯罪行为。发单人负责出资并发出对具体网站或服务器的供给需求,常见的情形为色情、赌博、彩票、游戏私服等非法网站经营者,为打压竞争对手而雇用黑客对其他同类网站进行攻击。攻击实施人是接到"发单人"指令并执行攻击的人或团伙。实施 DDoS 攻击的方式有两种,一种是利用软件、工具操纵"肉鸡"模拟访问,占用目标服务器的 CPU 资源,导致用户无法访问;另一种是发送大量流量攻击目标服务器,导致服务器无法访问网络。DDoS 攻击程序作者、肉鸡商和高带宽服务器网络租售者/控制者则是为攻击实施人提供支持,并从中获利。其中,DDoS 攻击程序作者制作相关攻击软件、程序;肉鸡商则利用后门程序配合各种各样的安全漏洞,获得个人计算机和服务器的控制权限,植入木马,使得这些计算机变成能实施 DDoS 攻击的"肉鸡"。此外,还可能存在担保人。在发单、购买肉鸡、购买流量等各个交易环节中,因为交易的双方往往并不认识,因此,双方经常会找到业内"信誉"较好的黑客作为"担保人"负责买卖双方的资金中转,担保人可以从中抽取一定的好处费。

　　上述产业模式虽分工较为成熟,但依然存在成单难以保障、响应周期较长、攻击效果不能保证等缺点。因此,在传统 DDoS 攻击产业模式外,还发展出了优化的 DDoS 攻击产业模式。优化模式的特点是实现了多个环节的自动化发展,页端 DDoS 攻击平台的产生便是发展的结果之一。页端 DDoS 攻击平台具备高度集成管理的特点,在成单率、响应时长、攻击效果等方面都进行了优化。在人员分工上,担保人淡出 DDoS 黑产圈,发单人可直接在页端 DDoS 攻击平台下单、支付费用,且可以根据自己攻击目标的情况选择攻击方式和流量大小,这保障了百分之百的成单率。攻击实施人已经被自动化的攻击平台取代,攻击不需要手动操作,且攻击效率大大提高。发包机提供人替代了流量商的角色,完成发包机的程序部署、测试,最终提供发包机的攻击类型、稳定流量、峰值流量等各种定量且稳定的攻击能力。站长成为了页端 DDoS 攻击平台的核心人员,负责平台的综合管理、部署、运维工作。例如：DDoS 攻击套餐管理、注册用户（金主）管理、攻击效果与流量稳定保障、后续的升级等。①

2. 发展态势

我国 DDoS 攻击现象严重。从 2019 年第 3、4 季度的攻击次数来看，中国境内被攻击数接连位居第一。② 根据腾讯云鼎实验室统计的数据，2013—2018 年 DDoS 攻击的流量峰值不断被超越。③ 而阿里云安全团队的监测数据则显示，2019 年全年，100Gbps 以上大流量攻击事件达到 1.8 万余次，相比于 2018 年上升了 103%。④

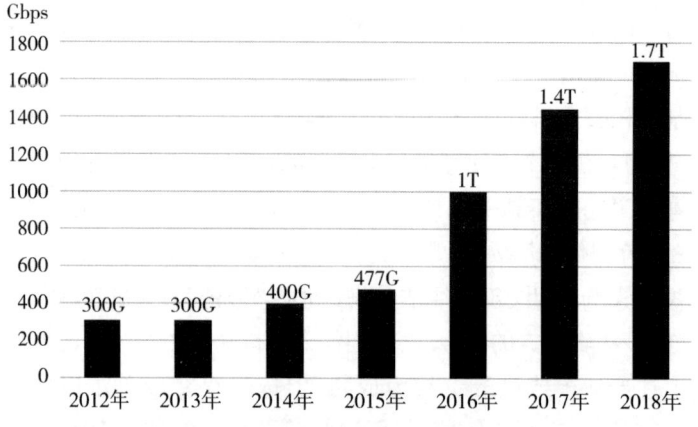

图 1-21　历年 DDoS 攻击流量峰值统计

从受到攻击的行业分布上看，随着各行各业的互联网化，DDoS 的攻击面也越来越广。其中，互联网服务行业和游戏行业因其日流水量最大、变现快，在 DDoS 攻击面前首当其冲。2019 年的数据显

---

① 参见《腾讯安全云鼎实验室：2018 上半年互联网 DDoS 攻击趋势分析》，载 freebuf 主站（https：//www.freebuf.com/articles/paper/174478.html），访问日期：2020 年 6 月 8 日。
② 参见《2019 年第四季度 DDoS 攻击报告》，载 freebuf 主站（https：//www.freebuf.com/articles/network/227290.html），访问日期：2020 年 6 月 8 日。
③ 参见《腾讯安全云鼎实验室 2018 上半年互联网 DDoS 攻击趋势分析》，载 freebuf 主站（https：//www.freebuf.com/articles/paper/174478.html），访问日期：2020 年 6 月 8 日。
④ 《2019 年 DDoS 攻击态势报告》，载 freebuf 主站（https：//www.freebuf.com/articles/paper/225731.html），访问日期：2020 年 6 月 8 日。

示,两者遭受了60%以上的攻击。①

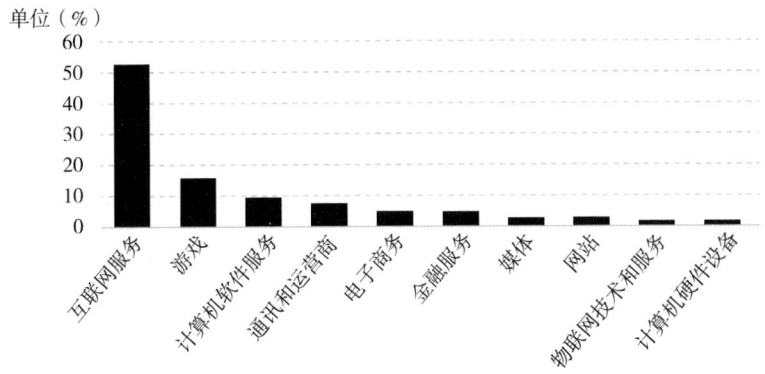

图1-22 DDoS事件行业分布

从中国裁判文书网检索到的数据显示,2015—2019年涉及DDoS攻击的审结案件共计139件,审结案件数变化趋势如下图1-23。所有案件中,120件涉及了对DDoS攻击本身的认定——49起案件被认定为非法获取计算机信息系统数据、非法控制计算机信息系统罪;6起被认定为提供侵入、非法控制计算机信息系统程序、工具罪;65起被认定为破坏计算机信息系统罪。②

3. 典型案例

姚晓杰等11人破坏计算机信息系统案(检例第69号)是典型的DDoS攻击型网络犯罪。2017年初,被告人姚晓杰等人接受王某某的雇佣,招募多名网络技术人员,在境外成立"暗夜小组"黑客组织。"暗夜小组"从被告人丁虎子等3人处购买了大量服务器资源,再利用木马软件操控控制端服务器实施DDoS攻击。2017年2—3月间,"暗夜小组"成员三次利用控制端服务器下的14台计算机,持续对某互联网公司云

---

① 《2019年DDoS攻击态势报告》,载freebuf主站(https://www.freebuf.com/articles/paper/225731.html),访问日期:2020年6月8日。
② 案件数见中国裁判文书网(https://wenshu.court.gov.cn/website/wenshu/181217BMTKHNT2W0/index.html?s8=02&pageId=0.34964379571570436),访问日期:2020年6月8日。

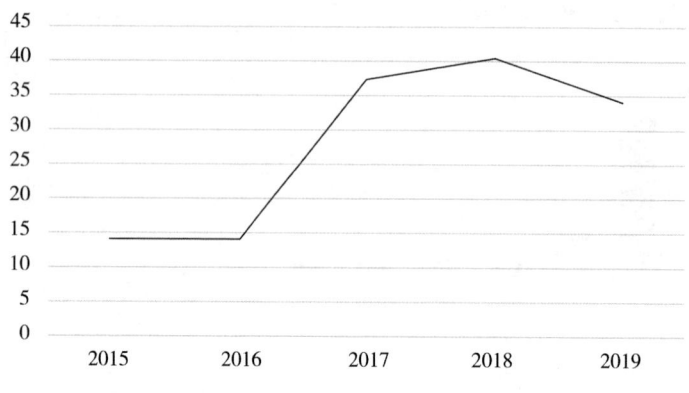

图 1-23　2015—2019 年各年度 DDoS 攻击审结案件数统计

服务器上运营的三家游戏公司的客户端 IP 进行 DDoS 攻击。攻击导致三家游戏公司的 IP 被封堵，出现游戏无法登录、用户频繁掉线、游戏无法正常运行等问题。该团伙拥有国内近半数的 DDoS 黑产份额，控制大量"肉鸡"和僵尸网络，可发动的 DDoS 攻击流量高达 800G。2018 年 6 月 8 日，广东省深圳市南山区人民法院判决认定被告人姚晓杰等 11 人犯破坏计算机信息系统罪，分别判处 1—2 年不等的有期徒刑。

(四) 拖库撞库

1. 概述

拖库撞库一般是非法侵害公民个人信息犯罪、盗窃犯罪等的上游犯罪的常用手段。"拖库"原意是从数据库中提取数据，在黑客术语里面，是指黑客入侵有价值的网站，窃取注册用户资料数据的行为。更为常见的手段是"撞库"，指收集已泄露的信息后尝试批量登录其他网站获取更多、更精准的信息，其本质是利用用户在不同场景中倾向使用同一账户密码的行为习惯进行的犯罪。近年来，各类用户身份认证信息数据库泄露事件频发，为撞库攻击提供了充足的"数据弹药"。[①] 撞库的违法行为人可以通过用户身份认证信息直接

---

① 参见《北京市海淀区人民检察院网络安全刑事司法保护白皮书》。

对相关利益予以控制,典型的犯罪场景是盗取他人账户内的真实与虚拟财产。如在海淀区人民检察院办理的案件中,犯罪嫌疑人胡某使用专门用于侵入计算机信息系统的程序及包含大量用户名密码的样本数据,对某网络公司的计算机系统实施撞库攻击,非法获取该公司储存的用户身份认证信息 217 526 组,并将其中部分含有账户余额的数据出售,非法获利人民币 6 万元。① 此外,还存在用户身份信息本身并不包含任何直接的经济利益,但对用户身份认证信息加以利用,可以间接达到其他行为目的的场景,常见情形如利用取得的身份信息(包括手机号等)恶意注册账号以进行刷粉顶贴。拖库撞库的手段行为本身可以构成非法侵入计算机信息系统罪、非法获取计算机信息系统数据罪和提供侵入、非法控制计算机信息系统程序、工具罪。

2. 典型案例

典型涉及"拖库"手段的案件如"9·27"特大窃取贩卖公民个人信息专案。2017 年 1 月,在公安部刑侦局的统一部署下侦破的"9·27"特大窃取贩卖公民个人信息专案中,犯罪团伙就是通过黑客手段侵入多家公司的网络服务器,从中窃取大量公民个人信息(涉及互联网、物流、医疗、社交、银行等各类信息超过 50 亿条),并通过多种渠道变现牟利。

叶源星、张剑秋提供侵入计算机信息系统程序案(检例第 68 号)中的犯罪手段则与撞库有关。被告人叶源星通过出售与撞库软件配合的打码软件进行营利。其具体方式为,被告人叶源星编写了用于批量登录某电商平台账户的"小黄伞"撞库软件供他人免费使用。"小黄伞"撞库软件运行时,配合使用叶源星编写的打码(指利用人工大量输入验证码的行为)软件,可以完成撞库过程中对大量验证码的识别。叶源星通过网络向他人有偿提供打码软件的验证码识别服务,同时将其中的人工输入验证码任务交由另一被告人张剑秋完成,并向其支付费用。该案中,浙江省杭州市余杭区人民法院判决认定被告人叶源

---

① 参见《北京市海淀区人民检察院网络安全刑事司法保护白皮书》。

星、张剑秋的行为构成提供侵入计算机信息系统程序罪。

(五)流量劫持

1. 概述

流量劫持是指黑产团伙通过技术手段,非法拦截、修改或者控制用户上网行为,以此达到网络流量的引流,甚至诱导用户安装木马程序、非法获取用户网络行为的核心数据等目的。流量劫持犯罪的下游一般是有业务推广需求的经营者,包括推广 APP、网站、广告等的流量需求者,他们希望通过不法手段实现引流,从而直接或间接实现牟利。流量劫持一般分为本地劫持和网络劫持两种。一是本地劫持,主要针对用户访问网络的客户端(如移动端、电脑端的浏览器)进行劫持、流氓软件植入和广告弹窗挂马等。二是网络劫持,针对用户客户端到远程服务器的通讯链路上的各个节点进行劫持,包括 CDN(Content Delivery Network 内容分发网络)劫持、DNS(Domain Name System 域名系统)劫持及电信运营商基础网络设施劫持等。

CDN 出于负载均衡相关考虑,会引导用户访问最近服务器的缓存资源;CDN 劫持主要针对 CDN 服务器缓存文件进行污染,向用户分发弹窗广告,诱导用户访问广告网站或安装相关 APP。DNS 负责提供域名解析服务,即将域名解析成 IP 地址;DNS 劫持通常是将正常网址解析到色情、广告等相关网站,甚至通过假设代理的方式劫持用户的访问数据。电信运营商的基础网络设施在缺乏安全保护措施的情况下,可能从骨干网络中被劫持数据。劫持方式主要分为两种:一是直接修改或跳转用户访问导航、搜索引擎等上网数据;二是做到对用户分发 APK、弹窗等操作,甚至还能直接获取 http 数据的 cookie 等信息。而对电信运营商的基础网络设施劫持则可能是当前最大的网络劫持量的来源。

由于 CDN 劫持一般是"非强制性"流量劫持,即以带有误导性的广告、下拉框、菜单等,诱导用户进入特定网站,从而实现"流量劫持"的目的,而非采取技术手段控制、破坏他人计算机系统;而 DNS

劫持属于"强制性"流量劫持,即以非法控制、破坏他人的计算机系统等方法,强制改变他人的网站访问路径。司法机关对于前者一般评价为不正当竞争行为,进行相关的民法或行政法评价;而对于后者,则以刑事手段进行规制。实践中,涉及流量劫持行为的刑事裁判中有不同的罪名出现,主要为非法控制计算机信息系统罪、非法获取计算机信息系统数据罪、非法侵入计算机信息系统罪等。

2. 典型案例

李丙龙破坏计算机信息系统案(检例第33号)是典型的DNS劫持案例。李丙龙冒充某知名网站工作人员,采取伪造该网站公司营业执照等方式,骗取该网站注册服务提供商信任,获取网站域名解析服务管理权限。李丙龙通过其在域名解析服务网站平台注册的账号,利用该平台相关功能自动生成了该知名网站二级子域名部分DNS解析列表,修改该网站子域名的IP指向,使其连接至自己租用境外虚拟服务器建立的赌博网站的广告发布页面。李丙龙对该网站域名解析服务器指向的修改生效,致使该网站不能正常运行。徐汇区人民法院判决认定李丙龙的行为构成破坏计算机信息系统罪。一审宣判后,被告人李丙龙提出上诉,上海市第一中级人民法院作出终审裁定,维持原判。该案指导意见指出,修改域名解析服务器指向,强制用户偏离目标网站或网页进入指定网站或网页,是典型的域名劫持行为。行为人使用恶意代码修改目标网站域名解析服务器,目标网站域名被恶意解析到其他IP地址,无法正常发挥网站服务功能,这种行为实质是对计算机信息系统功能的修改、干扰,符合刑法第286条第1款"对计算机信息系统功能进行删除、修改、增加、干扰"的规定。

2016年3月,重庆警方在腾讯公司协助下侦破国内首起通过网络劫持获取用户QQ账号"登录态"数据案[①],则是CDN劫持案件。2014年下半年,被告人陈志勇与中国移动的工作人员王惺、谢明共谋,在中国移动通信集团湖南有限公司主干网机房架设服务器,镜

---

① 参见重庆市沙坪坝区人民法院(2016)渝0106刑初1393号刑事判决书。

像中国移动通信集团湖南有限公司主干网服务器中上网用户的 80 端口、8080 端口的 GET 数据。陈志勇取得服务器的管理授权后，在服务器上部署程序，以实现添加、修改上网用户访问百度时的 GET 数据，使用户通过带有陈志勇的推广 ID 的百度地址访问百度，一旦用户点击了百度付费广告链接，陈志勇即可获利。2015 年下半年，被告人于云晨和被告人雷波合谋，欲通过获取 QQ 用户的 Cookies 数据，在 QQ 用户不知情的情况下将其加入指定的群进行淘宝客推广，或在其 QQ 空间内发布包含淘宝商品链接的"说说"从而获利。在他人的联系下，陈志勇承诺提供于云晨所需的 QQ 用户的 Cookies 数据，并联系被告人庹宏宇提供技术支持。庹宏宇根据于云晨、雷波提出的获取 QQ 用户 Cookies 数据的具体要求，编写程序部署在王惺架设的服务器上，抓取服务器上的 QQ 用户的 Cookies 数据，并将抓取到的 QQ 用户的 Cookies 数据的关键值生成文本文件，发送至于云晨提供的 FTP 服务器上。雷波将 FTP 服务器上的数据读取后使用自己编写的程序，使 QQ 用户在不知情的情况下被加入指定的群，在 QQ 用户不知情的情况下在其 QQ 空间内发布包含淘宝商品链接的"说说"等。自 2015 年下半年至案发，上述人员通过架设在中国移动通信集团湖南有限公司主干网机房的服务器共非法获取 3 103 035 个 QQ 用户的 Cookies 数据，非法获利 107 万余元。本案审理法院认定被告人陈志勇等人均构成非法获取计算机信息系统数据罪。

如前所述，CDN 劫持属于"非强制劫持"，故本案中被刑事评价的部分并非流量劫持，而是流量劫持之前对于用户的 Cookies 数据的获取行为。由此也可以看出，在同一个案件之中，不同的技术手段之间并非相互排斥，而是很可能同时出现在链条之上，形成上下游犯罪的关系。

(六) 黑客渗透

1. 概述

黑客渗透威胁是指黑客通过技术手段入侵网站系统，获取隐私数据、篡改网页等非法行为。因国内部分网站安全性能有待提升,网页篡改这种相对浅层的攻击手段成为主要的黑客渗透类型。其中政府网站被篡改影响较大。

对黑客渗透的黑色产业链进行研究发现,犯罪团伙分为四个群体,包括黑客渗透团伙、伪资质文凭经销商、数据商和流量商。黑客渗透团伙通过技术手段渗透至网站后台,或在权威网站植入非法暗链,或非法窃取公民个人信息,或篡改网站数据库伪造国家资质文凭等。伪资质文凭经销商制作"可验证"的假证并通过论坛、社交群、贴吧、电商等售卖牟利。伪资质文凭经销商是黑客渗透团伙的"金主",其向后者提出需求,即获取服务器权限后修改、添加、删除信息。数据商从黑客渗透团伙手中购买大量公民个人信息后,进行更加准确的营销骚扰、诈骗等非法活动。流量商也是黑客渗透团伙的"金主",其向后者提出需求,即在公信力高的政府网站、搜索引擎排名靠前的各类网站中植入非法暗链,诱导用户点击,将流量变现牟利。

在已生效的判决中,黑客渗透包含以下几种行为。一是篡改、锁定、删除目标主机管理的数据;二是探测目标主机管理的保密信息;三是非法访问属于国家事务领域的计算机信息系统管理的信息;四是破坏提供网站服务的主机正常运行;五是篡改网页。除访问特定系统可能构成的侵入类犯罪之外,黑客渗透主要涉及的是控制行为和增、删、改数据行为,应以破坏计算机信息系统罪定罪。篡改网页常伴随后续行为,既可能有应受刑罚处罚的犯罪行为,也可能是有不受刑法规范的行为。如篡改网页后,植入淫秽网站链接或页面的行为、植入盗刷网站用户信用卡的链接或页面的行为等均应以相应的下游犯罪定罪处罚。但也有篡改网页后,植入内容不违法的广告链接或页面等行为,即不存在相应的下游犯罪,仅对篡改网页的行为进行判断即可。

2. 发展态势

国家计算机网络应急技术处理协调中心(CNCERT)公开发布的

数据显示,2014年以前,我国境内被篡改网站数量呈现逐年上升趋势,并在2014年达到高峰,被篡改的网站数量为36 969个。2015年,相关部门加强对境内网站被植入暗链情况的专项治理,开展网站暗链、网站篡改以及暗链广告域名治理行动,使得网站被篡改情况大为好转。2017年,境内被篡改网站数量略有上升,但2018年再次大幅下降,较2017年下降了64.9%。①

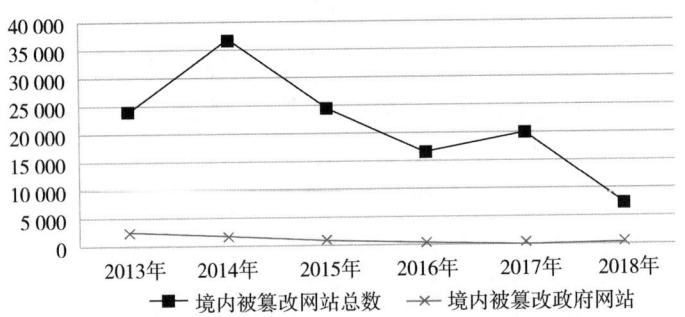

图1-24　2013—2018年我国境内被篡改网站数量情况

2019年,我国境内遭篡改的网站约有18.6万个,其中被篡改的政府网站有515个。从网页遭篡改的方式来看,被植入暗链的网站占全部被篡改网站的比例大幅下降,占比较小。从境内被篡改网页的顶级域名分布来看,".com"".net"".org"占比分列前三位,分别占总数的75.2%、4.7%和1.2%,占比分布情况与2018年无明显变化。②

此外,随着区块链相关产业的成熟,黑客入侵网站篡改的内容也已经扩散到挖矿恶意代码,越来越多的站点被发现植入了挖矿脚本,正常用户访问网站后会被动参加到挖矿的队伍,这成为黑客从事黑产变现的新途径。

---

① 《2018年我国互联网网络安全态势综述》,载国家计算机网络应急技术处理协调中心网站（https://www.cert.org.cn/publish/main/46/2019/20190416152012674133007/20190416152012674133007_.html）,访问日期:2020年6月10日。
② 《2019年我国互联网网络安全态势综述》,载国家计算机网络应急技术处理协调中心网站（https://www.cert.org.cn/publish/main/46/2020/20200420191144066734530/20200420191144066734530_.html）,访问日期:2020年6月10日。

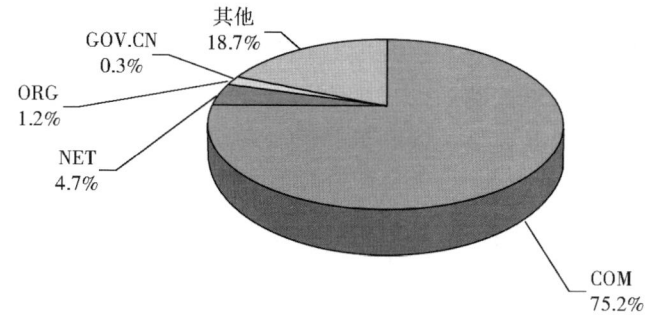

图 1-25　2019 年境内被篡改网站按顶级域名分布

3. 典型案例

典型的黑客渗透案例如下：2016 年 11 月至 2018 年 4 月，被告人汪路平和被告人罗福元共谋由罗福元联系买家，汪路平使用黑客工具获取其他网站权限后植入跳转代码，获取跳转流量。后被告人汪路平对访问排名较高的政府及其他网站进行扫描、攻击，非法获取网站权限，入侵网站后台，将网站"FTP"（网站后台控制权限）的关键词篡改为"白小姐""六合彩"等，并植入网站跳转代码 www.wndc77.com/666。2017 年 7 月，被告人徐某利用被告人汪路平教授的入侵网站技术，篡改网站名称，并植入跳转代码 www.wndc77.com/555。二被告人对成都××数码科技有限公司、北京×网公司等服务器进行攻击、入侵，分别非法获取了 35 906 个和 3 273 个各类网站的权限，并对数据进行增加、删改，导致用户在移动终端搜索上述关键词及打开网站时自动弹出赌博网站，以提高赌博网站权重，提升网络搜索排名，为赌博网站大肆发展会员创造条件。被告人汪路平、徐某分别将百度统计账号 cscswz、6he88 的统计代码植入赌博门户网站，对跳转流量进行统计，其中被告人汪路平统计的跳转流量数为 41 654 098 个，被告人徐某统计的跳转流量数为 2 191 289 个。由被告人罗福元负责租赁服务器并联系赌博网站客户，以每个流量 0.35～0.38 元人民币的价格与赌博网站客户结算费用，再以每个流量 0.3～0.35 元人民币的价格与被告人汪路平、徐某结算、转款。被告人汪路平获利1 100余万元,被告人罗福元获利400余万元,被告人徐某获利40余万元。本案一审法院认定被告人构成破坏计算机信息系统罪,二审法院认为三上诉人(先是汪路平与罗福元,后是三人共同实施)共谋侵入网站为其他非法网站进行链接引流,被侵入网站少部分为国家事务网站,其行为属于竞合犯,结合三上诉人的主观目的是非法获利,应依法择一重罪,适用非法控制计算机信息系统罪。[①]

(七) 恶意网站

1. 概述

恶意网站通常会利用一些知名站点的漏洞来跳转,或者直接篡改正规网站的页面,从而躲避杀毒软件的扫描。用户访问恶意网站时,个人信息、银行账户信息、社交软件账号密码等会被不法分子获取并被用于实施精准诈骗、盗刷、骗贷等下游犯罪行为。

恶意网站的黑产链条主要存在四个环节:网站制作者、运营者、渠道推广商和最终犯罪实施者。制作者以技术人员为主。注册或购买高仿银行、通信机构等域名,购买境外免备案服务器,模仿银行、通信机构等网站样式与内容,搭建恶意网站。运营者购买恶意网站,并利用这些网站获取公民隐私信息、银行卡信息、苹果ID、社交账号密码等,进行黑市交易。渠道推广商负责恶意网站的推广,一般会通过短信邮件群发、流量推广和社交网络推广三种形式,利用伪基站、邮件群发器、广告联盟、网站主等进行推广。最终犯罪实施者则是利用购买的信息、账号等内容从事进一步的犯罪。

在以上环节中,对于最终犯罪实施者,显然需要根据具体犯罪类型进行认定;对于制作或者销售恶意网站的,应认定为非法利用信息网络罪;对于使用"伪基站"发送包含钓鱼信息链接的,可认定为扰乱无线电通讯管理秩序罪。对于恶意规避杀毒软件的手段本

---

① 参见四川省绵阳市中级人民法院(2019)川07刑终343号刑事判决书。

身,可以认定为非法获取计算机信息系统数据罪,但若该手段仅仅规避杀毒软件而未获取相关数据,则难以认定为专门的网络犯罪。

2. 发展态势

根据腾讯安全态势感知系统统计的数据,2013—2017 年间恶意网站的数量逐年递增。其中,因 2016 年刷单类诈骗和色情支付类诈骗集中爆发。2017 年公安机关加大对色情支付类诈骗打击力度,相关恶意网站数量出现下降。

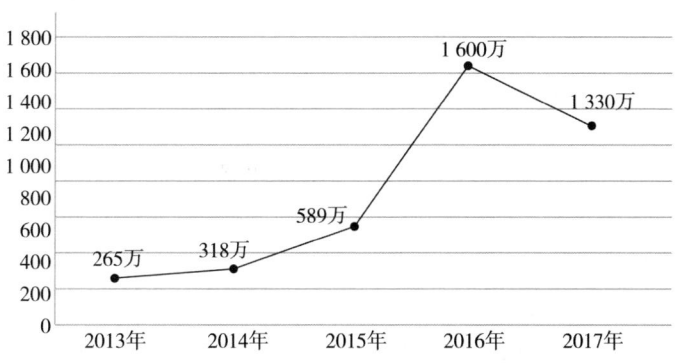

图1-26　2013—2017年恶意网站数量

从行业分布上看,2017 年 1—10 月仿冒钓鱼网站共计 1 330 万个。其中,新增仿冒类诈骗网站 75 万个,被仿冒网址数量前 5 类依次是银行、通信、电商、游戏和互联网金融。

3. 典型案例

前述曾兴亮、王玉生破坏计算机信息系统案(检例第 35 号)实际上也是典型的恶意网络侵害案件。2017 年 3 月,警方在腾讯公司的协助下,在黑龙江绥化市侦破苹果 ID 钓鱼锁机敲诈案件,涉及被敲诈的苹果用户多达 1 200 人。不法分子仿冒苹果官方网站邮箱或利用伪基站,向手机用户发送邮件或短信,称用户手机正在被他人尝试操作,须点击链接进行账号密码保护操作。仿冒邮件或短信中包含恶意网站,多数含有"Apple""iCloud"等字样,欺骗性极强。一旦用户输入自己的 Apple ID 及密码后就会被不法分子获取。随

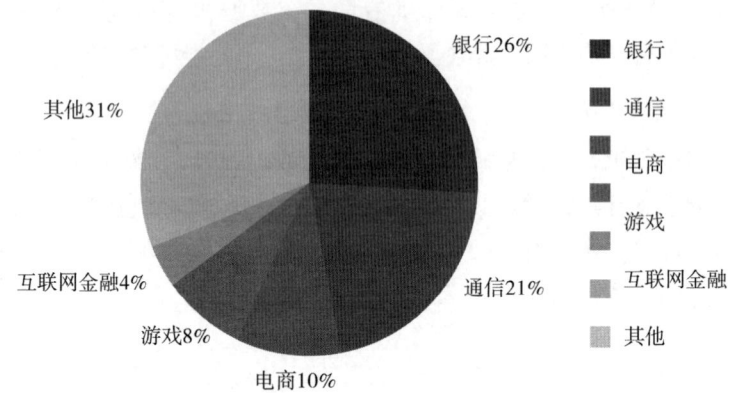

图1-27 2017年1—10月仿冒钓鱼网站行业分布

后不法分子便将用户的苹果ID和手机解除绑定,更换成事先准备好锁机用的苹果ID或者直接修改用户的密码,然后利用苹果手机自带的"查找我的iPhone"功能远程锁定手机,再以解锁为由敲诈勒索钱财。本案最终被认定为破坏计算机信息系统罪是因被告人远程锁定被害人的智能手机设备,使之成为无法开机的"僵尸机";但对于在此之前发送恶意网站链接的行为,法院判决并未进行单独评价。

总的来说,网络犯罪的技术手段具备隐蔽化的特征,且呈现日趋专业化、多样化的趋势。除上文着重介绍的七种技术手段外,其他新型手段也在不断涌现之中,如利用AI破解验证码。① 此外,即便在所提及的每类技术手段中,也存在多种多样的子类别,本书难以穷举,只能如上大体介绍各类典型网络犯罪技术手段的核心内容,以描绘其在现阶段的整体轮廓。

---

① 该案中,犯罪分子利用人工智能和神经网络突破验证码安全策略。仅仅一个季度,犯罪分子利用自己的人工智能平台就破解验证码259亿次,总累计破解验证码1 204亿次。警方在腾讯公司的支持下,成功实施了对该团伙破解验证码、撞库、盗号、买卖公民信息、网络诈骗等一系列犯罪行为的打击。该案也是中国首例利用AI人工智能破解网络验证码的案件。

第二章　网络犯罪的立法框架*

第一节　网络犯罪的宏观立法框架

将这20年来我国关于网络犯罪的立法、司法解释置于网络的代际变迁与网络犯罪的变异发展这一宏观背景之下,才能厘清这些法律规范背后的历史动因与现实需求。

一、网络犯罪的立法背景

自20世纪90年代以来的当今世界正在迅速并全面进入信息社会,网络已经覆盖了人类生活的方方面面。一般认为,信息技术与信息社会已经超越了互联网1.0时代,进入了互联网2.0时代,并正在迈向互联网3.0时代。互联网1.0时代的基本特征是人与计算机网络的联合,但这种联合是一种人机单向联接,缺乏人机互联、人际互动,形式上表现为"桌面互联网"。互联网2.0时代的本质则是互动,人机之间、网民之间、网民与网络之间实现全面互联,特别是以P2P技术为核心的"点对点"的互动交流成为网络世界的基本特征,网民不再是信息产品的被动受众,而是参与信息产品的创造、传播和分享的"共动者"。这个时代的另一重要特点在于移动技术被引入互联网,桌面互联网时代演变为移动互联网时代。而所谓互联网3.0时代则是互联网2.0时代的进一步发展与超越,以电子商务、在线游戏、博客技术、虚拟财产、人工智能、大数据、云计算、物联网、

---

* 本章作者为褚础。

互联网+为标志的互联网产业化时代迅速崛起,网络价值化、数据资产化、全面互联化、安全核心化、生态重构化、虚实结合化,成为互联网 3.0 时代的基本特征。

信息技术与信息社会在根本上改变了人类的生产、生活与交往方式,提升了人类的生产效能,娱乐了人类的生活,便捷了人类的交往,并且信息技术还在以几何级的速度迅速发展,还将在更大的规模与量级上左右与改变人类社会的生存与发展方向。但是,信息技术的发展亦伴随着与日俱增的被滥用的技术风险、人为风险与制度风险,互联网的风险规制、管理和控制变得更加迫切、重要而复杂。如何应对信息技术的发展,对互联网进行科学、必要、合理的治理,在技术创新与法律规制的平衡中制定和完善相应的技术控制与法律治理规则,日益成为一个全球性的共同挑战。① 随着网络技术的发展、网络使用的便捷化以及网络时代的到来,特别是随着网络 2.0 时代、3.0 时代的到来,传统犯罪趋向网络化,网络犯罪趋向传统化、常态化,这正在改变着中国的基本犯罪态势与结构,利用网络开设赌场、聚众赌博、电信网络诈骗、P2P 非法集资、金融诈骗,传播淫秽色情信息,侵犯著作权,窃取、非法提供、买卖个人信息,编造、传播谣言,侮辱诽谤,煽动仇恨对立、蛊惑极端主义、恐怖主义,发布制贩毒品、枪支等非法信息,越来越成为当下网络风险规制乃至整个社会治理、犯罪控制面临的最为突出的问题。

二、网络犯罪罪名体系的创制与完善

(一) 互联网 1.0 时代

以计算机为"对象"的犯罪主要包括侵入重要领域计算机信息系统、非法获取他人电脑上的数据和设置木马病毒等破坏性程序等行为,于是,基于此种危害行为,我国相继出台了一系列法律文件予

---

① 参见梁根林:《传统犯罪网络化:归责障碍、刑法应对与教义限缩》,载《法学》2017 年第 2 期,第 3—13 页。

以规制,旨在解决以计算机为"对象"的犯罪类型,通过两次立法,构建了我国计算机犯罪的罪名体系,并通过后续的司法解释不断进行完善与细化。

1997年《刑法》初步探索出计算机犯罪的制裁思路。第285条规定了"非法侵入计算机信息系统罪",第286条规定了"破坏计算机信息系统罪",前者制裁非法侵入三个重要领域计算机信息系统的行为,后者打击破坏计算机信息系统的行为。

2009年2月28日,《刑法修正案(七)》扩展了对于计算机信息系统的保护范围,计算机犯罪的罪名体系初步建立。其在我国《刑法》原有第285条的基础上增设了第2款、第3款,即"非法获取计算机信息系统数据、非法控制计算机信息系统罪"和"提供侵入、非法控制计算机信息系统程序、工具罪"。前者确立了对于个人使用的计算机中数据的保护,从此,普通信息系统也被纳入刑法保护的对象。后者则实现了对于危害计算机系统帮助行为的独立性评价。[①]

(二)互联网2.0时代

进入互联网2.0时代,传统犯罪网络异化的现象呈井喷之势,以网络为"工具"的犯罪层出不穷。此时,法律需要面对的问题主要有两方面:一是定性规则的确立,表现为对罪状表述的再解释;二是定量标准的搭建,体现为入罪标准即犯罪定量标准的细化与明确。这一时期的司法解释远远多于其他时期。

1997年《刑法》第287条的指引性规定开辟了传统犯罪网络异化时代下犯罪定性问题的处理思路。客观地讲,这一条文成为当时处理传统犯罪网络异化问题的定性准则和依据,司法机关依赖这一条文解决了当时几乎所有利用网络进行的犯罪的定性问题。随着以"互"为主的互联网2.0时代的到来,第287条的实体价值与现

[①] 参见于志刚:《网络空间中犯罪帮助行为的制裁体系与完善思路》,载《中国法学》2016年第2期,第5—24页。

实意义快速提升。

2015年8月29日通过的《刑法修正案(九)》构建了网络犯罪罪名体系。经历先前几个司法解释的探索,一套针对网络犯罪的解决思路逐渐被摸索出来了,并以立法的形式予以规定:新增"非法利用信息网络罪""帮助信息网络犯罪活动罪"和"拒不履行信息网络安全管理义务罪",修改合并了一个"侵犯公民个人信息罪",在立法层面解决了以网络为犯罪"工具"行为的大量定性问题。前三个罪名具有明显的"兜底性罪名"的色彩,"宜粗不宜细"的立法更新思路,显然是对于既有罪名体系对网络危害行为评价不足的回应,希望通过开放性的罪状设计,使刑法能够在较长时间里满足信息时代的刑法保护需求,让刑法不至于滞后于时代。后一个罪名的强化,从实践的角度可以理解为是对越来越多泄露公民个人信息行为的回应。从宏观角度审视,这四个罪名都是为了应对互联网 2.0 时代网络作为犯罪的"工具"这一时代命题而被提出的,且都在不同程度、不同角度上发挥遏制传统犯罪网络异化的作用。

(三) 互联网 3.0 时代

互联网 3.0 时代又被刑法理论界形象地称为"网络空间"犯罪时代。原因是随着平台思维的兴起,网络成为了滋生犯罪的空间与土壤,网络正式成为了"犯罪空间"。此阶段,网络犯罪的特点主要有两个。一是网络犯罪在空间上的整体迁移。网络空间的出现与发展,使得传统犯罪的发生平台已不再局限于现实社会中的"现实空间",而是扩展到了网络社会中的"网络空间",几乎所有的犯罪都能够在网络空间中生成,或并存于现实与网络的双层空间,或实现线上与线下的周密互动和无缝转换。二是网络犯罪开始冲击社会秩序。在互联网 2.0 时代,传统犯罪利用互联网,将网络作为犯罪的"工具"实施犯罪行为,其方式是将计算机信息系统及网络因素作为手段介入传统犯罪,整个犯罪行为针对的依旧是现实社会中的法益。可是,在网络"空间化"时代,网络作为一个犯罪空间,开始出现了一些完全不同于互联网 2.0 时期的犯罪现象,它成为一些变异后的犯罪行为独有的土壤,一些犯罪行为离开了网络要么根本就无法生存,要么根本就不可能爆发出巨大的危害性。其中,伴随着网络空间的形成,对网络空间中社会秩序的冲击是这一时期的独有特点,煽动行为、侮辱诽谤行为和传播宣扬恐怖主义、邪教组织等行为完全可能借助网络空间的生成以及网络带来的交流便捷、侦查困难等特性迅速扩张。秩序型犯罪很可能从对现实空间秩序的破坏转移到对网络空间秩序的摧毁。在网络"空间化"时代,法律必须而且首先要解决的是"网络空间"的法律地位问题。因为,如果不能在法律依据上给予"网络空间"相应的法律地位,那么仅仅停留在理论层面的探讨便没有意义。

对此,各个时期、不同层级,甚至不同领域的法律文件都做出了探索与努力。对此进行回顾会发现,法律对"网络空间"的认识经历了两个阶段:第一阶段是以网络空间类比"物理空间",侧重的是网络空间的平台作用,网络能够作为一个"空间""平台""场所"起到容纳、滋生某些犯罪的效果,这以《网络赌博案件意见》为代表;第二阶段是以网络空间类比"现实社会",侧重的是网络空间的秩序属性,强调的是网络空间与现实社会一样,是一种公共场所,也需要维护其中的公共场所秩序,这以《网络诽谤案件解释》为典型。

三、网络犯罪立法模式的选择

如前所述,在互联网时代,必然有一部分网络犯罪行为,需要通过新的刑事立法进行规制。问题是,刑事立法上对网络犯罪应当采取何种模式?目前,学界关于网络犯罪的立法模式形成了两种观点,即二元模式与一元模式。

(一) 一元模式评述

一元模式与二元模式存在于不同层面。在刑法典之外,制定一部网络刑法(特别刑法)的做法,可谓二元模式;在刑法典之内增设有关网络犯罪的规定的做法,则属于一元模式。易言之,在既有法条(包括款项)中增加行为类型与行为对象,使既有法条包括新类型的网络犯罪,对传统犯罪与新型网络犯罪适用相同的法条,是一元模式。

张明楷教授虽然一直提倡刑法立法的分散性,主张对于适合单行刑法规定的类罪,宜由单行刑法规定,不必纳入刑法典中,立法机关宜在行政法、经济法等非刑事法律中,对于严重违反行政法、经济法规范的行为直接规定罪状与法定刑,但不赞成在现行刑法典之外制定所谓网络刑法。换言之,就网络犯罪而言,我国不能采取二元模式。①

(二)二元模式评述

所谓二元模式,就是要制定一部专门针对网络犯罪的法典,也即对网络犯罪制定单行刑法,与刑法典形成并立的格局,其理由是:第一,网络时代出现"犯罪异化",在网络的虚拟空间内,立足于现实社会制定的刑法典与网络空间产生分离,传统刑法关于犯罪构成的要件和要素已经不适用于"异化"的犯罪。第二,不论是英美法系国家还是大陆法系国家,针对网络犯罪的刑事立法也都不是仅仅在刑法典中规定,例如美国的《计算机欺诈与滥用法》,日本也有《禁止非法侵入计算机法》等法律。②

二元模式有其制度的合理性和正当性。在网络空间内,尽管因网络的特殊性导致行为的对象、方式等各种要素与现实社会产生诸多差异,但是这种"异化",并不能必然得出要制定单行的网络刑法的结论。英美法系国家是单行刑法与附属刑法并存的二元格局,大陆法系国家则是刑法典、单行刑法与附属刑法并存的三元

---

① 参见张明楷:《网络时代的刑事立法》,载《法律科学(西北政法大学学报)》2017年第3期,第76页。

② 参见卢建平、姜瀛:《犯罪"网络异化"与刑法应对模式》,载《人民检察》2014年第3期,第5—10页。

格局,因此制定网络刑法典这样的单行刑法均没有立法上的障碍。

通过对比历次刑法修正案发现,立法者基本上采取了一元模式。我国刑事立法基本上朝着集中性、统一性方向发展,意在使一部刑法典囊括所有的犯罪。具体表现在:凡是需要增加犯罪类型与修改法定刑的,不管犯罪的性质及其与其他法律的关系如何,一概以修正案的方式对刑法典进行修改;基本上不再有附属刑法;除了一个单行刑法外,没有再制定单行刑法。当下,我国仍然只能通过修正案的方式,在刑法典中增设关于网络犯罪的法条,而不会在刑法典之外制定所谓网络刑法。

第二节 网络犯罪的立法理念、目的

一、谦抑性

刑法在网络犯罪领域中的谦抑原则是指,重视民法、行政法等部门法的法律作用,将刑法应用于解决其他法律不能有效规制,而危害性极大的行为。因此,面对日益严峻的网络犯罪态势,刑法在扩大自己"射程"的同时,需要合理把握其最后性和谦抑性的特质,合理平衡罪名扩张的需要与限度。从刑事政策的角度来讲,就是需要明确刑法的谦抑性与刑法的扩张性之间的协调。

诚如日本学者山中敬一所言:谦抑的刑事政策指导下的刑法理论与积极的刑事政策指导下的刑法理论含义相去甚远。后者首先是以行为规范的特别预防为指向的刑法理论,其次是经验的一般预防指向的刑法理论,而前者代表的刑法理论除报应刑的自由主义刑法理论之外,还表现为谦抑的事后预防刑法理论。①

---

① 参见冲:《网络犯罪罪名体系的扩张思路与犯罪化根据——以〈刑法修正案(九)〉的罪名修正为视角》,载《重庆邮电大学学报(社会科学版)》2015年第6期,第31—38页。

随着网络时代的变迁,谦抑性的内容也会发生改变,会更加注重"类型性、区域性",因此我们并不会"盲目守旧",将谦抑性作为限定处罚的根据,正如张明楷教授曾言,"刑罚处罚范围也并非越窄越好"①。

二、预防性

《刑法修正案(九)》突出网络犯罪的预防性立法属性,以应对进入网络社会出现的各种风险和新型犯罪类型,涉及新增犯罪、扩充罪状、降低入罪门槛、提升法定刑配置和增加单位犯罪主体等多种方式。

预备行为实行化是将原本属于其他犯罪的预备行为按照实行行为予以处罚。预备行为的实行化具有两个效果:一是对于预备行为处罚的独立化,这一点与帮助行为的正犯化是一致的;二是刑法打击时点的前移,如果凡事都等到危害结果发生再去处罚,往往不能有效保护法益。所以,立法者采取了网络犯罪预备行为实行化的策略。由于网络犯罪出现链条化、产业化发展的特征,仅仅在犯罪产业链下游进行打击难以回应实践需要,因此一种前置处罚、实现早期干预、"打早打小"的预防刑法思想进入网络犯罪立法的考量视野。②

我国《刑法》第287条之一规定了"非法利用信息网络罪",对于利用网络设立违法犯罪的网站、通讯群组以及发布违法犯罪信息的行为,予以定罪处理。在信息时代,网络平台的建立者、管理者有某种"准政府"的身份和责任,对于平台上的违法犯罪行为,不允许其持视而不见甚至纵容的态度,因此,强调平台的法律责任乃至刑事责任是一种必然的趋势。我国《刑法》第286条之一规定了"拒不履

---

① 张明楷:《网络时代的刑法理念——以刑法的谦抑性为中心》,载《人民检察》2014年第9期。
② 参见王华伟:《我国网络犯罪立法的体系性评价与反思》,载《法学杂志》2019年第10期,第130页。

行信息网络安全管理义务罪",该罪对网络服务提供者规定了新的刑法义务:网络安全管理义务。与此类似,2017年国家互联网信息办公室发布的《互联网群组信息服务管理规定》中规定了"群主责任",对通讯群组的群主也赋予了相应的安全监管义务。

第三节　网络犯罪的现行规范梳理

伴随着网络犯罪的不断涌现,法律与司法解释不断推陈出新、法网越织越密。截至目前,涉及网络犯罪的法律规范,从类型上说包括法律、立法性解释与司法解释,正是这些法律文件,构成了研究网络犯罪的法律前提。

一、刑事立法层面

1. 1997年《刑法》中明确规定四个罪名

其一,第217条规定"侵犯著作权罪":"以营利为目的,有下列侵犯著作权情形之一,违法所得数额较大或者有其他严重情节的,处三年以下有期徒刑或者拘役,并处或者单处罚金;违法所得数额巨大或者有其他特别严重情节的,处三年以上七年以下有期徒刑,并处罚金:(一)未经著作权人许可,复制发行其文字作品、音乐、电影、电视、录像作品、计算机软件及其他作品的;(二)出版他人享有专有出版权的图书的;(三)未经录音录像制作者许可,复制发行其制作的录音录像的;(四)制作、出售假冒他人署名的美术作品的。"

其二,第218条规定"销售侵权复制品罪":"以营利为目的,销售明知是本法第二百一十七条规定的侵权复制品,违法所得数额巨大的,处三年以下有期徒刑或者拘役,并处或者单处罚金。"前两条与网络犯罪有关的犯罪对象是"计算机软件",其是承载著作权的客体。

其三,第285条规定"非法侵入计算机信息系统罪":"违反国家规定,侵入国家事务、国防建设、尖端科学技术领域的计算机信息系统的,处三年以下有期徒刑或者拘役。"《刑法修正案(九)》在该条中增加一款作为第四款:"单位犯前三款罪的,对单位判处罚金,并对其直接负责的主管人员和其他直接责任人员,依照各该款的规定处罚。"

其四,第286条规定"破坏计算机信息系统罪":"违反国家规定,对计算机信息系统功能进行删除、修改、增加、干扰,造成计算机信息系统不能正常运行,后果严重的,处五年以下有期徒刑或者拘役;后果特别严重的,处五年以上有期徒刑。违反国家规定,对计算机信息系统中存储、处理或者传输的数据和应用程序进行删除、修改、增加的操作,后果严重的,依照前款的规定处罚。故意制作、传播计算机病毒等破坏性程序,影响计算机系统正常运行,后果严重的,依照第一款的规定处罚。"《刑法修正案(九)》在该条中增加一款作为第四款:"单位犯前三款罪的,对单位判处罚金,并对其直接负责的主管人员和其他直接责任人员,依照第一款的规定处罚。"后两条犯罪的犯罪对象是计算机系统,其中第285条是限定在"国家事务、国防建设、尖端科学技术领域的计算机信息系统"。可见,针对计算机系统的犯罪的规制体系是有层级的,对国家特别规定的计算机系统,一旦侵入即构成犯罪,不需要情节严重的罪量要件。

此外,对《刑法》第285、286条以外的其他涉及计算机的犯罪,如第287条规定:"利用计算机实施金融诈骗、盗窃、贪污、挪用公款、窃取国家秘密或者其他犯罪的,按照本法有关规定定罪处罚。"不与传统犯罪相区别。

2.《刑法修正案(七)》增设三个罪名

2009年2月,停顿了12年的网络犯罪立法重新启动,当时网络犯罪集中发生于经济领域并呈现出网络化的特征,原有网络犯罪相关刑法规定不能满足有效遏制犯罪的需要,该年颁布并实行的《刑法修正案(七)》增设了非法获取计算机信息系统数据罪,非法控制计算机信息系统罪和提供侵入、非法控制计算机信息系统程序、工具罪,对我国网络犯罪立法体系有着重要的补充完善作用。

《刑法修正案(七)》第9条规定:"在刑法第285条中增加两款作为第二款、第三款:违反国家规定,侵入前款规定以外的计算机信息系统或者采用其他技术手段,获取该计算机信息系统中存储、处理或者传输的数据,或者对该计算机信息系统实施非法控制,情节严重的,处三年以下有期徒刑或者拘役,并处或者单处罚金;情节特别严重的,处三年以上七年以下有期徒刑,并处罚金;提供专门用于侵入、非法控制计算机信息系统的程序、工具,或者明知他人实施侵入、非法控制计算机信息系统的违法犯罪行为而为其提供程序、工具,情节严重的,依照前款的规定处罚。"

此外,《刑法修正案(七)》首次提及公民个人信息保护。"在刑法第253条后增加一条,作为第253条之一:'国家机关或者金融、电信、交通、教育、医疗等单位的工作人员,违反国家规定,将本单位在履行职责或者提供服务过程中获得的公民个人信息,出售或者非法提供给他人,情节严重的,处三年以下有期徒刑或者拘役,并处或者单处罚金。窃取或者以其他方法非法获取上述信息,情节严重的,依照前款的规定处罚。单位犯前两款罪的,对单位判处罚金,并对其直接负责的主管人员和其他直接责任人员,依照各该款的规定处罚。'"此条在日后的利用网络手段侵犯公民个人信息犯罪治理中发挥着基础性作用。

虽然《刑法修正案(七)》在一定程度上完善了相关网络犯罪立法,但是在信息技术高速发展这一现代化背景下,单纯把网络作为犯罪对象已经不是网络犯罪关注的重点,对把网络当成空间和工具这一系列新型违法行为如何定罪量刑才是未来一段时间法律发展的趋势和方向。相当一部分具有严重社会危害性的网络越轨行为,仍然存在着"无法可依"或者"有法难依"的情形。

3.《刑法修正案(九)》的规定

涉及互联网安全相关条款的修改主要是指《刑法修正案(九)》

修改完善刑法中有关网络安全犯罪的专门规定,包括以下几条:对《刑法》原来的有关危害计算机信息系统安全的规定做了补充和完善;强化了互联网服务提供者的网络安全管理责任;把信息网络上常见的、带有预备实施犯罪性质的行为,在刑法中作为独立的犯罪加以规定;将网络上具有帮助他人犯罪的属性的行为,专门作为犯罪独立加以规定。

此外,《刑法修正案(九)》还将其他与网络安全相关的规定做了配套性修改:对出售、非法提供公民个人信息的犯罪做了进一步完善;将在信息网络上编造虚假的险情、疫情、灾情、警情这四种比较容易引起社会恐慌的谣言的行为,以及明知是谣言而传播的行为,增加规定为犯罪;对泄露依照法律规定不公开审理的案件中不应当公开的信息的行为作了规定。具体包括"非法利用信息网络罪""帮助信息网络犯罪活动罪""拒不履行信息网络安全管理义务罪"和"侵犯公民个人信息罪"。

4.《刑法修正案(十一)》的规定

2020年12月26日,《刑法修正案(十一)》在第十三届全国人大常委会第二十四次会议上通过。本次修正案不仅对前述数据、信息等网络刑法的保护对象作出了积极的规定,而且对利用信息网络手段实施传统犯罪的情形作出了积极的回应。具体包含以下几方面内容:

第一,增设第134条之一:"在生产、作业中违反有关安全管理的规定,有下列情形之一,具有发生重大伤亡事故或者其他严重后果的现实危险的,处一年以下有期徒刑、拘役或者管制:(一)关闭、破坏直接关系生产安全的监控、报警、防护、救生设备、设施,或者篡改、隐瞒、销毁其相关数据、信息的;……"本条款将"篡改、隐瞒、销毁数据、信息"作为重大责任事故罪的罪行方式,将数据、信息安全纳入生产安全的重要组成部分。

第二,对《刑法》第217条作出修改:"(一)未经著作权人许可,复制发行、通过信息网络向公众传播其文字作品、音乐、美术、视听作品、计算机软件及法律、行政法规规定的其他作品的;……(三)未经录音录像制作者许可,复制发行、通过信息网络向公众传播其制作的录音录像的;(四)未经表演者许可,复制发行录有其表演的录音录像制品,或者通过信息网络向公众传播其表演的;……"知识产权领域一直是信息网络侵权的重灾区,此次修订恰如其时地增设了"通过信息网络"侵犯著作权相关权益的罪刑规定。与此同时,在第219条的修改中增加"电子侵入"作为侵犯商业秘密罪的手段,可谓在宏观的知识产权保护上编织了严密的法网,为打击目前猖獗的网络侵权行为奠定了规范基础。

第三,对《刑法》第303条作出修改,将开设赌场罪的法定最高刑提高到5年;增设组织参与国(境)外赌博罪,规定"组织中华人民共和国公民参与国(境)外赌博,数额巨大或者有其他严重情节的",依照开设赌场罪的规定处罚。结合2020年10月16日印发的《最高人民法院、最高人民检察院、公安部关于办理跨境赌博犯罪案件若干问题的意见》,以营利为目的,利用信息网络、通讯终端等传输赌博视频、数据的方式实施上述两种犯罪的行为的,属于第303条第2款规定的"开设赌场"。这是由于近年来,互联网领域黑灰产业助推传统赌博和跨境赌博犯罪向互联网迁移,跨境网络赌博违法犯罪活动呈高发态势,严重威胁人民群众人身财产安全和社会公共安全,因此修法作出重大调整。

二、立法解释层面

2000年12月28日,第九届全国人民代表大会常务委员会第十九次会议通过了《全国人民代表大会常务委员会关于维护互联网安全的决定》(以下简称《决定》)。我国的互联网,在国家大力倡导和积极推动下,在经济建设和各项事业中得到日益广泛的应用,使人们的生产、工作、学习和生活方式已经开始并将继续发生深刻的变化,对于加快我国国民经济、科学技术的发展和社会服务信息化进程具有重要作用。同时,如何保障互联网的运行安全和信息安全已经引起全社会的普遍关注。

　　刑法学界将它定性为一部单行刑法,从该《决定》的内容实质上看,它是一部立法解释文件。该《决定》规定利用网络实施犯罪的,依照刑法既有规定定罪,对于传统犯罪网络化的问题实现了整体解释。此外,这也在我国《刑法》第 287 条规定的"利用计算机实施犯罪"的基础上又向前迈进一步,从此"利用计算机实施犯罪"和"利用网络实施犯罪"都被作为传统犯罪网络化的工具,一并按照我国刑法既有规定定罪。不过,需要说明的是,《决定》的意义并不局限于解决互联网 2.0 时代以网络为犯罪"工具"的问题,而是具有难以估量的历史意义。由此,始于 1997 年《刑法》第 287 条,中间经过 2000 年《决定》的强化,最终由 2015 年《刑法修正案(九)》初步完成以网络为"工具"和"空间"的制裁网络犯罪法网编织。[①]

三、司法解释层面

　　1. 关于淫秽信息案件的司法解释(一)

　　2004 年 9 月 3 日颁布施行的《最高人民法院、最高人民检察院关于办理利用互联网、移动通讯终端、声讯台制作、复制、出版、贩卖、传播淫秽电子信息刑事案件具体应用法律若干问题的解释》明确了网络犯罪中片面共犯的成立空间,并提出了信息时代的定量规则标准。一方面,该解释规定了网络传播淫秽信息犯罪中的片面共犯,首次承认了网络帮助行为可以缺乏"双向的意思联络",帮助行为人仅以"单向明知"与实行行为人成立共同犯罪。这一司法解释打破了我国传统刑法理论界不承认片面共犯的惯例,首次通过司法解释的方式突破了共同犯罪的传统通说观点,为网络犯罪中共犯的定性问题提供了解决路径。另一方面,该解释对于网络违法信息传播犯罪的定量标准进行了规定,"点击数""注册会员"成为新的刑法

[①] 参见于志刚、吴尚聪:《我国网络犯罪发展及其立法、司法、理论应对的历史梳理》,载《政治与法律》2018 年第 1 期,第 74 页。

量化标准,这是司法第一次针对网络犯罪引入了新的定量模式。

2. 关于淫秽信息案件的司法解释(二)

2010年2月2日颁布的《最高人民法院、最高人民检察院关于办理利用互联网、移动通讯终端、声讯台制作、复制、出版、贩卖、传播淫秽电子信息刑事案件具体应用法律若干问题的解释(二)》明确了网络犯罪中共犯行为正犯化现象的存在,并扩大了片面共犯的存在范围。一方面,该解释提出了网络传播淫秽信息犯罪中的共犯的正犯化,首次将共犯行为独立为正犯行为,是制裁网络犯罪帮助行为的重大突破,也是继司法解释肯定了可构成网络犯罪的片面共犯之后又一解决网络犯罪定性问题的处理思路。另一方面,该解释将网络传播淫秽信息犯罪中片面共犯的成立范围扩展到了投放广告等提供资金的行为,通过投放广告或直接或间接地提供资金给淫秽网站的,以制作、复制、出版、贩卖、传播淫秽物品牟利罪的共犯处理,这就有力地打击了淫秽网站,起到了釜底抽薪的效果。

3. 关于网络赌博案件的意见

2010年8月31日颁布施行的《最高人民法院、最高人民检察院、公安部关于办理网络赌博犯罪案件适用法律若干问题的意见》实现了"网络空间"向"物理空间"的转化。该意见明确将赌博网站与传统的、物理性的赌博场所统一视为刑法中的"赌场"。该意见第1条规定:"利用互联网、移动通讯终端等传输赌博视频、数据,组织赌博活动,具有下列情形之一的,属于《刑法》第303条第2款规定的'开设赌场'行为:(一)建立赌博网站并接受投注的;(二)建立赌博网站并提供给他人组织赌博的;(三)为赌博网站担任代理并接受投注的;(四)参与赌博网站利润分成的。"这实际是承认了网络具有"空间"的属性,能够成为容纳、滋生赌博行为的"平台"与"场所",从实际所起到的作用而言,这种"平台"和"场所"的作用与现实的物理赌场没有分别,甚至由于网络的虚拟性,其能够容纳更多的赌徒参与其中,进而造成更大的危害。除此之外,该意见继续保持对互联网2.0时代下问题的关注,深化了信息时代下对定性、定量规则的探索。一方面,其将片面帮助犯的范围扩展到了网络开设赌场行为,还明确了网络赌博犯罪中的共犯正犯化,进一步扩展了共犯正犯化的法解释思路。另一方面,其规定了网络赌博犯罪数额的重复计算模式,对于传统空间赌博和网络空间赌博的定量标准进行了区分,继续构建网络时代犯罪定量规则,同时对网络赌博犯罪中的"参赌人数""赌资数额"和"网站代理"规定了认定标准。

2020年10月16日,为解决境外赌场和网络赌博集团对我国公民招赌吸赌的问题,最高人民法院、最高人民检察院、公安部出台了《办理跨境赌博犯罪案件若干问题的意见》。该意见规定了以营利为目的,利用信息网络、通讯终端等传输赌博视频、数据,组织中华人民共和国公民跨境赌博活动,有下列情形之一的,属于《刑法》第303条第2款规定的"开设赌场":(1)建立赌博网站、应用程序并接受投注的;(2)建立赌博网站、应用程序并提供给他人组织赌博的;(3)购买或者租用赌博网站、应用程序,组织他人赌博的;(4)参与赌博网站、应用程序利润分成的;(5)担任赌博网站、应用程序代理并接受投注的;(6)其他利用信息网络、通讯终端等传输赌博视频、数据,组织跨境赌博活动的。利用信息网络开设赌场的行为已经在前述法律的规制下得到相应的控制,此番涉及境外开设的赌博网站,则是着力于细化信息网络活动的不同阶段以及涉赌信息的传输、处理手段。对于为网络赌博犯罪提供帮助的行为,亦遵循共犯规定的逻辑进行处罚:为网络赌博犯罪提供互联网接入、服务器托管、网络存储、通讯传输等技术支持,或者提供广告推广、支付结算等帮助,构成赌博犯罪共犯。同时构成非法利用信息网络罪、帮助信息网络犯罪活动罪等罪的,则择一重罪定罪处罚。

4. 关于信息系统案件的司法解释

2011年8月1日发布的《最高人民法院、最高人民检察院关于办理危害计算机信息系统安全刑事案件应用法律若干问题的解释》则从三个方面对前述四个计算机犯罪罪名进行了不同程度的细化:一是确立了一系列技术性概念的标准,使得"专门用于侵入、非法控制计算机信息系统的程序、工具""计算机信息系统""计算机系统""身份认证信息""经济损失"和"计算机病毒等破坏性程序"等技术性概念有了具体衡量标准;二是明确了危害计算机信息系统安全犯罪的量化标准,结束了我国计算机犯罪罪名无量化标准的历史;三是突破了传统刑法理论的观点,规定危害计算机信息系统安全犯罪中可以普遍成立片面共犯。

5. 关于网络诽谤案件的司法解释

2013年9月6日,《最高人民法院、最高人民检察院关于办理利用信息网络实施诽谤等刑事案件适用法律若干问题的解释》颁布。虽然司法解释在效力上存在一定的合法性瑕疵,但是却具有事实上的规范功能和现实作用。该解释之所以成为打击网络犯罪的重要文本,原因在于其第5条结合信息网络的两种基本属性,明确了利用信息网络实施寻衅滋事犯罪的两种基本行为方式,一是利用信息网络辱骂、恐吓他人,情节恶劣,破坏社会秩序的;二是编造虚假信息,或者明知是编造的虚假信息,在信息网络上散布,或者组织、指使人员在信息网络上散布,起哄闹事,造成公共秩序严重混乱的。

与此同时,该解释完成了"网络空间"向"现实社会"的过渡。除了该解释第2条在关于淫秽信息案件的司法解释(一)的基础上增加了"浏览""转发"作为网络违法信息传播犯罪的定量新标准外,最重要的是,该解释第5条正式开始了对于网络作为犯罪"空间"问题的探索,明确了网络空间、网络秩序的公共场所、公共秩序属性,并阶段性地以寻衅滋事罪作为问题的解决方案。争议的核心焦点在于,"信息网络"是否属于"公共空间"以及"公共秩序"与"公共场所秩序"是否等同两个方面。尽管反对的观点仍未平息,但立法机关与司法机关对"网络空间"观点的采纳是清晰而明显的。[①]

6. 关于个人信息案件的司法解释

2017年5月8日颁布的《最高人民法院、最高人民检察院关于

---

① 参见于志刚:《网络"空间化"的时代演变与刑法对策》,载《法学评论》2015年第2期,第113—121页。

办理侵犯公民个人信息刑事案件适用法律若干问题的解释》进一步强化了对公民个人信息的保护。首先,该司法解释扩张了"公民个人信息"概念的内涵与外延,一是在个人信息概念的定义上,在我国《网络安全法》第 76 条第 5 项所确立的"广义的可识别性"这一单一要素基础上又增加了"活动情况"要素,"公民个人信息"的概念进一步被扩张;二是在个人信息类型的列举上,除了一直以来被公认的"姓名""身份证件号码""通信通讯联系方式""住址"之外,又加入"账号密码""财产状况""行踪轨迹"三种类型的个人信息。其次,该司法解释第 5 条针对不同信息类别、犯罪主体设置了不同的入罪标准。该司法解释根据重要性将公民个人信息分为四类:"行踪轨迹信息";"通信内容""征信信息""财产信息";"其他可能影响人身、财产安全的公民个人信息";"前述规定以外的公民个人信息"。它还将侵犯公民个人信息的主体分为一般主体与在履行职责或者提供服务过程中获得公民个人信息的特殊主体。

7. 关于信息网络案件的司法解释

2019 年 11 月 1 日起施行的《最高人民法院、最高人民检察院关于办理非法利用信息网络、帮助信息网络犯罪活动等刑事案件适用法律若干问题的解释》依照刑法、刑事诉讼法的规定,对拒不履行信息网络安全管理义务罪、非法利用信息网络罪、帮助信息网络犯罪活动罪的定罪量刑标准和相关法律适用问题作了较为全面、系统的规定。该解释共 19 个条文,大致可以归纳为如下 8 个方面的问题:一是进一步明确了拒不履行信息网络安全管理义务罪的主体——"网络服务提供者"的范围;二是明确了构成拒不履行信息网络安全管理义务罪,以"经政府有关部门责令采取改正措施而拒不改正"作为前提要件;三是明确了拒不履行信息网络安全管理义务罪的入罪标准,包括"致使违法信息大量传播""致使用户信息泄露,造成严重后果""致使刑事案件证据灭失,情节严重"和"其他情节严重"的具体认定标准;四是规定"刑法第二百八十七条之一规定的'违法犯罪',包括犯罪行为和属于刑法分则规定的行为类型但尚未构成犯罪的违法行为";五是从设立网站、通讯群组、发布信息的数量、违法所得数额、前科情况等方面明确了情节严重的认定标准;六是明确了《刑法》第287条之二的帮助信息网络犯罪活动罪的主观明知推定规则;七是明确了《刑法》第287条之二的帮助信息网络犯罪活动罪的情节严重的认定标准;八是其他问题。

四、指导性案例的规范作用

因其特殊的犯罪属性,导致在立法条文和司法解释中无法穷尽网络犯罪的所有犯罪行为。为顺应时代的发展和满足打击犯罪的需要,最高人民检察院、最高人民法院分别在第9批、第20批专门发布了5—6例网络犯罪的司法实例,回应涉网络犯罪案件审判实践突出的法律适用问题,涵盖破坏计算机信息系统、网上开设赌场等犯罪行为。将这两批案例纳入本书,既是作为上述法律规范的适用细化和实践补充,也指明了网络技术发展过程中相关主体需要规避的法律风险。

(一)最高人民检察院发布第9批指导性案例

2017年10月12日最高人民检察院将李丙龙破坏计算机信息系统案等六件指导性案例(检例第33—38号)作为第九批指导性案例发布,供参照适用。

李丙龙破坏计算机信息系统案。被告人李丙龙为牟取非法利益,以修改大型互联网网站域名解析指向的方法,劫持互联网流量访问相关赌博网站,获取境外赌博网站广告推广流量提成,导致某知名网站不能正常运行,访问量锐减。上海市徐汇区人民检察院提起公诉后,人民法院认定李丙龙的行为构成破坏计算机信息系统罪,结合量刑情节,判处李丙龙有期徒刑5年。该案的起诉和判决,明确了修改域名解析服务器指向,强制用户偏离目标网站或网页进入指定网站或网页,造成计算机信息系统不能正常运行的域名劫持行为,属于破坏计算机信息系统。

李骏杰等破坏计算机信息系统案。被告人李骏杰购买在某购物网站发表中差评的买家的信息,冒用买家身份,骗取客服审核通过后重置账号密码,登录该购物网站内部评价系统,删改买家中差评,获利9万余元。浙江省杭州市滨江区人民检察院提起公诉后,人民法院认定被告人李骏杰的行为构成破坏计算机信息系统罪,判处有期徒刑5年。该案的起诉和判决,明确了冒用购物网站买家身份进入网站内部评价系统删改购物评价,属于对计算机信息系统内存储数据进行修改操作,应当认定为破坏计算机信息系统的行为。

曾兴亮、王玉生破坏计算机信息系统案。被告人曾兴亮、王玉生通过修改密码,远程锁定被害人的苹果手机,并以解锁为条件索要钱财。江苏省海安县人民检察院提起公诉后,人民法院认定被告人曾兴亮、王玉生的行为构成破坏计算机信息系统罪,分别判处有期徒刑1年3个月、有期徒刑6个月。该案明确了智能手机终端应当认定为刑法保护的计算机信息系统,锁定智能手机导致不能使用的行为,可认定为破坏计算机信息系统;同时,也明确了行为人采用非法手段锁定手机后以解锁为条件索要钱财,在数额较大或多次敲诈的情况下,其目的行为又构成敲诈勒索罪,应当作为牵连犯从一重罪处断,以重罪即破坏计算机信息系统罪论处。

卫梦龙、龚旭、薛东东非法获取计算机信息系统数据案。被告人卫梦龙伙同被告人龚旭、薛东东,合谋利用龚旭掌握的登录某大型网络公司内部管理开发平台的账号、密码、Token令牌(计算机身份认证令牌)等,违反规定多次在异地登录该大型网络公司内部管理开发系统,查询、下载该计算机信息系统中储存的电子数据并出售牟利。此案被北京市海淀区人民检察院提起公诉后,人民法院认定卫梦龙、龚旭、薛东东构成非法获取计算机信息系统数据罪,且情节特别严重,判处卫梦龙有期徒刑4年,并处罚金人民币4万元;判处龚旭有期徒刑3年9个月,并处罚金人民币4万元;判处薛东东有期徒刑4年,并处罚金人民币4万元。该案明确了超出授权范围使用账号、密码登录计算机信息系统属于侵入计算机信息系统的行为;侵入计算机信息系统后下载其储存的数据可以认定为非法获取计算机信息系统数据。

张四毛盗窃案。被告人张四毛盗窃被害人陈某拥有的域名后,出售牟利12.5万元,此案被大连市西岗区人民检察院提起公诉后,人民法院认定被告人张四毛的行为构成盗窃罪,判处有期徒刑4年7个月,并处罚金人民币5万元。该案指导意义在于明确了网络域名具备法律意义上的财产属性,盗窃网络域名可以认定为盗窃行为。

董亮等四人诈骗案。某网约车平台注册登记司机董亮、谈申贤、高炯、宋瑞华,分别用购买、租赁未实名登记的手机号注册网约车乘客端,预存较少打车费,发起较短距离用车需求后,又故意变更目的地延长乘车距离,致使应付车费大幅提高,以此骗取网约车公司的垫付车费和订单补贴。上海市普陀区人民检察院提起公诉后,人民法院认定被告人董亮、谈申贤、高炯、宋瑞华的行为构成诈骗罪,分别判处董亮有期徒刑1年,并处罚金人民币1 000元;谈申贤有期徒刑10个月,并处罚金人民币1 000元;高炯有期徒刑1年,并处罚金人民币1 000元;宋瑞华有期徒刑8个月,并处罚金人民币1 000元。当前,网络约车、网络订餐等互联网经济新形态蓬勃发展,该案明确了以非法占有为目的,采用自我交易方式,虚构提供服务事实,骗取互联网公司垫付费用及订单补贴,数额较大的行为,应认定为诈骗罪。

(二)最高人民法院发布第20批指导性案例

最高人民法院2018年12月25日发布5件依法严惩网络犯罪的指导性案例,涵盖破坏计算机信息系统、网上开设赌场等犯罪行为。

指导案例102号付宣豪、黄子超破坏计算机信息系统案,旨在明确"DNS劫持"行为,破坏计算机信息系统功能,达到后果严重程度的,构成破坏计算机信息系统罪。"DNS劫持"通过篡改域名解析,使网络用户无法访问原IP地址对应的网站或者访问虚假网站,从而实现窃取数据资料或者破坏网站原有正常服务的目的。这种犯罪行为在实践中较为常见,发布该案例,对类似案件的审判具有指导意义。

指导案例 103 号徐强破坏计算机信息系统案,旨在明确企业的机械远程监控系统属于计算机信息系统。违反国家规定,对企业的机械远程监控系统功能进行破坏,造成计算机信息系统不能正常运行,后果严重的,构成破坏计算机信息系统罪。发布该案例,有利于明确类似案件的定罪量刑标准,依法有效维护企业财产权益。

指导案例 104 号李森、何利民、张锋勃等人破坏计算机信息系统案,旨在明确环境质量监测系统属于计算机信息系统。用棉纱等物品堵塞环境监测采样器,干扰采样,致使监测数据失真的,属于破坏计算机信息系统,后果严重的,应以破坏计算机信息系统罪定罪量刑。该案系国内首例此类案件,既具有法律适用方面的指导意义,也具有法律宣传教育意义。

指导案例 105 号洪小强、洪礼沃、洪清泉、李志荣开设赌场案,旨在明确以营利为目的,通过邀请人员加入微信群的方式招揽赌客,通过竞猜游戏网站的开奖结果等方式,以押大小、单双等方式进行赌博,利用群组进行控制管理,在一段时间内持续组织网络赌博活动的行为,属于刑法第 303 条第 2 款规定的"开设赌场"。该案例对于利用微信群作为平台开设赌场的性质认定予以明确,对于司法实践正确处理类似案件具有指导意义。

指导案例 106 号谢检军、高垒、高尔樵、杨泽彬开设赌场案,旨在明确以营利为目的,通过邀请人员加入微信群的方式招揽赌客,并利用群组进行控制管理,根据设定的赌博规则,以抢红包方式,在一段时间内持续组织网络赌博活动的行为,属于刑法第 303 条第 2 款规定的"开设赌场"。近年来,以抢红包的方式开设赌场的案件屡见不鲜,危害严重。发布该案例,既能指导司法机关依法办理类似案件,也能教育引导社会公众遵纪守法,同时也有助于促进完善网络管理。

(三)最高人民法院发布第26批指导性案例

最高人民法院2020年12月31日发布张那木拉正当防卫案等四个案例(指导案例144-147号),作为第26批指导性案例,供在审判类似案件时参照。

指导性案例第145号张竣杰等非法控制计算机信息系统案,旨在明确通过修改、增加计算机信息系统数据,对该计算机信息系统实施非法控制,但未造成系统功能实质性破坏或者不能正常运行的,不应当认定为破坏计算机信息系统罪,应当认定为非法控制计算机信息系统罪。该案例对于准确区分破坏计算机信息系统罪与非法控制计算机信息系统罪的界限,依法打击计算机网络犯罪,维护网络安全秩序,具有较为显著的价值和意义。

指导性案例第146号陈庆豪、陈淑娟、赵延海开设赌场案,旨在明确以"二元期权"交易的名义,在法定期货交易场所之外利用互联网招揽"投资者",以未来某段时间外汇品种的价格走势为交易对象,按照"买涨""买跌"确定盈亏,买对涨跌方向的"投资者"得利,买错的本金归网站(庄家)所有,盈亏结果不与价格实际涨跌幅度挂钩的,本质是"押大小、赌输赢",是披着期权交易外衣的赌博行为。当前,这类案件在实践中日益多发,借助互联网、披着期权交易外衣进行赌博,犯罪手段较为隐蔽,对经济秩序危害较大。该案例确认的裁判规则为类似案件的处理提供了明确的办案指引,有利于打击网络赌博违法犯罪,引导公众依法进行投资,保护公民合法财产权益。

五、网络犯罪中刑法与其他法律的关系

网络犯罪中刑法与其他法律的关系问题涉及刑法和行政法的关系。刑法是最后一道屏障,是其他法律的后盾法。真正遏制网络犯罪,需要有效的行政监管,要发挥好民法、行政法律法规等配套规定的作用。例如,在互联网金融犯罪中,需要依照前置性金融法规

认定新型互联网金融机构业务的合法性。以及在各类新型网络犯罪活动中,包括互联网外挂、伪基站、网络数据侵害等,都需要依照相关的行政法规控制犯罪态势。再进一步确立适应互联网时代要求的刑事政策,完善相关刑事立法规定。

加强对网络犯罪的行政法律监管与刑事法律治罪,是互联网时代打击犯罪联动治理的应有之义。

第四节 网络犯罪的立法模式评析

一、有形向无形:财物到财产性利益

财产一直是刑法所保护的传统法益。在网络时代,出现了大量的虚拟财产。如前所述,在我国刑法关于侵犯财产罪的规定没有区分"财物"与"财产性利益"两种行为对象的情况下,只需要通过解释路径,就可以将虚拟财产解释为财物,从而保护虚拟财产。参考我国首例盗卖QQ号案,虚拟财产是否属于刑法上的财物,对盗窃虚拟财产的行为能否以盗窃罪论处,一直存在争议。随着网络游戏的兴盛,使用游戏装备、游戏货币的人不断增多;Q币等虚拟货币在网络世界的交易几乎与真实世界内的金钱流转没有区别。Q币等虚拟货币、能变现的游戏账号能否被评价为刑法上保护的财物? 这需要通过刑法的解释,如果答案是否定的,只能以非法获取计算机信息系统数据罪定罪处罚。

所以,如果现行刑法对行为方式与行为对象等方面的规定,导致将新兴利益归入传统法益的解释结论违反罪刑法定原则时,就必须修改刑法。

二、系统向空间:计算机到网络秩序

随着网络的更新换代,相关的犯罪也在悄然发生着变异与升

级。概念能够从侧面反映出社会发展中的某些变化。"计算机犯罪"与"网络犯罪"本是两个概念,指涉两类不同的犯罪类型。在网络发展的初期,"计算机犯罪"和"网络犯罪"的概念并存,但是二者的侧重点有所不同。前者更多的是指将计算机作为犯罪对象,针对计算机信息系统实施犯罪行为,强调的是纯粹的技术犯罪。后者主要指向利用网络本身实施的传统犯罪,是传统犯罪借助网络这一工具与平台所实施的犯罪行为。

究其根源,在网络发展初期,网络的发展程度还不足以使网民之间具有高度的互通与连接,进而还未产生以网络为"工具"的犯罪的土壤。此后,随着网络技术的快速升级,计算机与网络之间的地位悄然发生了改变,网络的地位日益突出,原本仅仅是作为计算机附属功能的网络,一跃成为了计算机最重要的功能之一,而计算机本身则成为网络的物质载体,仅仅是作为上网的工具而存在。在计算机与网络两者的关系中,网络成了目的本身,计算机则变为工具。这种转变也深刻影响到犯罪领域。

(一) 以计算机为对象的犯罪

根据网络发展的代际变迁,可以将犯罪分为四个阶段:前网络时代的"以计算机为'媒介'的犯罪"阶段、互联网1.0时代的"以计算机为'对象'的犯罪"阶段、互联网2.0时代的"以网络为'工具'的犯罪"阶段和网络"空间化"时代的"以网络为'空间'的犯罪"阶段。正是这四个阶段,构成了网络犯罪的时代背景。

在互联网1.0时期,犯罪呈现出"技术性犯罪"的倾向,利用技术手段针对计算机信息系统本身进行侵害是主流,具体表现为非法侵入计算机信息系统、非法侵入计算机系统以后获取其中存储的数据、破坏计算机信息系统等行为。这实际上是将计算机作为犯罪"对象"加以侵害。因此,此时的犯罪门槛较高,一般是掌握计算机知识与技术的人才有可能实施。不过,随着计算机技术的不断发展与普及,木马程序等病毒软件成了"傻瓜式软件",即得即用,犯罪不再需要知识背景上的要求,犯罪的技术性色彩明显淡化,普通人即可参与其中。因此,提供侵入、破坏计算机程序的帮助行为越来越常见,对其进行刑法规制越来越重要。由此,网络时代下帮助犯的异化开始显现。不过,技术性犯罪仍然是这一时代的主题。

以计算机为"对象"的犯罪主要包括侵入重要领域计算机信息系统、非法获取他人电脑上的数据和设置木马病毒等破坏性程序等行为,于是,基于此种危害行为,我国相继出台了一系列法律文件予以规制,旨在解决以计算机为"对象"的犯罪类型。

(二) 以网络为工具的犯罪

在互联网 2.0 时代,挑战、攻击系统的网络犯罪数量快速消减,网民之间"点对点"地以网络为工具的侵害成为犯罪的标准模式,以诈骗为主的各类传统犯罪(尤其是涉财犯罪)的网络化呈爆发式增长,传统犯罪进入网络时代。此阶段网络犯罪的特点主要呈现为三个方面。一是传统犯罪的网络异化。传统犯罪借助网络因素而迅速扩散,网络开始以犯罪"工具"的形象展现。互联网取代了计算机信息系统,在整个网络犯罪中占据了核心地位,以计算机为"对象"的犯罪数量逐渐减少,以网络为"工具"的犯罪数量开始飙升,网络因素快速介入几乎所有的传统犯罪之中,传统犯罪开始跃升到网络这一平台之上。由于网络因素的介入,传统犯罪内部的构成要件要素、犯罪形态等产生了不同于过去的新的表现形式,并使传统的刑法理论、刑事立法和司法规则处于难以适用的尴尬境地,此即为"传统犯罪的网络异化"。二是涉财犯罪数量的爆发式增长。由于网络上集聚了大量的网民,且彼此之间实现了互动交流,网络开始累积大量的财产利益,如网络游戏、密码账号等。犯罪也由此发生了转向,开始由侵犯计算机本身转向侵犯网络中的利益(尤其是财产利益)。因此,涉财犯罪在这一阶段的网络犯罪中占大多数,犯罪侵犯的法益主要是财产,犯罪的目的主要在于获利,如电信诈骗、贩卖淫秽物品、盗取网络游戏装备等。三是帮助犯的地位凸显。网络犯罪呈现出大众化的趋势,犯罪的技术性色彩进一步淡化,掌握技术的犯罪者从台前退居幕后,从犯罪的实施者转变为犯罪的帮助者,开始为广大犯罪人提供技术支持。网络犯罪的帮助犯在这一阶段真正发生了变异,危害扩大,独立性得到了提升。

从前网络时代以计算机为"媒介"的犯罪进阶为互联网2.0时代以网络为"工具"的犯罪,比如销售盗版软件等的行为,在借助互联网这一工具之后产生了更大的危害性。与此类似,互联网1.0时代的以计算机为"对象"的犯罪也随着互联网进入2.0时代而悄然发生着改变,随着网民间"点对点"互动交流的普及,木马病毒被更轻易也更隐蔽地植入计算机中,黑客控制大量个人计算机的现象越来越普遍,"僵尸网络"的黑色产业链因而悄然兴起。因此,互联网1.0时代的以计算机为"对象"的犯罪在进入互联网2.0时代后也发生了变异,对计算机信息系统的侵入、控制和侵害等犯罪行为不再是目的,而是作为整个犯罪产业链的初始一环,为后续的犯罪行为服务。

以《刑法修正案(九)》规定的有关网络犯罪的内容为例,其是对《刑法》第285条、第286条、第287条的补充,而这些条款设定在第六章"妨害社会管理秩序罪"第一节"扰乱公共秩序罪"之中,因此,立法者更多地将网络犯罪界定为扰乱社会公共秩序的行为。所谓网络空间是不是一种公共空间或场所,学说理论一直存在争议。应当认为,网络空间越来越具有独立于现实空间的意义,并且形成了在网络空间通行的秩序,对这种秩序需要立法进行保障。

三、个体向国家:个人到超个人法益

(一)传统个人法益

生命、身体、自由、财产、名誉等由刑法保护的法益,可谓传统法益。但是,法益的内容并非一成不变。在网络时代,一些新的法益会不断出现,但这些新的法益与传统法益具有同质性,因而法益的内容会不断增加。其中,部分新的内容通过解释路径就与传统法益一样受到刑法的保护,部分新的内容则需要修改刑法予以保护。

(二)公共秩序法益

关于网络诽谤案件的司法解释制定的初衷是良好的,但是其效果却未必如此。其将"利用信息网络辱骂、恐吓他人,情节恶劣,破坏社会秩序的",认定为寻衅滋事行为中的"(二)追逐、拦截、辱骂、恐吓他人,情节恶劣的"。然而,这样一种解释方法,形式上可以完成将网络社会秩序解释为社会秩序的任务,但是却有着根本性的障碍。网络社会具有一定的虚拟性,这是被普遍认可的,网络社会中的行为与交往通常具有缺场性,行为人往往在不同的空间甚至时间进行,网络空间的社会秩序往往也是在这种"时空错位"中形成的,前述"利用信息网络辱骂、恐吓他人,情节恶劣,破坏社会秩序的"往往是经由多重时空交错最终导致的后果。而寻衅滋事行为中的"(二)追逐、拦截、辱骂、恐吓他人,情节恶劣的"则是强调在场性,强调在某一时间、地点的事件发生与演变,因而会与"公共场所秩序"中的"场所"具有一致性。寻衅滋事罪所保护的是"现实的"公共场所秩序,通过强调网络上信息传播极其迅速,影响非常广泛论证通过网络传播的不当言论必然会对社会公共秩序产生侵害,这是忽视网络空间结构的主观臆断。

网络秩序是"公共秩序"的重要组成部分①,虽然司法解释认为网络空间秩序属于社会秩序,但是该情形与其解释为《刑法》第293条寻衅滋事罪,不如解释为第288条扰乱无线电通信管理秩序罪更为合适,因为后一种秩序更符合网络社会秩序的缺场性特征。此外,寻衅滋事罪本就是口袋罪,将"利用信息网络辱骂、恐吓他人"解释为"追逐、拦截、辱骂、恐吓他人",进而与该款中其他现实扰乱公共秩序的行为并列,招致争议不足为奇。而无线电通信与网络本就同属信息技术范畴,具有相通之处,将前述行为解释为该罪反而更

---

① 参见于志刚:《网络犯罪与中国刑法应对》,载《中国社会科学》2010年第3期,第109—126页。

为恰当。前述解释方法更多的是回应式的传统思路,把口袋罪简单地适用于网络犯罪,看似肯定了网络空间秩序,但是却没有顾及网络秩序的独立价值、独立性质,容易导致相反的结果。

(三)网络安全法益

网络犯罪的性质越来越多地表现为破坏网络安全,网络安全包括网络信息安全、网络数据安全、网络运营安全。全球网络安全巨头赛门铁克(Symantec)近日发布的网络安全趋势预测显示,随着全球经济增长,数据安全和隐私问题将被摆在更显眼的位置,立法与监管将有所加强。欧盟在 2018 年出台了《一般数据保护条例》,全球其他国家也正在讨论类似条例的完善性。几乎能够确定的是,针对不断提升的安全与隐私需求,法律与监管行动未来将会不断升级。与此同时,过于宽泛的法规可能会禁止网络安全公司在识别和反击攻击时共享极为普通的信息。如果措施采取不得当,安全与隐私法规会在消除其他漏洞的同时,衍生出新的"漏洞"。

2016 年 11 月 7 日第十二届全国人民代表大会常务委员会第二十四次会议通过并于 2017 年 6 月 1 日起施行的《网络安全法》,已经把网络安全提升到网络空间主权的法律地位。《网络安全法》第 1 条、第 5 条和第 7 条分别提出了"网络空间主权""网络空间安全""网络空间治理"和"网络空间"四个概念,这是第一次将"网络空间"的概念引入法律。尽管以上提法主要针对的是国与国的交往,但这对于国内的互联网网络空间构建同样具有重要意义与启示。

四、单独向共同:共同犯罪行为的责任扩张

(一)片面共犯的成立

所谓片面共犯,就是指共犯的加功与参与对正犯的心理并未造成任何影响,但是客观上与正犯的犯罪行为之间存在物理性的因果联系。

在网络犯罪的语境下,在前端产业需要后续行为支持的情形下,网络环境中的共犯常以片面共犯的形式出现,P2P共享技术就是一个很好的例子。首先,提供者将资源通过技术处理转化为特殊格式的文件,即种子;其次,提供者通过网站发布种子信息;最后,使用者通过下载工具获取需要的文件。在整个产业链中,种子的上传者、下载者、对种子进行汇集和传播的网站、P2P软件提供商缺一不可。这显然涉及片面共犯的问题。再如,上文提到的恶意搜索引擎为了提高点击量,将通过蜘蛛网络程序抓取有关盗贴网站的信息整理并提供给读者,很有可能连盗贴网站本身都不知情,但搜索引擎在客观上却为盗贴网站的发展提供了帮助。这就好比私自将卖淫场所的地址搜集整理成书出售的,系典型的片面共犯。

片面共犯理论原本在理论界并非一个重要领域,关于片面共犯的成立范围也一直存在争议,然而,恰恰在网络犯罪时代,片面共犯理论能够很好地解决网络的虚拟性以及"一帮多"的现象所带来的共犯认定难题。这种理论借助实践得以发展的现象,也表明了实践才是理论的源头活水,这也从侧面印证了本书对于网络犯罪中立法与司法贡献的研究的必要。关于淫秽信息案件的司法解释(一)第7条明确了网络传播淫秽信息犯罪中的片面共犯成立空间,首次通过司法解释突破了共同犯罪的传统通说;关于信息系统案件的司法解释第9条规定了危害计算机信息系统安全犯罪中可以普遍成立片面共犯;关于网络诽谤案件的司法解释第8条对于利用网络实施犯罪的片面共犯进行了广泛承认。需要澄清的是,以上三个文件中的片面共犯其实都仅仅是指片面帮助犯,对于片面教唆犯和片面实行犯的说法,不仅理论界多数反对,司法实践也未予采纳。由于片面共犯是否构成犯罪在我国尘埃未定,在此基础上探讨片面帮助犯只能是南辕北辙。所以,通过立法手段确认网络犯罪中的片面共犯的成立仍需慎重。

(二) 中立帮助行为正犯化

网络犯罪的立法者进一步引入了统括性的共犯归责思路。① 通过"共犯行为正犯化""预备行为实行化"和"网络服务提供者的平台责任"三种责任模式,网络犯罪的责任追究模型初步形成。

共犯行为正犯化的理论内涵在于两方面,一是帮助犯"定性独立化",二是帮助犯"评价正犯化"。"定性独立化"是指认定犯罪、追究责任时对于帮助犯可以脱离实行犯而单独、直接定罪。"评价正犯化"是指由于网络时代"一帮多"现象的大量存在以及技术性帮助行为的地位越发重要,传统理论中被视为从犯、共犯的帮助犯,在评价上应当被视为主犯、正犯予以定罪量刑。我国《刑法》第287条之二规定了"帮助信息网络犯罪活动罪",将网络犯罪的帮助犯独立入罪。之所以要采取共犯行为正犯化这样一种立法思路,有两重背景。第一,网络时代帮助犯的危害性扩大,独立性提升。网络时代与传统时代的一个不同点在于,传统犯罪中的帮助犯与实行犯之间的关系往往是"多帮一",多个帮助犯与一个实行犯;而在网络时代,"一帮多"的现象大量出现,一个人没有实行行为,但他的帮助行为的危害性远远超过了实行行为,无论是搜索网站的搜索行为,还是建立网站者的管理行为都是如此,因此,将帮助行为独立入罪进行评价具有现实合理性。第二,网络的虚拟性导致犯意客观上难以被证明。如果按照传统共犯理论要求证明帮助行为者有共犯的故意,这是很难做到的。

因此,这几年我国的司法解释和法律在具体罪名的增设上认可共犯的实行化,是一个比较明显的规律。反对的声音虽然还存在,但这一趋势是清晰而明显的。

---

① 参见王华伟:《我国网络犯罪立法的体系性评价与反思》,载《法学杂志》2019年第10期,第130页。

五、现在向未来：新型网络犯罪的刑法应对

(一) 大数据时代

在大数据时代，信息被视为"数字时代的石油"，成为现今各国政府、互联网公司等控制、加工、利用的重要资源，也成为不法分子攫取利益的新媒介。公民个人信息关系公民个体的利益，公民个人信息的泄露、非法利用事件的频发极大地破坏了民众的安全感，而由此引发的下游犯罪更危及公民的人身、财产安全。保卫公民个人信息安全成了信息网络犯罪领域不可避免的攻坚战。

公民个人信息的小规模收集、利用事件不断撩拨民众敏感的神经。一方面，利用信息发布平台巧设圈套，以邮寄小礼物形式收集公民地址信息，各类商店在交易过程中收集客户个人信息，网络平台会员注册强制要求平台使用者同意隐私权格式条款等情况，使得公民个人信息的泄露成了公民日常生活中时时发作而又防不胜防的隐痛。另一方面，垃圾短信、骚扰电话与垃圾邮件屡见不鲜，冒充公检法、领导诈骗，假冒证券公司诈骗，利用无卡折业务退款诈骗，积金积存交易诈骗等大量存在。

对公民个人信息的非法利用问题成为现代社会不可不医治的病灶。而对于信息产业的实践者而言，公民个人信息采集已然不再拘囿于类似姓名、出生日期、住址与通信方式等显著的个人信息，还包括了行为、位置、身体生理数据等不具有直接个人身份识别性的信息。

在此发展背景下，前述刑事司法解释对有关概念的定义仍然比较传统，没有考虑到现实中大数据给公民个人信息保护带来的新的冲击。譬如，可识别性在一些国家已然包括了可识别设备，而不局限于识别个人。又譬如，一些信息即使通过信息组合的形式也不能辨别出公民个人身份，能否将这些信息视为反映特定自然人活动的信息而受到刑法保护？面对这些新情况的出现，刑事司法解释难以

及时快速地吸收,这就需要"个人信息保护法"加以立法上的提前引导与启示。

(二)人工智能时代

人工智能的发展目标决定其实现过程,但发展过程的失控也能使其偏离目标。从防控网络犯罪的经验教训来看,对高技术应用实行事后吓阻式管控是无效的,我国针对网络犯罪先后5次制定和修改了犯罪立法,最初制定的非法侵入计算机信息系统罪和破坏计算机信息系统罪的入罪门槛低,刑罚重,没能遏制住网络犯罪的高发态势。2015年《刑法修正案(九)》规定了独立的"外围"性质的新型网络犯罪,对网络犯罪进行全过程的治理,而不是仅处罚结果犯和直接侵犯法益的实行犯。[1] 人工智能是更高级的技术,不仅具有强大的智能,还有可能逐渐掌控人类社会的控制权,事后吓阻方式对其同样无效,只有对人工智能的发展过程进行管控,才能保证人工智能朝着对人类有益的方向发展。人工智能是人类创造或者是从人类活动中学习而来的,从根本上由人类行为决定,对人工智能发展过程的管控在根本上是对人工智能研发、服务、应用活动的规制。一些国家和国际组织已经在研究制定"机器人伦理宪章""人工智能的未来法案""人类与人工智能/机器人互动的全面规则"等法律文件,规范约束人工智能的研发、使用和管理。我国学者也呼吁"编写机器人伦理章程,构建人工智能伦理规范","强化科技专家的社会责任,为人工智能研发、应用提供道德指引"[2]。但是,仅靠道德引导是不够的,必须依靠强有力的法律约束,刑法应规制人工智能的研发、服务、应用活动,保障我国人工智能发展过程与目标一致。

所以,应当建立人工智能应用安全规范。与当前传统犯罪网络化的发展规律相同,人工智能应用后会迅速滋生利用人工智能实施

---

[1] 参见全国人大常委会法工委刑法室编著:《〈中华人民共和国刑法修正案(九)〉理解与适用》,人民法院出版社2015年版,第157—158页。
[2] 吴汉东:《人工智能时代的制度安排与法律规制》,载《法律科学(西北政法大学学报)》2017年第5期,第128—136页。

的违法犯罪和越轨行为,需要对人工智能应用安全进行刑法规制。当前对于传统违法犯罪的人工智能化可以依法规制,但是,为前者提供帮助、支持的中间产业链行为和其他滥用人工智能的行为,如利用类人智能体提供付费性服务,侵犯人工智能创造物如音乐、文学、新闻等"作品"的相关权利等,需要研究制定相关行为规范。前述《网络安全法》和《刑法》可以规范部分人工智能企业的违法活动,如危害网络运行安全和网络信息安全的行为,但难以全面规制相关有害活动,应尽早研究制定"人工智能安全法",全面规范人工智能产品和服务的研发、制造、提供活动,禁止人工智能相关有害活动,对于严重危害智慧社会的行为,如果超出现行刑法的规制范围,应当研究制定相应的刑法对策。①

---

① 参见皮勇:《人工智能刑事法治的基本问题》,载《比较法研究》2018 年第 5 期,第 165—166 页。

第三章 网络犯罪的罪名体系*①

导 言

在刑法中设置专门罪名对网络失范行为进行定罪处罚,是规制网络犯罪的基本手段之一。② 在当今世界各国的刑法中,都规定了一定数量的网络犯罪罪名。例如,《德国刑法典》中规定了数据探知罪,数据截获罪,预备数据探知、数据截获罪,数据窝藏罪,数据变更罪和破坏计算机罪。而美国早在 1986 年就通过了《计算机欺诈和滥用法》,禁止对特定的计算机进行未经授权和超越权限的访问。此外,美国也针对传统犯罪的网络化及时立法,并根据犯罪形式的发展不断跟进完善。③ 然而,为了真正合理、有效地应对网络犯罪的冲击,各个网络犯罪罪名之间还应当形成一定的体系,以实现对网络社会各项法益的周延保护,避免法律适用上的不确定性和矛盾冲突。对此,我国《刑法》经历了几度修订,逐渐形成了初具规模的网络犯罪罪名体系,并且在世界范围内来看都相当具有特色。本文将着眼于我国网络犯罪罪名体系的发展历史、趋势特征和体系反思展开全面的分析。

---

* 本章作者为王华伟。
① 本文主体内容来自《我国网络犯罪立法的体系性评价与反思》一文,发表于《法学杂志》2019 年第 10 期。
② 当然,在传统犯罪大量向线上转移的背景下,传统罪名同样发挥着极为重要的作用。
③ 参见高仕银:《美国政府规制计算机网络犯罪的立法进程及其特点》,载《美国研究》2017 年第 1 期,第 72 页。

一、网络犯罪罪名体系的历史嬗变

（一）1997年《刑法》：奠定罪名基础

随着计算机技术的发展，为了保护计算机信息系统的安全，我国1997年《刑法》首次规定了第285条"非法侵入计算机信息系统罪"和第286条"破坏计算机信息系统罪"。[①] 前者对国家事务、国防建设、尖端科学技术领域的计算机信息系统的访问权限进行了保护，后者则规定了三种破坏计算机信息系统的行为，包括对计算机信息系统功能进行删除、修改、增加、干扰，对计算机信息系统中存储、处理或者传输的数据和应用程序进行删除、修改、增加，以及故意制作、传播计算机病毒等破坏性程序的行为。此外，1997年《刑法》还增加了第287条"利用计算机实施犯罪的提示性规定"，规范了利用计算机实施的有关犯罪行为。按照这一概括性的注意规定，利用计算机实施金融诈骗、盗窃、贪污、挪用公款、窃取国家秘密或者其他犯罪的，依照《刑法》有关规定定罪处罚。上述两个具体罪名和概括性条款，构成了我国网络犯罪的罪名基础，被学者称为"两点一面"的罪名体系。[②]

在这个阶段，互联网远未普及，网络犯罪尚属新生事物，其核心载体与媒介仍是计算机，因此在理论与实务中更常使用"计算机犯罪"这一概念。[③] 此时，我国网络犯罪罪名结构相对粗疏，刑法规制面较窄，处罚漏洞较多，对数据的保护基本没有涉及，在理论界计算机犯罪也并非学者们所研究的持续性热点。

---

① 参见全国人大常委会法制工作委员会刑法室编：《中华人民共和国刑法条文说明、立法理由及相关规定》，北京大学出版社2009年版，第593页。
② 参见皮勇：《我国网络犯罪刑法立法研究——兼论我国刑法修正案（七）中的网络犯罪立法》，载《河北法学》2009年第6期，第50页。
③ 参见杨春洗、秦秀春：《刑法上计算机犯罪概念之提出》，载《法学论坛》2000年第3期，第57页以下。

(二)《刑法修正案(七)》:拓宽保护范围

进入新千年后,中国的信息技术飞速发展,互联网普及率迅速提升,网络安全问题也逐渐严重。例如,据国家计算机病毒应急处理中心统计,2007年我国接入互联网的计算机中约有91.47%被植入病毒、木马程序,被植入三种以上病毒、木马程序的占53.64%。[1] 然而,当时"两点一面"的罪名体系显然难以应对这种不断恶化的局面。一方面,《刑法》第285条所设定的计算机信息系统的范围过于狭窄,国家事务、国防建设、尖端科学技术领域以外的计算机信息系统没有被纳入《刑法》保护范围之内。另一方面,侵入计算机信息系统后窃取数据和控制计算机信息系统的案件急速增加,而这类行为也无法为原有《刑法》所涵盖。[2] 有鉴于此,立法者于2009年通过《刑法修正案(七)》新增了第285条第2款"非法获取计算机信息系统数据、非法控制计算机信息系统罪",将侵入国家事务、国防建设、尖端科学技术领域以外的计算机信息系统或者采用其他技术手段,获取数据或者非法控制该计算机信息系统的行为,纳入了犯罪圈。

此外,非法侵入计算机信息系统和窃取数据的行为之所以泛滥的重要原因之一在于,有人专门制作、销售用于实施此类犯罪行为的程序和工具,大大降低了犯罪难度。[3] 因此,立法者特别地将这类技术帮助行为单独入罪,即《刑法》第285条第3款"提供侵入、非法控制计算机信息系统程序、工具罪"。按照该款规定,提供专门用于侵入、非法控制计算机信息系统的程序、工具,或者明知他人实施侵入、非法控制计算机信息系统的违法犯罪行为而为其提供程序、工具的行为,独立构成犯罪而不再从属于被帮助正犯的认定,这也开创了网络犯罪领域"共犯正犯化"的先河。立法机关认为,上述程序、工具的提供者常常是以层层代理的方式销售,难以查清与实际

---

[1] 参见黄太云:《〈刑法修正案(七)〉解读》,载《人民检察》2009年第6期,第16页。
[2] 参见黄太云:《刑法修正案解读全编——根据〈刑法修正案(九)〉全新阐释》,人民法院出版社2015年版,第224页。
[3] 参见黄太云:《〈刑法修正案(七)〉解读》,载《人民检察》2009年第6期,第16页。

正犯的关联性,为了避免共同犯罪实体和程序认定上的困难,将程序、工具的提供者单独入罪处罚。①

至此阶段,我国的网络犯罪立法模式初步与国际接轨,几种世界范围内常见的网络犯罪类型在中国立法中都被涵盖,刑法的保护范围显著拓宽,尤其是在这一阶段数据权利的刑法保护得以明确。②

(三)《刑法修正案(九)》:革新制裁思路

进入 21 世纪第二个十年后,中国的信息产业进一步加速增长,而且与商务交易应用的发展联系极为密切。截至 2015 年 6 月,中国网民规模达到 6.68 亿,互联网普及率为 48.8%,其中网络购物用户规模即达到 3.74 亿。③ 但是,与之伴随的是网络犯罪的链条化与产业化发展,犯罪整体规模之大、参与人员数量之多前所未有。前中央政法委书记孟建柱曾指出,近年来暴力性犯罪(如杀人、爆炸、抢劫等)数量持续下降,但是传统的违法犯罪向网上蔓延,网络犯罪已占犯罪总数近三分之一,已经成为第一大犯罪类型。④ 在这样的背景下,立法者回应实践需求,采取了一些不同于以往的刑事制裁思路。

首先,立法者确立了以往作为间接责任主体的网络服务提供者的刑事责任。在网络空间中,网络服务提供者既提供着不可或缺的基础网络技术服务,使信息互联成为可能;也扮演着"守门人"角色,在一定程度上对信息内容发挥节点控制的功能。立法机关认为,实践中一些网络服务提供者常常不履行法律、行政法规规定的义务,甚至造成了严重的法律后果,应将网络服务提供者的信息网络安全管理义务在《刑法》中加以确认⑤,因此设立了《刑法》第 286

---

① 参见黄太云:《〈刑法修正案(七)〉解读》,载《人民检察》2009 年第 6 期,第 18 页。
② 与此同时,《刑法修正案(七)》还增设了侵犯公民个人信息罪,该罪虽然并非严格意义上的网络犯罪罪名,但是实践中侵犯公民个人信息的行为常常表现为网络犯罪的形式。
③ 参见中国互联网信息中心:《第 36 次中国互联网络发展状况统计报告》,第 7、29 页。
④ 参见商西:《网络犯罪成我国第一大犯罪类型》,载《南方都市报》2016 年 10 月 14 日,第 A08 版。
⑤ 参见臧铁伟主编:《中华人民共和国刑法修正案(九)解读》,中国法制出版社 2015 年版,第 190—191 页。

条之一"拒不履行信息网络安全管理义务罪"。该条规定,网络服务提供者不履行法律、行政法规规定的信息网络安全管理义务,经监管部门责令采取改正措施而拒不改正,造成违法信息大量传播、用户信息泄露、刑事案件证据灭失等后果之一的,构成犯罪。

其次,立法者采取了网络犯罪预备行为实行化的策略。由于网络犯罪出现链条化、产业化发展的特征,仅仅在犯罪产业链下游进行打击难以回应实践需要,因此一种前置处罚、实现早期干预、"打早打小"的预防刑法思想[①]进入人们视野。立法机关认为,实践中网络犯罪在证据提取、事实认定、法律适用等方面遇到了诸多难题,互联网犯罪的跨地域性、灵活性、分散性使得很难对所有犯罪参与人一一查证,因此增设了《刑法》第287条之一"非法利用信息网络罪",对为实施犯罪设立网站、发布信息等行为作出专门规定。[②] 该条规定,利用信息网络,设立用于实施诈骗、传授犯罪方法、制作或者销售违禁物品、管制物品等违法犯罪活动的网站、通讯群组的;或者发布有关制作或者销售毒品、枪支、淫秽物品等违禁物品、管制物品或者其他违法犯罪信息的;或者为实施诈骗等违法犯罪活动发布信息的,构成本罪。

最后,立法者在网络犯罪领域进一步引入了统括性的"共犯正犯化"思路。在纵深发展的网络空间中,共犯参与结构产生了重要的变化。在客观方面,由于网络技术性因素的影响,正犯与共犯对犯罪目标实现的重要性逐渐发生翻转,在很多情况下,共犯(尤其是帮助犯)发挥着比正犯更加重要的实际作用。而且,由于网络犯罪产业化分工的影响,不同参与主体之间的客观联系越发松散。在主观方面,由于上述原因,参与人之间的犯罪意思联络也越来越难以认定。因此,司法实践中网络共同犯罪的定罪处罚越来越困难。[③] 鉴于这种

---

① 参见何荣功:《预防刑法的扩张及其限度》,载《法学研究》2017年第4期,第142页。
② 参见臧铁伟主编:《中华人民共和国刑法修正案(九)解读》,中国法制出版社2015年版,第200—201页。
③ 参见臧铁伟主编:《中华人民共和国刑法修正案(九)解读》,中国法制出版社2015年版,第206页。

状况，立法者引入了比《刑法》第 285 条第 3 款更为概括性的"共犯正犯化"立法，将为他人信息网络犯罪提供帮助且情节严重的行为整体性入罪，即《刑法》第 287 条之二"帮助信息网络犯罪活动罪"。按照该条规定，明知他人利用信息网络实施犯罪，为其犯罪提供互联网接入、服务器托管、网络存储、通讯传输等技术支持，或者提供广告推广、支付结算等帮助，情节严重的，构成犯罪。

此外，《刑法修正案（九）》还增加了非法侵入计算机信息系统罪，非法获取计算机信息系统数据、非法控制计算机信息系统罪，提供侵入、非法控制计算机信息系统程序、工具罪，破坏计算机信息系统罪的单位犯罪。尤为值得注意的是，过去十余年间，最高人民法院和最高人民检察院颁布了一系列刑事司法解释，为网络犯罪（尤其是传统罪名所涉及的网络犯罪，如网络赌博、网络诽谤、网络传播淫秽物品等）的定罪处罚提供了具体化的准则，如 2010 年《最高人民法院、最高人民检察院、公安部关于办理网络赌博犯罪案件适用法律若干问题的意见》，2010 年《最高人民法院、最高人民检察院关于办理利用互联网、移动通讯终端、声讯台制作、复制、出版、贩卖、传播淫秽电子信息刑事案件具体应用法律若干问题的解释（二）》，2011 年《最高人民法院、最高人民检察院关于办理危害计算机信息系统安全刑事案件应用法律若干问题的解释》，2019 年《最高人民法院、最高人民检察院关于办理非法利用信息网络、帮助信息网络犯罪活动等刑事案件适用法律若干问题的解释》等。而且，最高人民法院和最高人民检察院近年来陆续发布了一系列网络犯罪指导性案例，虽然其并没有被直接适用的法律效力，但是实际上仍然为网络犯罪的认定提供了指导性的规则。[①]

[①] 最高人民法院发布的指导性案例包括：付宣豪、黄子超破坏计算机信息系统案；徐强破坏计算机信息系统案；李森、何利民、张锋勃等人破坏计算机信息系统案；洪小强、洪礼沃、洪清泉、李志荣开设赌场案；谢鸿军、高垒、高尔樵、杨泽彬开设赌场案。最高人民检察院发布的指导性案例包括：李丙龙破坏计算机信息系统案；李骏杰破坏计算机信息系统案；曾兴亮、王玉生破坏计算机信息系统案；卫梦龙、龚旭、薛东东非法获取计算机信息系统数据案；张四毛盗窃案；董亮等四人诈骗案；张凯闵等 52 人电信网络诈骗案；叶源星、张剑秋提供侵入计算机信息系统程序、谭房妹非法获取计算机信息系统数据案；姚晓杰等 11 人破坏计算机信息系统案。

二、网络犯罪罪名体系的趋势特征

通过梳理上述网络犯罪的立法变迁,可以总结出我国网络犯罪立法的如下趋势特征:

(一)回应性的罪名扩张

纵观我国网络犯罪刑事立法的三个阶段,充分回应网络犯罪逐步恶化的现实、不断扩张网络犯罪罪名体系是基本的特征之一。早在1997年《刑法》修订时,公安部就在立法建议中列举了8种网络犯罪罪名,但是最终只有其中两种被采纳。[①] 立法者采取这种保守的立场值得肯定,因为彼时中国的网络社会刚刚发端,互联网普及率极低。据统计,截至1997年10月,我国上网计算机总数仅有29.9万台,上网用户数为62万,WWW站点数也只有1 500个左右。[②] 然而,在此之后的20余年,中国的互联网"跑步前进",信息技术迅猛发展、互联网普及率急剧提升,网络犯罪的数量和类型也迅速膨胀。在此背景下,立法者不仅拓宽了对计算机信息系统的保护范围,将国家事务、国防建设、尖端科学技术领域外的一般计算机信息系统也纳入进来;而且也设立了对信息数据的刑法保护机制,将非法获取计算机信息系统数据和非法控制计算机信息系统的行为也予以犯罪化。此外,面对争议较大的网络服务者刑事责任和平台刑事责任问题,立法者也作出了积极主动的回应,明确将网络服务提供者的信息网络安全管理义务入刑。在传统社会及其刑事犯罪迅速网络化、信息化的基本背景下,新型刑事法律风险凸显,原有刑事立法框架难以承受其重,因此回应性的罪名扩张符合实践需要,值得充分肯定。

---

① 参见皮勇:《我国网络犯罪刑法立法研究——兼论我国刑法修正案(七)中的网络犯罪立法》,载《河北法学》2009年第6期,第51页。

② 参见中国互联网信息中心:《中国互联网络发展状况统计报告》(1997/10),第1—2页。

(二) 预防性的处罚前置

由于网络犯罪开始以链条化、产业化的方式发展,为了更有效地应对这一局面,克服网络犯罪在定罪处罚中所面临的困难,立法者采取了预防性的处罚前置思路。① 一方面,为了落实对网络犯罪实施"打早打小"的治理策略,从网络犯罪链条上游进行早期遏制,立法者引入了"预备行为实行化"的策略,这直接地体现在《刑法》第287条之一"非法利用信息网络罪"中。另一方面,着眼于网络共同犯罪中的诸多实践性难题,近年来的立法旗帜鲜明地采纳了"共犯正犯化"的思路。在《刑法修正案(七)》中,立法者仅是通过《刑法》第285条第3款将特定犯罪(即《刑法》第285条第1款和第2款)的特定技术帮助行为(即提供程序、工具)予以正犯化,"共犯正犯化"的立法理念仍然局限在专门性的网络犯罪领域。而在《刑法修正案(九)》中,立法者则进一步通过《刑法》第287条第2款将广义网络犯罪(即所有利用信息网络实施的犯罪)的宽泛性帮助行为整体予以正犯化。如此一来,对网络犯罪共犯的独立处罚就在更宽的领域内展开了。

经由以上两种立法思路,网络犯罪的刑事处罚不仅在干预阶段上纵向提前,而且也在规制范围上横向拓展。面对现代技术所带来的无可避免的不确定性,传统刑事立法范式可能需要革新乃至重置,一种旨在控制不可预测后果的、预防性的伦理与法律被认为是必要的。② 而就网络犯罪的防治而言,我国的刑事立法对此进行了建设性的尝试。

---

① 参见何荣功:《预防刑法的扩张及其限度》,载《法学研究》2017年第4期,第141页。
② 参见王国豫:《不确定性时代亟需构建不确定性伦理》,载《探索与争鸣》2018年第12期,第13页;何怀宏:《建构一种预防性的伦理与法律:后果控制与动机遏制》,载《探索与争鸣》2018年第12期,第11页。

(三) 概括性的开放立法

晚近以来的网络犯罪立法也体现出了概括性开放立法的趋势。由于信息技术日新月异，新型网络犯罪手段层出不穷，网络空间主体的权利义务关系尚未定型，立法者对网络犯罪中刑事义务与刑事责任的边界设置采取了开放式的立场。这一特征在《刑法修正案（九）》新增设的罪名中体现得尤为明显。例如，立法者在《刑法》第286条之一"拒不履行信息网络安全管理义务罪"中并没有对"信息网络安全管理义务"作出一个明确的定义、设定一个封闭的范围，而该罪的结果要件中，还规定了"其他严重情节"这种兜底式条款。原因在于，网络服务提供者的概念与类型在理论上尚且没有达成共识，对其法律定位也存在严重分歧，所以刑事义务的边界自然也难以划定。立法者实际上仅是通过该条款明确了强化网络服务提供者刑事义务承担的基本法律框架，其具体适用仍然有待深入讨论。

再如，《刑法》第287条之二所规定的"帮助信息网络犯罪活动罪"，也体现了同样的特征。一方面，该罪所规定的被帮助对象极为宽泛。在万物互联的时代，"利用信息网络实施犯罪"这一表述，可以将几乎所有的广义网络犯罪囊括进来。另一方面，该罪所规定的帮助行为也具有极强的涵盖效力。尽管该条明确列举了"提供互联网接入、服务器托管、网络存储、通讯传输"和"提供广告推广、支付结算"这样的具体帮助行为，但是在立法上还是采用了"等技术支持""等帮助"这样的开放式表述。之所以采取这种立法策略的可能原因在于，越来越多的传统犯罪已经开始向线上转移，而网络共同犯罪的处罚难题也绝非是个别罪名所面临的特殊问题。因此，立法者试图通过这种概括性的开放立法方式，整体性地解决网络共同犯罪难题。

概括性的开放立法是立法者的一种策略选择，它着眼于弥补可能的刑事法网疏漏，为司法者提供了辐射面较宽的规范依据，也为尚未成形的新型网络犯罪预留了较多的刑法规制可能，但是也留下来诸多隐患,下文将对此进一步展开。

三、网络犯罪罪名体系的整体反思

尽管我国网络犯罪刑事立法的实践性与回应性值得充分肯定,但是现有的罪名体系与立法理念仍然有许多值得反思之处。

(一)网络犯罪罪名体系的立法结构

目前,我国的网络犯罪①罪名主要集中在《刑法》分则第六章"妨害社会管理秩序罪"的第一节"扰乱公共秩序罪"。因此,从法条逻辑上来看,网络犯罪主要是对社会管理秩序与公共秩序的侵害。传统刑法理论对网络犯罪法益侵害的理解,也基本契合这一定位。例如,就破坏计算机信息系统罪而言,较为传统的观点认为,本罪的客体(保护法益)是国家对计算机信息系统安全的管理秩序。② 此外,也有观点认为,本罪的客体是国家对计算机信息系统的安全运行管理制度和计算机信息系统的所有人与合法用户的权益。③ 但是,随着网络犯罪形式越来越多样,覆盖面越来越广,内涵逐渐变得复杂,对网络犯罪罪名进行的上述体系定位也越发成为问题。

部分学者已经敏锐地注意到了时代变迁对网络犯罪立法结构所带来的挑战。尤其是在网络犯罪局势不断恶化、网络安全面临更高风险的背景下,有学者认为,由于网络犯罪所造成的社会危害性越来越大,因此它主要体现出危害公共安全的性质④,应当将网络犯罪部分罪名从妨害社会管理秩序罪调整到危害公共安全犯罪。⑤ 此

---

① 网络犯罪可以有狭义与广义之分,这里是指《刑法》中专门规定的网络犯罪罪名。
② 参见王作富主编:《刑法分则实务研究(中)》(第四版),中国方正出版社2010年版,第1209页。
③ 参见高铭暄、马克昌主编:《刑法学》(第七版),北京大学出版社、高等教育出版社2016年,第534页。
④ 参见皮勇:《论新型网络犯罪立法及其适用》,载《中国社会科学》2018年第10期,第143页。
⑤ 参见赵秉志、于志刚:《计算机犯罪及其立法和理论之回应》,载《中国法学》2001年第1期。

外,也有学者注意到,网络实际上已经成为一种社会基础设施,因而网络犯罪也应当实现从扰乱公共秩序向公共安全的转换。[①] 不得不说,这种观察结论是颇有道理的。在很多情形中,网络犯罪确实直接危及公共安全。一方面,网络本身构成了信息时代的重要媒介和关键基础设施,对网络本身的破坏就已经具有了强烈的危害公共安全的属性。另一方面,网络具有较强的扩散性和放大性,它在很大程度上打破了现实世界中时间和空间的限制,这使得原本微小的法益侵害在虚拟空间中急剧扩大,从而达到危害公共安全的量级。

然而,上述观点也尚未描述出信息时代网络犯罪法益侵害特征的全貌。因为,网络犯罪不仅具有上述强化法益侵害的公共性特征,也逐渐体现出了"去秩序化"的趋势。仍以破坏计算机信息系统罪为例,在该罪设立之初,中国的互联网普及率很低,计算机大多是由国家机关、事业单位等机构来管理与运营。彼时,将本罪的法益理解为"国家对计算机信息系统安全的管理秩序"是恰如其分的。但是,随着互联网社会的深度发展,计算机信息系统成为生活中随处可见的基础性元素,它不再主要由机构来运营,个体公民占有支配的现象稀松平常。最直观的例证在于,几乎我们手中的每部智能手机都可以构成刑法上的"计算机信息系统",而具体的被害人也当然是个体的公民,这一点已在指导性案例中得到了肯定。[②] 在这样的背景下,破坏计算机信息系统的行为,与更为宏大的社会管理秩序、公共安全并没有必然的关联,该罪所保护的对象逐渐从秩序性法益转向了个体性法益。而且,不仅仅是破坏计算机信息系统罪,其他几个网络犯罪罪名也同样不同程度地体现出了这种趋势。事实上,由于互联网发展普及历程的相似性,国外刑法也体现出了类似的特征。例如在《德国刑法典》中,关于破坏计算机罪和数据变更罪,原来认为其所侵害的是公司、企业和机构的数据处理。但

[①] 参见于冲:《网络犯罪罪名体系的立法完善与发展思路——从97年刑法到〈刑法修正案(九)草案〉》,载《中国政法大学学报》2015年第4期,第50页。
[②] 参见最高人民检察院第35号指导性案例:曾兴亮、王玉生破坏计算机信息系统案。

是,《德国刑法第41次修正法》将私人的数据处理也囊括进来,因此刑法保护的不再仅仅是经济和管理上的利益,而且也包括个体运营者和用户数据处理不受干扰的利益。①

总的来看,尽管时代已经发生了剧烈的变革,但是我国网络犯罪的立法结构仍然没有跳脱出原有思维范式的束缚。网络化与信息化的浪潮,终将会重塑犯罪与刑法,但是目前的立法仍然仅仅是将网络犯罪视为某种具有从属性和下位性的子犯罪类型。

(二)网络犯罪罪名体系的内部逻辑

尽管我国网络犯罪罪名体系不断扩充完善,但是罪名规范的内部逻辑却并不让人满意。整体来看,目前我国网络犯罪立法缺乏整体性和统一性的合理内部架构。

1. 保护范围不周延

我国《刑法》中部分网络犯罪罪名的保护范围并不周延,这不仅在立法上存在缺陷,也可能会造成解释论上的难题。

其一,非法侵入计算机信息系统罪只涵盖了国家事务、国防建设、尖端科学技术领域的计算机信息系统,如果行为人仅仅侵入了以上领域之外的计算机信息系统,那么尚不构成犯罪。然而,时至今日,计算机信息系统属于人们日常生活不可或缺的基本组成部分,计算机信息系统的自主支配管理、不受随意侵犯的诉求,已经成为公民的基本权利之一。因此,对计算机信息系统作出上述公、私划分,进行区别对待,是否仍然符合社会发展的需要值得反思。例如,在《德国刑法典》中,仅侵入计算机信息系统的黑客行为过去并没有被纳入犯罪圈。但是考虑到该种行为带来的法益侵害性,通过2007年《德国刑法第41次修正法》对第202a条的修订,仅仅是非法的数据访问(即非法侵入计算机信息系统)行为就已经构成了探知

---

① Vgl. BT‑Drucks. 16/3656, S. 13; Hilgendorf/Valerius, Computer‑und Internetstrafrecht, 2. Aufl., 2012, Rn. 600.

数据罪,无需以获取数据为必备要件。① 显然,德国的立法者已经意识到时代变迁给网络刑法及其法益保护所带来的新挑战,并且及时回应了这种诉求。而我国的网络犯罪立法尽管整体上非常积极主动,但是对计算机信息系统的保护范围却非常保守。此外,目前对计算机信息系统采取的这种分裂式立法,也可能会造成非法侵入计算机信息系统罪与非法获取计算机信息系统数据罪关系不清的问题。例如,如果行为人侵入了国家事务等特定领域的计算机信息系统,但误以为只是侵入了普通计算机信息系统进而获取相关数据,对于这样的情形如何处理存在疑问。② 而且,事实上,何为"国家事务""尖端科学技术",也很可能会存在解释论上的较大争议。③

其二,虽然我国《刑法》第 285 条第 2 款对数据保护作出了规定,但是在规制方式上也仍然存在不少局限。首先,本罪中的数据仅指"计算机信息系统中存储、处理或者传输的数据",系统之外的数据无法在此处被涵盖。显然,这里刑法所保护的数据对计算机信息系统具有依赖性,独立而完整的数据权利尚未在刑法中得到真正确立。反观《德国刑法典》,数据都是构建网络犯罪罪名体系的核心,对数据的保护并不从属或依赖于计算机信息系统。而且,《德国刑法典》中主要的几个网络犯罪罪名,如第 202a 条数据探查、第 202b 条数据拦截、第 202c 条数据探查与拦截的预备、第 202d 条数据窝藏、第 303a 条数据变更、第 303b 条破坏计算机,无不围绕数据

---

① Vgl. Lenckner/Eisele, in Schönke/Schröder Strafgesetzbuch Kommentar, 29. Aufl., 2014, § 202 a, Rn. 18; Hilgendorf/Valerius, Computer- und Internetstrafrecht, 2. Aufl., 2012, Rn. 561.

② 例如,张明楷教授认为,本罪中的"前款规定以外"并不是真正的构成要件要素,而是表面要素或者界限要素,因此在此情形中,不能认定为非法侵入计算机信息系统罪,但应认定为非法获取计算机信息系统数据罪。参见张明楷:《刑法学》(第五版),法律出版社 2016 年版,第 1047 页;张明楷:《论表面的构成要件要素》,载《中国法学》2009 年第 2 期,第 93 页以下。但是,按照这种理解,本罪中"前款规定以外"要件实际被完全虚置,乃至《刑法》第 285 条第 2 款被扩张成为违反国家规定,侵入计算机信息系统或采取其他技术手段,获取数据或非法控制系统的行为,第 285 条第 1 款完全被第 285 条第 2 款所包含,如此理解已经超出了语义可能范围。

③ 例如,各个领域的省级公务系统是否属于国家事务,需要满足何种条件的科技才可以称得上尖端,这些在司法实践中都可能引起较大争议。

来展开。其次,非法获取计算机信息系统数据罪设置了手段行为作为前提要件,这也在一定程度上限制了对数据权利的全面保护。如果行为人没有侵入计算机信息系统或者采用其他技术手段,那么即使非法获取了数据也并不符合本罪的构成要件。而何为"其他技术手段"并不清楚,对其作宽泛的解释实际上可能会逐步消解手段行为这一前置要件。例如,近年来出现了以"撞库"的方式获取数据的案例,不法分子购买了大量邮箱用户名和密码信息,借助相关软件或平台,大批量地筛选、匹配淘宝网等平台的身份认证信息。这种情形,行为人并未侵入计算机信息系统,法院一般认定为"利用其他技术手段"获取计算机信息系统数据。① 实际上,非法获取数据行为本身就是一种技术性犯罪,多多少少具有一定程度的技术含量,因此本罪中"技术手段"(尤其是侵入计算机信息系统)这一前置要件不仅显得有些冗余,而且可能给数据权的刑法保护设置了不必要的障碍。最后,如上文所言,由于《刑法》第 285 条对计算机信息系统采取了分裂式立法,也导致非法获取计算机数据罪、非法控制计算机信息系统罪并未把国家事务、国防建设、尖端科学技术领域的计算机信息系统中的数据纳入进来,这同样造成了保护范围的不周延。

其三,《刑法》第 285 条第 3 款将提供用于侵入、非法控制计算机信息系统的程序、工具的行为独立入罪,但是这种帮助行为正犯化的思路显然范围过度限缩。一方面,本罪仅仅是将《刑法》第 285 条第 1 款和第 2 款的帮助行为正犯化,按照该罪的表述,提供专门用于破坏计算机信息系统的程序、工具的行为显然无法被涵盖,而从严密刑事法网、有效打击网络犯罪链条的考量出发,后者的帮助行为同样有必要独立入罪,将来立法完善时可以考虑对此加以修订。② 另一方面,按照该罪的表述,罪状中的帮助行为仅涉及侵入、

---

① 参见浙江省嘉兴市中级人民法院(2017)浙 04 刑终 172 号刑事裁定书;蒋惠岭主编:《网络司法典型案例 刑事卷·2017》,人民法院出版社 2018 年版,第 85 页。

② 参见皮勇:《我国网络犯罪刑法立法研究——兼论我国刑法修正案(七)中的网络犯罪立法》,载《河北法学》2009 年第 6 期,第 53 页。

非法控制计算机信息系统,而没有提及非法获取计算机信息系统数据,因此,提供专门用于非法获取计算机信息系统数据的程序、工具的行为能否入罪,就不无疑问。当然,2011年最高人民法院、最高人民检察院的司法解释对"专门用于侵入、非法控制计算机信息系统的程序、工具"作了扩充解释,弥补了这一漏洞,但是本罪立法表述上的不周延是显而易见的。

2. 罪名交叉重合

现有的网络犯罪罪名之间存在相互交错,这也为司法定性带来了极大的不确定性。

首先,非法控制计算机信息系统罪与破坏计算机信息系统罪的关系就存在争议,二者属于交叉关系还是并列关系并无定论,这造成司法实践中同类行为的定性极不统一。重要的原因在于,非法控制计算机信息系统罪中的"控制"一词涵摄性极强,具有非常宽泛的语义射程,它很容易与破坏计算机信息系统行为中的"修改""增加""干扰"相互重合,以至于有学者主张非法控制行为完全可以被破坏计算机信息系统罪中的"干扰"行为所包括,因而没有单独立法的必要性。[1] 例如,前罪中的"控制"行为与后罪中的"干扰"行为在DDoS攻击的案例中就产生了交叉。浙江省苍南县人民法院曾先后处理李锦琦、唐璠破坏计算机信息系统案与蔚肖南提供侵入、非法控制计算机信息系统程序、工具案,两起案例都同样涉及DDoS攻击,但前案的行为定性是破坏计算机信息系统,而后案中DDoS攻击行为实际上被认定为非法控制计算机信息系统。对此,有学者认为,此处的"破坏"也可被实质地评价为"非法控制",《刑法》第285条中的"非法控制"与《刑法》第286条中的"破坏"并非排斥关系,而是包容或交叉关系。[2] 此外,实务中上述"控制"行为与破坏计

---

[1] 参见皮勇:《我国网络犯罪刑法立法研究——兼论我国刑法修正案(七)中的网络犯罪立法》,载《河北法学》2009年第6期,第52页。

[2] 参见劳东燕:《首例"压力测试"DDoS攻击案评析:"非法控制"与"破坏"计算机信息系统行为关系之辨清》,载"互联网法学"微信公众号2019年2月22日。

算机信息系统罪中的"修改""增加"行为在违法设置黑链①的案例中也可能存在重合。在网站中加入隐藏的链接,既可能被实质性地评价为操纵和控制了计算机信息系统,也有可能被认为是对计算机信息系统进行了一定程度的"修改"和"增加"。因此,对于同样的行为类型,司法实践中有的法院按照非法控制计算机信息系统罪来认定②,有的法院按照破坏计算机信息系统罪来处罚③。

其次,《刑法修正案(九)》所增设的拒不履行网络安全管理义务罪、非法利用信息网络罪和帮助信息网络犯罪活动罪三者之间也存在着交叉关系。一方面,网络服务提供者拒不履行信息网络安全管理义务,客观上同时也可能构成为他人所实施的信息网络犯罪提供互联网接入、服务器托管、网络存储、通讯传输等技术支持。有学者甚至认为,如果将《刑法》第 286 条之一理解为故意犯罪,则拒不履行信息网络安全管理义务罪与帮助信息网络犯罪活动罪出现了功能重合,显得立法过剩。④ 例如,假设著名的"快播案"发生在《刑法修正案(九)》生效之后,被告人的行为是有可能同时构成这两项罪名的。另一方面,行为人设立用于实施犯罪的网站、通讯群组的行为,或者发布违法犯罪信息的行为,同时也可能构成为他人的网络犯罪提供技术支持,这也可能造成罪名适用上的争议。在理论上,较多数的观点都认为,《刑法》第 287 条之一既包括行为人"为自己"也包括"为他人"非法利用信息网络的情形。⑤ 但是也有学者认为,为了避免法条上的繁杂竞合,《刑法》第 287 条之一应当限缩解

---

① 所谓设置黑链,一般是指非法在他人网站中加入隐藏的链接,以此来提升被链接网站的点击量以及在搜索引擎中的排名。
② 参见范某等非法侵入计算机信息系统、非法控制计算机信息系统案,法宝引证码:CLI.C.2449516。
③ 参见郭加得等破坏计算机信息系统案,法宝引证码:CLI.C.2788861,案件号:(2014)郑刑一终字第 91 号。
④ 参见李本灿:《拒不履行信息网络安全管理义务罪的两面性解读》,载《法学论坛》2017 年第 3 期,第 142 页。
⑤ 参见喻海松:《网络犯罪的立法扩张与司法适用》,载《法律适用》2016 年第 9 期,第 7 页;黄京平:《新型网络犯罪认定中的规则判断》,载《中国刑事法杂志》2017 年第 6 期,第 9 页。

释为仅是对自己发布信息的刑事责任。① 可见,至少从罪状可能的语义射程上来看,两罪客观上是存在交叉竞合关系的。而且,上述三项罪名的刑罚幅度完全一致,难有孰轻孰重之分,在发生竞合时难以抉择最终的罪名适用。

最后,帮助信息网络犯罪活动罪与其他相关罪名的共犯形成了大面积的竞合现象。明显不同于《刑法》第 285 条第 3 款,该罪的立法表述明确要求行为人"明知他人利用信息网络实施犯罪",这似乎意味着该罪的构成仍然以实际正犯构成犯罪为前提。如此一来,尤其是在认可片面共犯理论的学者看来,《刑法》第 287 条之二只是共犯基本原理的重述,以至于有学者认为该条属于量刑规则,而非帮助行为正犯化。② 在司法实践中,大量的网络共同犯罪判例都提及被告人也构成帮助信息网络犯罪活动罪,但绝大多数案件最后都是按照其他相关罪名的共犯来认定。更令人担忧的是,甚至有个别案件虽然符合其他重罪的共犯构成要件,但却是按照相对轻缓的帮助信息网络犯罪活动罪来定罪处罚。

(三) 网络犯罪罪状明确性不足

在我国现有的网络犯罪罪名体系中,尤其是近年来新增设的罪刑条款,在明确性的要求上存在明显不足。

第一,《刑法修正案(九)》增设的第 286 条之一"拒不履行信息网络安全管理义务罪"就存在严重的立法表述模糊性。该条款首次在《刑法》中确立了网络服务提供者的刑法义务和刑事责任,这样的扩张型立法在世界范围内都是极为罕见的。相反,在一些具有代表性的国家,不但没有专门针对网络服务提供者的刑法条文,而且往

---

① 参见王莹:《网络信息犯罪归责模式研究》,载《中外法学》2018 年第 5 期,第 1309 页。
② 参见张明楷:《论帮助信息网络犯罪活动罪》,载《政治与法律》2016 年第 2 期,第 5 页。此外,黎宏教授持类似的观点,参见黎宏:《论"帮助信息网络犯罪活动罪"的性质及其适用》,载《法律适用》2017 年第 21 期,第 35 页。

往还存在一套适用于网络服务提供者的免责体系。① 互联网世界自由与秩序之间的矛盾越发突出,如何划定二者之间的界限是法治建设的关键②,这一点越发考验着中国的立法者。然而,即使是这种立法正当性本身就存疑的罪名③,对其中最为核心的行为要件——"信息网络安全管理义务"却并无任何明确定义。虽然我国《网络安全法》第 21 条对网络运营者的安全保护义务作出了具体规定,但是直接援引该规定来界定网络服务提供者刑事义务的做法是值得商榷的。④ 因为,即使是真正的不作为犯,有时也仍免不了需要对保证人进行规范性的实质判断⑤,而拒不履行信息网络安全管理义务罪恰恰就属于这种情形。原因在于,普通公众乃至专业人士对何为"信息网络安全管理义务"远未达成基础性的共识。因此有学者认为,本罪形为真正不作为犯,实为不真正不作为犯。⑥ 在这样的背景下,《网络安全法》中的安全保护义务无法直接转换为《刑法》中的信息网络安全管理义务。更何况,按照《网络安全法》第 59 条的规定,如果网络运营者不履行第 21 条所规定的安全保护义务,最多也仅是处以行政罚款。同时,2019 年发布的《最高人民法院、最高人民检察院关于办理非法利用信息网络、帮助信息网络犯罪活动等刑事案件适用法律若干问题的解释》仍然没有对"信息网络安全管理义务"作出直接定义,但是却进一步扩张性地解释了这一概念。例如,按照该司法解释第 6 条第 1 款第 1 项的规定,实名制身份认证义务也属于网络服务提供者的刑事义务之一,这一点在学界受到质

---

① 参见王华伟:《网络服务提供者的刑事责任比较研究》,载《环球法律评论》2016 年第 4 期。
② 参见张嘉军、赵杏一:《论互联网视野下的法治建设》,载《法学论坛》2017 年第 4 期,第 151—152 页。
③ 参见皮勇:《论网络服务提供者的管理义务及刑事责任》,载《法商研究》2017 年第 5 期,第 23 页。
④ 参见谢望原:《论拒不履行信息网络安全管理义务罪》,载《中国法学》2017 年第 2 期,第 242 页。
⑤ 参见张明楷:《刑法学》(第五版),法律出版社 2016 年版,第 149 页。
⑥ 参见李世阳:《拒不履行网络安全管理义务罪的适用困境与解释出路》,载《当代法学》2018 年第 5 期,第 70 页。

疑。在司法实践中,本罪名的适用率极低,而且适用结论也未必站得住脚①,具有沦为象征性立法的风险,而本罪行为要件的不明确性无疑是重要原因之一。

第二,我国《刑法》的网络犯罪罪名中频繁采用了"违法犯罪"这一表述,这也在理论上造成了很大的争议。具体来说,提供侵入、非法控制计算机信息系统程序、工具罪中存在"明知他人实施……违法犯罪行为"的表述,而非法利用信息网络罪中采用了"违法犯罪活动""违法犯罪信息"这样的用语。"违法犯罪"是否能够包含刑法分则以外的违法行为,或者满足刑法犯罪性质要件但未达程度要件(即未达刑法量刑标准)的违法行为,不无疑问。就非法利用信息网络罪而言,一种扩张性的观点认为,该罪中的"违法犯罪活动"可以解读为"违法行为"和"犯罪行为",如此才能有效打击网络犯罪。② 而司法解释也在一定程度上具有这种倾向。例如,按照2016年《最高人民法院关于审理毒品犯罪案件适用法律若干问题的解释》第14条的规定,利用信息网络,设立用于组织他人吸食、注射毒品的网站、通讯群组,或者发布实施该种活动的信息,情节严重的,按照非法利用信息网络罪定罪处罚。但是,目前我国《刑法》尚未明确将组织吸毒的行为入罪。而与之不同的观点则认为,"违法犯罪"应当理解为严格意义上的犯罪,否则本罪可能会过度扩张成口袋罪名。③ 然而,2019年《最高人民法院、最高人民检察院关于办理非法利用信息网络、帮助信息网络犯罪活动等刑事案件适用法律若干问题的解释》最终采纳了一种折中的观点,其第7条规定:"刑

---

① 笔者在中国裁判文书网仅找到两起关于拒不履行信息网络安全管理义务罪的案件,一起为制作、出租翻墙软件的案例,一起为开设网络赌场的案例。参见何学勤、李世巧开设赌场一审刑事判决书,南昌市东湖区人民法院(2018)赣0102刑初585号;胡某拒不履行信息网络安全管理义务一审刑事判决书,上海市浦东新区人民法院(2018)沪0115刑初2974号。对上述性质的行为适用本罪是否妥当,值得商榷。

② 参见于志刚:《中国网络犯罪的代际演变、刑法样本与理论贡献》,载《法学论坛》2019年第2期,第11页。

③ 参见车浩:《刑事立法的法教义学反思——基于〈刑法修正案(九)〉的分析》,载《法学》2015年第10期,第12页;阎二鹏:《预备行为实行化的法教义学审视与重构——基于〈中华人民共和国刑法修正案(九)〉的思考》,载《法商研究》2016年第5期,第64页。

法第二百八十一条之一规定的'违法犯罪',包括犯罪行为和属于刑法分则规定的行为类型但尚未构成犯罪的违法行为。"这意味着,本罪中的"违法犯罪"行为无需达到我国《刑法》分则相关罪名所要求的罪量要素。

第三,我国《刑法》帮助行为正犯化的立法实践中,也没有对明确性原则给予充分的重视。如上文所述,按照《刑法》第287条之二的罪状表述,该罪具有极宽的涵盖能力,行为定型性非常低。原因在于,在该罪的犯罪构成中,不仅被帮助的对象范围非常宽泛,而且帮助行为本身也缺乏具体类型的限定。一方面,这里的被帮助行为是所有的信息网络犯罪,几乎无所不包;另一方面,该罪的帮助行为虽然也含有具体的类型,但仅仅具有提示功能,按照罪状的开放性表述,实际上所有技术支持和帮助行为都可能被包含。"帮助"仅仅是对促进作用的一种抽象性、概括性描述,它缺少可以具体把握的行为类型,容易在司法实践中被滥用。正因如此,从理论上讲本罪完全可以把所有网络犯罪的帮助行为涵盖进来,它有可能在未来沦为又一项口袋罪名,而且也势必造成大规模的规范重合。

网络技术的飞速发展与信息社会的快速变迁持续不断地带来新型犯罪问题,而网络犯罪更新迭代的速度远远超过复杂而烦琐的立法回应进程,因此立法者采用了模糊和开放的罪状表述,为可能的网络失范行为预留出规范涵盖空间。虽然这不失为网络犯罪治理中的一种策略,但是却在很大程度上牺牲了立法的明确性与司法的稳定性,值得深刻反思。

四、我国网络犯罪罪名体系的展望

上文分三个阶段梳理了我国网络犯罪的罪名体系以及立法发展简史,体现出了回应性扩张、预防性前置、概括开放性的特点。整体来说,我国的网络犯罪立法积极回应现实需求,对不断恶化的网络犯罪形势主动作出调整,契合网络社会发展的基本方向。然而,我国现有的网络犯罪罪名体系也有诸多值得反思之处,这主要体现为整体立法结构有待调整,罪名规范的内部逻辑需要理顺,罪状表述也需进一步明确化。上述问题说明,立法者在网络犯罪罪名的制定过程中更多的是一种应激性反应,充满着回应实践需求的立法热情,但是缺乏体系性和统一性的整体顶层设计,未能在规则设计的具体细节上做到逻辑严密。

需要强调的是,面对上述局面,刑法教义学可以在一定程度上化解部分难题。例如,对网络犯罪的法益界定,在解释论上也并非绝对受制于罪名的章节定位。显然,不能认为破坏计算机信息系统的行为必须扰乱了公共秩序才可以构成本罪。再如,网络犯罪罪名之间的交错、重合问题,或者可以通过体系性解释或目的性限缩解释来避免冲突,或者可以在竞合论的语境中作出适当决断。此外,法条表述不明确的问题,也可以通过教义学的理论塑造来予以缓解,通过学理上的实质性论述来框定相对稳定和可把握的语义内涵。然而,法教义学的适用也有边界,它受到刑法规范基本语义射程范围的限制,也会在很大程度上被基本立法结构和框架所约束。虽然"法律不是嘲笑的对象",但是法教义学也并非万能,它显然无法解决上述网络犯罪的所有难题,而且在众说纷纭的理论争议中也并不总是能在法律适用的稳定性上取得良好效果。因此,为了更好地应对网络社会对传统刑法体系所带来的冲击,在探索法教义学解释路径的努力之外,从宏观层面完善网络犯罪罪名体系,重构网络犯罪罪名篇章结构,严密刑法保护范围,从微观层面理顺网络犯罪罪名关系,细化罪状表述,也是立法论上亟待推进的重大事宜。具体来说,我国将来的网络犯罪立法可以在以下三个维度上思考如何进一步完善:

首先,就网络犯罪罪名体系的立法结构而言,让网络犯罪罪名继续"寄居"在我国《刑法》第六章第一节并不妥当,而将其转移至《刑法》第二章也并不能真正解决问题。笔者认为,在我国《刑法》中将网络犯罪罪名独立成章才是真正妥当的立法方向。其一,在可以预见的未来,网络违法行为的种类和数量将会继续膨胀,而为了回应传统刑法构成要件无法涵盖、难以应对的问题,网络犯罪罪名很可能会进一步扩充,形成"与众不同的特殊犯罪群"。[①] 显然,《刑法》第六章第一节已经很难继续为这种立法提供充足和恰当的空间。其二,如上所言,网络犯罪罪名所保护的法益多元而复杂,在不同场景下,它既可能具有公共性、秩序性,也可能仅体现私有性、个体性;它不仅严重威胁国家网络安全,也会对国家安全、社会公共利益,以及公民、法人和其他组织的合法利益造成侵害。[②] 网络犯罪法益属性的这种独特性,使得它很难在现有的刑法分则章节中进行归类。而且,随着信息时代的到来,尽管具体理论定性上仍然存在激烈争论,但是数据权作为一种新型权利和法益正在逐步成型乃是不争的事实,而将侵害数据权的信息网络犯罪放在妨害社会管理秩序罪的章节之中则显得格格不入。其三,即使是在现有的网络犯罪罪名中,也已经出现了概括性、整体性条款与具体性、局部性罪名的分野,前者如利用计算机实施有关犯罪的规定以及帮助信息网络犯罪活动罪,后者如破坏计算机信息系统罪和非法侵入计算机信息系统罪等条文。概括性、整体性条款具有极强的涵盖性,因而容易与其他罪名发生竞合,但是同时也发挥着填补处罚漏洞的作用。网络犯罪罪名体系这种特殊的内部结构,也适合放置在独立的刑法分则章节之中。

其次,应当统一对计算机信息系统的不受侵入性进行完整保护,同时逐步构建以数据为中心的网络犯罪体系。其一,我国《刑法》第285条第1款"非法侵入计算机信息系统罪"仅仅保护了三项特定领域计算机信息系统的安全,而未将一般的计算机信息系统纳入,不仅没有对个体公民计算机信息系统不受侵入的基本权利予以保护,而且也造成该罪与《刑法》第285第2款之间形成了错综复杂的关系。因此,在未来的立法修订中,可以考虑将非法侵入计算机信息系统罪的保护对象拓宽到所有的计算机信息系统。其二,我国

[①] 参见于志刚:《网络犯罪的代际演变与刑事立法、理论之回应》,载《青海社会科学》2014年第2期,第10页。
[②] 参见陈兴良:《网络犯罪立法问题思考》,载《公安学刊(浙江警察学院学报)》2016年第6期,第11页。

《刑法》第 285 条第 2 款规定了"手段行为+目的行为"的构成要件结构,但是,这种立法配置不仅可能给法益保护造成不必要的障碍,而且实际上在司法适用中也逐渐被虚化。因此,将来的立法修订过程中,完全可以考虑将手段行为要件删除。其三,《刑法》第 285 条第 2 款中的数据存在着对计算机信息系统的依赖性,为了更好实现刑法对数据权利的完整保护,可以考虑删除"计算机信息系统中"这一前缀。

最后,在现有的网络犯罪罪名中,存在着构成要件明确性不足的问题,这不仅在立法正当性上严重存疑,而且也在司法适用中引发了诸多争议。其一,在最理想的状况下,立法者将来应当在《刑法》第 286 条之一中列明"信息网络安全管理义务"的具体内容;或者退而求其次,最高司法机关可以考虑以司法解释的形式来明确该核心义务的具体内涵,否则目前该罪名在司法实践中被长期虚置的困境恐怕难以破解。其二,建议将网络犯罪罪名中所采用的"违法犯罪"表述修订为"犯罪",防止"帮助行为正犯化"和"预备行为实行化"被过度泛化,避免相关罪名因为这一模糊表述最终被不当异化为口袋罪名。

第四章　网络犯罪的刑事侦查[*]

一、网络犯罪侦查原理

犯罪是一种伴随着社会发展而必然出现的社会现象。犯罪本质上是一种社会问题，因此，根治犯罪必须从根源上入手解决相关的社会问题。但是，这并不意味着我们就应当放任犯罪的发展和蔓延。尤其对于司法机关而言，遏制网络犯罪是其职责所在。但是，同时又必须认识到，网络犯罪相比一般的犯罪类型具有诸多的独特之处。最为直观的不同就在于犯罪人与被害人之间很可能天各一方，相应地，犯罪现场的概念也变得模糊不清，其覆盖范围可能相当之广。这使得网络犯罪相比一般的暴力刑事犯罪，无论是在视觉冲击力上还是在直观的危害性上都不那么明显。但这并不意味着网络犯罪就不会造成严重的后果。相反，由于网络犯罪成本低廉，以及社会治安防控体系的加强，使得传统犯罪开始由街头犯罪转向虚拟空间中的网络犯罪。这些五花八门的网络犯罪正在像白蚁一样，侵蚀着快速发展中的社会。其中的网络诈骗犯罪，使得许多家庭在一夜之间倾家荡产。可以认为，随着传统犯罪模式向虚拟空间转变，未来还会发生各种各样的新型网络犯罪，如果不及时采取措施遏制此类犯罪的蔓延，后果将不堪设想。在这一方面，除了需要法院正确认定案件事实、准确定性以外，最为重要的就是依靠针对网络犯罪的各种侦查手段。网络犯罪相比传统的刑事犯罪是一种新型的犯罪类型，这种犯罪类型与传统犯罪相比具有诸多不同之处。但是，这并不意味着网络犯罪的侦查就应当遵循一套完全不

---

[*] 本章作者为马天成。

同的原理。恰恰相反,网络犯罪侦查必须建立在传统侦查学原理之上,结合网络犯罪自身的特点,明确网络犯罪背景下传统侦查学原理应当如何运用。合理的侦查模式的构建,需要建立在对传统侦查学原理的深刻理解之上。

(一) 物质交换原理

物质交换原理也称洛卡德交换原理,是指导侦查实践的核心原理之一。根据我国的权威教科书的解读,所谓物质交换原理,是指"两种物质在外力条件下相互接触,从而引起接触面上的物质成分相互交流的关系和变化的状态"①。换言之,依据物质交换原理,犯罪嫌疑人只要实施犯罪,就一定会留下痕迹。而侦查人员可以依据这些痕迹,找寻犯罪嫌疑人作为一种物质实体的特征。以杀人案为例,在杀人案中,犯罪嫌疑人杀害被害人后逃离,那么这里就存在这样两组关系。其一,犯罪嫌疑人作为施力物体,被害人作为受力物体,由于二者存在一定的物质接触,在物质接触过程中,又一定会存在物质交换,因此,被害人身上一定会留有犯罪嫌疑人的物质微粒。典型的比如犯罪嫌疑人的头皮屑、血液,或者犯罪嫌疑人的指纹,等等。其二,基于力的作用是相互的,被害人同样可以作为施力物体,犯罪嫌疑人作为受力物体,在犯罪嫌疑人身上一定会留有被害人的物质微粒,同样体现为血液等。对这些物质微粒的考证,对于锁定犯罪嫌疑人而言具有至关重要的作用。因此,物质交换原理特别强调犯罪现场勘查,要求侦查人员通过对现场的分析和判断,了解犯罪嫌疑人可能在现场留下了哪些物质,同时带走了哪些物质,这对于后续的侦查工作都具有至关重要的作用。

不过,物质交换原理也有如下的限制:

其一,物质交换原理仅适用于两个物质实体。② 换言之,既然物

---

① 王国民、李双其主编:《侦查学》(2013 年修订本),中国人民公安大学出版社 2013 年版,第 10 页。

② 参见王国民、李双其主编:《侦查学》(2013 年修订本),中国人民公安大学出版社 2013 年版,第 11 页。

质交换原理强调的是物质接触过程中的微粒交换,那么,当然只能一般地适用于物质实体。

其二,物质交换原理强调力的相互作用。① 也就是说,两个物质之间的相互接触,必须在有相互作用力的前提之下,才有可能产生物质微粒的交换。而力的大小又同时决定了物质交换的多少。外力越大,物质交换越多;外力越小,物质交换越少。

其三,物质交换原理强调两个物质实质的"直接接触"。这并不难理解,物质交换原理强调的是发生在两个物质实体之间的微粒交换,如果物质实体之间并没有直接接触,物质微粒就很难从一个物质实体转移到另一个物质实体。

于是不难发现,这些限制对于网络犯罪而言似乎都构成了难以逾越的障碍。比如,在网络犯罪中,直观上并不存在两个物质实体的直接接触。再比如,物质交换原理依赖的是一种自然意义上的因果律,物质微粒之间的交换是基于自然因果律而发生的。但是,对于网络犯罪而言,只存在信息的交换,但这种信息的交换并不依赖自然因果律,毋宁说遵从的是人为设定的数据规则,依靠的是数理逻辑。② 另外,网络空间中并不存在物质实体,这也就导致对于网络犯罪而言,根本不存在物质的直接接触,也不存在力的相互作用。如此一来,似乎对于网络犯罪的侦查根本就没有适用物质交换原理之空间。

但事实并非如此。如果我们从实质上理解物质交换原理,就不难发现,即使是在虚拟空间中,也存在类似的交换过程,只不过交换的对象不再是物质微粒本身,在更多的情形下,体现为一种电子数据和信息。对此,我国学者提出,对于网络犯罪侦查而言,适用洛卡德交换原理必须满足如下几个条件:

其一,信息的系统性。换言之,信息是否会随着网络操作行为

---

① 参见王国民、李双其主编:《侦查学》(2013 年修订本),中国人民公安大学出版社 2013 年版,第 11 页。
② 参见王立梅、袁纪辉:《论网络空间中洛卡德交换原理的适用条件与侦查制度安排》,载《公安学研究》2019 年第 1 期,第 58 页。

而出现,是否能够较为完整地体现网络操作行为的具体特征和内容。这里的"系统",强调的是网络操作行为在系统层面的响应和体现。① 当然,这并不要求信息能够完整地体现整个操作行为的所有细节特征,只要能够大致体现出行为之内容和特征即可。其实,对于网络犯罪而言,信息留痕相比一般的刑事案件更容易被寻找。对于普通的刑事案件而言,需要经过细致的犯罪现场勘查才能发现的信息,通常也会被犯罪现场勘查过程所破坏。而对于网络信息而言,数据的勘察过程通常并不会对数据起到破坏作用。另外,数据还有可复制性,因此相比一般的犯罪证据而言,网络犯罪过程中遗留下来的数据信息在证明犯罪方面具有一定的优势。

其二,信息的稳定性。换言之,网络操作所遗留下来的信息必须足够稳定,才能被侦查人员发现和利用。如果信息被销毁,或者信息被篡改,那么这样的信息自然也就失去了利用价值。② 这表明数据信息与一般的物质交换中所体现的信息之不同。对于数据信息而言,其所依据的是数理逻辑而非自然因果律,在这个意义上,如果逻辑判断出现问题,那么数据也就会出现问题。所以,数据是否稳定,根本上"需要追本溯源判断构成网络行为最基本的逻辑之间的运算规则是否稳定"③。

其三,信息的关联性。信息的关联性实际上可以分解为两个层面的内容。一方面,信息的关联性体现在信息与网络操作行为之间的关系上。如果作为调查对象的信息与所调查的行为没有关系,那么这样的信息就不能作为与特定网络犯罪相关联的信息而被使用,因而也就不具备信息质量。另一方面,关联性体现为信息与信息之间的相互关联。在互联网技术高度发展的今天,实现完全意义上的数据消除基本上不可能。因为如果一个网络行为的操作者意

---

① 参见王立梅、袁纪辉:《论网络空间中洛卡德交换原理的适用条件与侦查制度安排》,载《公安学研究》2019年第1期,第61页。
② 参见王立梅、袁纪辉:《论网络空间中洛卡德交换原理的适用条件与侦查制度安排》,载《公安学研究》2019年第1期,第62页。
③ 王立梅、袁纪辉:《论网络空间中洛卡德交换原理的适用条件与侦查制度安排》,载《公安学研究》2019年第1期,第63页。

图通过网络行为实现自己的目的,那就必须经过若干的中间环节。比如,对于网络诈骗行为而言,行为人不可能完全绕过银行等机构而实现自己的犯罪目的。行为人在与其他机构相互关联的过程中,必然会出现信息的交换和留存,正是在这个意义上,传统的物质交换原理在网络犯罪中同样具有适用的空间。

归结而言,物质交换原理无论对于传统意义上的刑事犯罪,还是对于网络犯罪,都具有适用性和指导意义。只不过,对于网络犯罪而言,需要对物质交换原理做出一定的改变,即交换的对象不再是物质,而是信息本身,也即数据的发出方和接收方都会留存相应的数据信息。不仅如此,由于数据与数据之间的关联性日益密切,数据传递的中间过程也会留下诸多有价值的信息,侦查人员通过逻辑的推导关系,足以发现隐藏在这些信息背后的关键信息。也因此,相比一般的刑事犯罪,网络犯罪的侦查在信息收集方面具有显著的优势。

(二)同一认定原理

所谓同一认定原理,存在广义和狭义两种理解。根据狭义的理解,同一认定原理主要解决的是依据物质交换原理而发现的痕迹与怀疑对象之间的符合性问题。换言之,就是检验犯罪现场发现的痕迹和物证等是否由怀疑对象所遗留。在这个过程中,前者可以称为受审查客体,后者可以称为被寻找客体。根据广义的理解,同一认定原理指的是贯穿整个侦查过程之中的受审查客体与被寻找客体之间的符合性判断,前者主要指的是犯罪嫌疑人,后者是指实际上实施犯罪的人,换言之,就是锁定犯罪嫌疑人,并且证明其是否为真正犯罪人的这样一个过程。[①]

同一认定原理要求客体必须具有如下几个特征:

其一,客体的特定性。所谓客体的特定性,指的是客体必须具

[①] 参见王国民、李双其主编:《侦查学》(2013年修订本),中国人民公安大学出版社2013年版,第13页。

有足够明确的特征,通过这样一个特征,才有可能在客体之间进行同一性认定。比如,对于遗留在犯罪现场的泥土而言,如果这种泥土是随处可见的,那么,这样的泥土就不具有太大的同一性认定之意义。但是,如果这种泥土具有足够多的特征,使其区别于一般的泥土,而能够使侦查人员将其来源锁定在某一个特定的区域,该泥土就具有了同一性认定之意义。对于网络犯罪侦查而言,客体的特定性主要体现为数据和信息内容的特定性。具体而言,数据和信息必须具有一定的特征,这些特征可以作为同一性认定的指针。换言之,这种特征必须能够起到有效缩小目标范围的作用,使得审查目标由不特定变为特定,甚至直接锁定为某一个具体的行为人。这在普通的刑事案件中比较少见。对于普通刑事案件,侦查人员往往需要通过对现场遗留的各种痕迹特征的综合分析,不断缩小目标范围,锁定犯罪嫌疑人。但是,对于网络犯罪而言,可以通过明确的身份特征直接锁定目标,并且将目标缩小在一个相当小的范围之内。这是因为,网络犯罪中所体现出的信息在不少情况下可以直接锁定行为人的身份信息,比如,登录网站、实现网络转账通常需要实名制。行为人需要通过自己的手机号来登录网站,因此通过行为人的登录信息就可以锁定行为人的手机号,而又由于手机号的申请和使用需要实名制,因此通过手机号就可以直接锁定犯罪嫌疑人的身份。更不用说许多具有转账功能的网站和应用通常要求行为人输入自己的身份证和银行卡信息,这些对于锁定犯罪嫌疑人的身份都具有至关重要的作用。

其二,客体的相对稳定性。客体的相对稳定性,是指作为同一性认定的审查客体,其特征必须能够较为长期地被保存。换言之,对于那些难以保存的痕迹,通常无法作为同一性认定的客体。由于客体的稳定性都是相对的,没有哪一个客体能够长期地被保存,因此,这就要求侦查人员能够及时发现并固定证据信息。比如,在普通刑事案件中,通常需要侦查人员收集现场的监控信息。虽然监控信息不至于在案件发生的第二天就被删除,但是,如果在一个月、两个月后都未被采集,那么该监控信息很有可能就会被删除。如此一来,这样的信息就无法被使用。对于网络犯罪而言,这样的情形尤其应当得到重视。因为面对海量的网络信息,出于节省空间、提高运行效率的考虑,数据管理者通常并不会长期地保存相关数据信息。因此,如果侦查人员不能及时收集此类信息,这些信息可能就会因为被删除而永久灭失,案件的侦破也可能因此陷入僵局。

其三,客体特征的反映性。所谓反映性,指的是客体特征必须能够通过一定的转化而被侦查人员识别。比如,在犯罪现场遗留下来的固态血迹,其实就是液态的血液凝固以后的结果,这样的血迹当然可以用来反映血液信息。再比如,液态的客体也可以在温度的影响下转化为气体,因此气体本身也能够反映出液态客体之特征。

其四,客体特征的可识别性。所谓客体特征的可识别性,指的是客体必须能够通过一定的技术手段,而为侦查人员所认识。一个客体所具有的特征可以说不计其数,但是能够为人所认识的特征总是有限的,这尤其体现在普通刑事案件的侦查过程中,由于受制于侦查技术的发展,许多特征并不能为侦查人员所充分识别和挖掘。而对于网络犯罪而言,其中所体现出的犯罪信息由于服从于数理逻辑,而数理逻辑又是为人类所建构的,因此,这样的信息只要被发现,通常就能得到充分的挖掘。比如,通常来讲针对特定的网络行为,都可以通过技术手段锁定行为实施者的 IP 地址,从而指明下一步的侦查方向。[①]

在网络犯罪侦查中,网络信息的明确指向性,使得网络犯罪侦查相比一般的刑事案件侦查而言,似乎侦查过程的难度更低,而且相应的效率也会更高。但事实上,网络信息的明确指向性也同样会给侦查人员带来不少的麻烦。对此我国学者已经有很好的总结。在他们看来,网络犯罪侦查中的同一性认定主要面临以下几点困境:

---

① 参见赵长江、张硕:《网络犯罪侦查中的身份同一认定》,载《四川警察学院学报》2019 年第 5 期,第 12 页。

其一,身份信息的复杂性和伪装性。许多犯罪分子也认识到了网络信息对于身份的明确指向性,因此,他们通常会通过伪造身份、使用多个身份的方法,来增加网络犯罪中身份同一性认定的复杂性。

其二,网络信息的不稳定性。正如上文所言,网络信息需要特定的载体才可以较为长期存在。如果在特定载体中,该信息被删除,那么在许多情况下数据恢复将是十分困难的。当然,这也并非没有办法补救。因为网络信息具有关联性,即便一个信息灭失了,通过对其关联信息和数据的挖掘和分析,同样能够在一定程度上还原出被删除信息的内容。比如,同一个转账信息可能在不同的网络服务提供者那里都有备案,或者说都有相关的信息存在。如果其中一个信息灭失了,可以通过对关联数据的挖掘而部分还原该信息的内容。[1]

其三,犯罪手段的专业性。在笔者看来,不少行为人为了逃避责任,会使用各种技术手段来扰乱侦查视线。对于一些黑客犯罪而言,技术侦查的难度尤其之大,给侦查人员造成了很大的阻碍,必要情形下,可能需要专业技术人员的协助才得以推进案件的侦查进程。

(三) 犯罪再现原理

所谓犯罪再现原理,指的是"一起刑事案件的侦破过程,实质上就是对犯罪信息进行获取、加工、输出,以再现犯罪事实的过程"[2]。犯罪再现强调的是利用所有发现的信息,通过对信息的整合和处理,再现犯罪事实。由于犯罪再现要求利用所有与案件相关的信息,而这些信息又着重体现在犯罪现场,因此,对于传统的刑事案件侦查过程而言,对于犯罪现场的充分还原和挖掘就成为侦查人员的首要任务。比如,对于一个杀人案件而言,侦查人员不仅要对杀人现场进行充分侦查以获取相关的痕迹信息,还要通过对周边人员的询问以获取更加立体的信息。同时,侦查人员初到现场以及在现场

---

[1] 参见赵长江、张硕:《网络犯罪侦查中的身份同一认定》,载《四川警察学院学报》2019年第5期,第11页。

[2] 王国民、李双其主编:《侦查学》(2013年修订本),中国人民公安大学出版社2013年版,第15页。

侦查过程中,对于犯罪现场的整体印象和直觉对于犯罪再现也有至关重要的作用。对于犯罪再现来说,信息越丰富、越立体,犯罪再现也就更加能够接近案件事实,从而推进案件的侦破进程。

对于网络犯罪而言,由于犯罪现场的概念相比一般的刑事案件更为模糊和抽象,因此,犯罪再现似乎就可以独立于犯罪现场而存在。事实上,在笔者看来,在网络犯罪的侦查过程中,犯罪现场可以分为两个部分,其一是行为人一侧的犯罪现场,其二是被害人一侧的犯罪现场。而犯罪再现首先强调的是对被害人一侧犯罪现场的充分挖掘,以发现行为人一侧的犯罪现场。具体而言,对于许多网络犯罪而言,并不是所有的犯罪活动都发生在网络环境中,行为人很有可能针对被害人事先展开了一系列的调查和沟通活动,这些都发生在现实环境之中。所以,对于这些信息的充分发掘,能够获得更加立体而丰富的信息,从而有利于犯罪再现这一关键进程。

二、网络犯罪侦查模式

(一)事前侦查模式

犯罪预测预警技术是主动侦查中的常见技术。而所谓主动侦查则是与被动侦查相对的侦查模式。通过梳理主动侦查与被动侦查的不同,可以明确主动侦查具有的特点。主动侦查和被动侦查的不同主要有以下几点:首先,目的不同。被动侦查的目的在于侦破案件,寻找犯罪嫌疑人;而主动侦查的目的则在于削减案件发生率,防患于未然。其次,依据不同。对于被动侦查而言,侦查人员锁定犯罪嫌疑人的方式主要是通过既有的犯罪线索,比如网络犯罪行为所遗留下来的数据信息等;而主动侦查则主要是通过大数据的使用,在宏观范围内锁定热点区域,有重点地实现犯罪防控。最后,侦查措施开始的时间点不同。被动侦查通常于案件发生后开始,主动侦查则发生在具体的犯罪行为实施之前。

1. 事前侦查的适用对象

我国学者对于主动侦查模式的适用对象已经有比较全面的总结。① 从总体上来看,由于犯罪预测预警技术的目的在于实现犯罪预防,因此,犯罪侦查必须有的放矢,不能盲目浪费侦查资源。而为了实现有针对性地预防犯罪,就必须能够利用既往的犯罪数据,预测犯罪可能发生的区域。其中,有两个方面的数据应当引起足够的重视。

(1)高危人群

高危人群的核心特征在于,其相比一般的人员具有更强的犯罪倾向,或者有更大的被害可能。② 我国学者认为,高危人群又可以进一步细分为三类人员群体,即具有犯罪前科的人员、从事高危职业的人员以及高危地区的人员。③ 首先,对于具有犯罪前科的人员而言,不仅因为他们曾经有过犯罪经历而将其作为高危人群,还因为他们掌握了必要的网络犯罪技术。相比传统的街头犯罪,网络犯罪更需要行为人对于信息技术知识有较深刻的了解,而这也决定了有犯罪前科的人,出于种种原因,有可能会重操旧业,而他们掌握的犯罪技术能够较大地降低其犯罪成本,甚至有可能会从过去的"失败"中吸取教训,进一步提高网络犯罪技术。因此,对于网络犯罪这样的技术依赖性犯罪,尤其应当着重对于有过犯罪经历的人的追踪。具体而言,可以通过社区民警定期走访的方式,找到可能的犯罪线索,使得网络犯罪的侦查从被动转为主动。其次,针对从事高危职业的人员而言,他们可能从事的网络犯罪相比第一类人员更加隐蔽而难以发现。比如,对于银行中的技术职员、政府工作部门的人员而言,他们掌握了大量的公民个人信息,拥有一般犯罪嫌疑人所不具有的权限。这些都为他们实施网络犯罪提供了极大的便利。由

---

① 参见王梦瑶:《大数据背景下侦查创新研究》,中国人民公安大学 2018 年博士学位论文,第 68 页。

② 参见王梦瑶:《大数据背景下侦查创新研究》,中国人民公安大学 2018 年博士学位论文,第 69 页。

③ 参见王梦瑶:《大数据背景下侦查创新研究》,中国人民公安大学 2018 年博士学位论文,第 69 页。

于他们可能掌握了更加适合网络犯罪的信息技术,这些人员相比一般的犯罪嫌疑人可能会造成更大的危害,并且具有较强的隐蔽性,难以被侦查人员锁定。最后,高危地区的人员。所谓高危地区,就是网络犯罪的频发地区,以及网络犯罪行为人的集中地区。生活在这些地区,而又具有一定的犯罪前科,或者从事高危职业的人员,自然应当被作为网络犯罪防控的对象。

更为重要的,也是更容易被忽略的,恰恰是易受侵害人群。对此我国有学者认为,网络犯罪的被害人具有一定的不特定性。这主要体现在利用计算机病毒实施的网络犯罪中。① 当然,在很多情形下,这种利用计算机病毒实施的网络犯罪的被害人可能分布非常广泛,以至于难以找到规律。但是,在笔者看来,不应过度强调网络犯罪被害人的不特定性而忽视了网络犯罪被害人可能具有的特定性。被害人的不特定性都是相对的。之所以认为这些被害人具有不特定性,有两个可能的原因。一是网络犯罪的被害人不具有共同的特征,二是网络犯罪的被害人人数众多。但是,人数多并不意味着这样的人群就失去了特定性。比如,当我们划分出在一个地区生活的所有男性公民时,这样的人群可能是庞大的,但是这并不妨碍将其划归具有特定性的群体。再比如,对于网络犯罪而言,有些病毒只能针对特定的系统展开网络攻击。那么,对于这种类型的网络犯罪,其犯罪对象就是相当固定的群体,在防范上也会有的放矢。如果过于突出网络犯罪被害人的不特定性特征,可能就会忽视了被害人在网络犯罪预警中所具有的重要作用。

我国学者认为,可以从生理、心理和社会三个方面分析网络犯罪被害人的特质。

就生理因素而言,首先,在网络诈骗犯罪的被害人中,男性的比例较高,但是女性被害人所受损失更大,这也许与男性和女性的性

---

① 参见卢建平、王丽华:《网络犯罪被害与被害预防》,载《公安学刊》2007年第2期,第7页。

别差异有关。① 其次,年龄也是网络犯罪被害人的重要特质。比如,360 互联网安全中心就曾发布统计报告,报告显示网络诈骗犯罪受害者通常为 35 岁以下的中青年。② 年龄因素至少反映了两个方面的内容。一是互联网的接触程度,也即网络诈骗犯罪集中在这一部分人群之中,能够从侧面说明这些人相比其他年龄段的人更加频繁地接触网络环境,因而也就更容易暴露于犯罪分子面前,成为犯罪分子锁定的犯罪目标。二是这类人群的自我防范意识仍有待提高。因此,这类人应当作为网络诈骗犯罪的重点保护对象。

心理因素对于网络犯罪的事前侦查并不能起到太强的指向性作用,至多能够作为解读网络犯罪易被害人群的依据。比如,我国学者认为,网络犯罪被害人通常具有如下几个心理特征:首先,无知型。这类被害人对于网络犯罪缺乏最起码的防范心理,这多体现在高年龄阶段和低年龄阶段的被害人群体之中。比如,有许多未成年人在看到父母输入支付密码之后默默记在心里,在父母未留意时使用父母的手机,在这个过程中不知不觉就成为网络诈骗犯罪的受害人。也许在一般人看来这些网络诈骗手段并不高明,但是由于未成年人缺乏防范意识和辨认能力,因此非常容易成为此类犯罪的受害人。其次,贪利型。这类被害人通常被"高额回报"所诱惑,即便认识到自己有可能已经落入圈套,却仍然基于一种侥幸心理相信犯罪嫌疑人的说辞,以至于被骗取钱财。最后,盲点型。这类被害人不同于前两类被害人,其通常具有足够的辨认能力,也具有充分的防范意识,并且不贪图钱财。但是,此类被害人通常具有特定的需求,这种需求并不是简单的物质需求。比如,有些被害人身患特定的疾病,而目前并无针对此类疾病的有效治疗方法,或者维持治疗在费用方面远远超出了被害人的承受范围,因此,他们更容易在走投无路的情形下偏听偏信,对于网络上所谓的特效治疗方案深信不

---

① 参见杨国杰:《论网络诈骗犯罪的被害人》,载《湖北警官学院学报》2016 年第 5 期,第 69 页。

② 参见杨国杰:《论网络诈骗犯罪的被害人》,载《湖北警官学院学报》2016 年第 5 期,第 69 页。

疑。所以，这类被害人基于特定的需求，在自己的认识和辨认方面出现了盲点，而当这个盲点被犯罪嫌疑人利用时，此类人群极易成为受害对象。这对于网络犯罪的事前侦查具有重要意义。因为相比前两类被害人，盲点型被害人更容易被锁定。通过对既往案件的总结可知，社会上存在特定盲点的人群比较集中。因此，对此类人群定向宣传具有指向性的防控措施并不困难。比如，对于盲点是某些疾病的被害人，侦查人员可以进行有重点的保护，当发现这些人有异常操作，或者与网络犯罪常发的热点地区或者有犯罪前科的人有密切接触时，可以通过短信等方式进行提醒，帮助他们认识到被害风险。

社会因素又主要分为受教育程度、职业特征和生活行为因素以及生活方式等。首先是受教育程度。目前我国公民整体上受教育水平仍有待提高，尤其是针对网络犯罪的防范意识仍有待加强。在这个背景下，网络犯罪在未来相当长一段时间内都会作为主要的犯罪类型存在于我国。其次是职业特征和生活行为因素。可以想见的是，那些最容易受骗的人，很有可能是最频繁地接触网络的人，接触网络的频率越低，成为网络犯罪被害人的概率当然就越低。不仅如此，结合对于受教育程度的分析，如果此类人群受教育程度不高，那么其被害风险就是相当高的。对此我国学者认为，学生和自由职业者更容易受到侵害，相比一般人他们会将更多的时间用在网络中。① 最后是生活方式。人们的生活方式也会影响到其被害概率。比如，那些经常在网络上购物的人，相比那些不经常在网络上购物的人，更有可能因为与网络购物相关的诈骗行为而遭受损失。

（2）高危地区

无论是何种类型的犯罪，在统计学上都不可能是完全随机分布的，一定有一个或多个区域是此类犯罪的高发地区。比如，对于毒

---

① 参见杨国杰：《论网络诈骗犯罪的被害人》，载《湖北警官学院学报》2016年第5期，第70页。

品类犯罪而言,就存在这样的高危地区。① 再比如,对于电信诈骗而言,公安部在 2017 年针对 9 个重点地区挂牌整治。② 这些网络犯罪的重点地区无疑应当成为全国范围内网络犯罪预警侦查措施的集中指向地区。这些地区之所以能够成为网络犯罪的高发地区,是因为这些地区具有不同于其他地区的经济、文化、人口特点。比如,有的地区为家族式的聚居区域,而这就为整个地区"团结起来"实施犯罪提供了相当的便利。发现这些重点区域,并且实现对这些重点区域的掌控,能够对在全国范围内遏制特定犯罪的蔓延具有重要意义。对于网络犯罪而言,虽然理论上行为人只需要一个能够接入网络的犯罪场所就能实施犯罪,但是,事实上在更多的情形下,网络犯罪的开展也许需要多人的分工合作,甚至需要形成一套完整的"产业链"。比如,对于网络购物诈骗犯罪而言,就需要有专门的行为人负责 PS,除此之外,网页设计、话术培训、与被害人的沟通、取款等都需要不同行为人的分工合作。而所谓物以类聚、人以群分,当某地具有适合这样的犯罪实施的得天独厚的优势时,就会吸引更多的行为人向此地靠拢。而且,由于网络犯罪不要求行为人和被害人同处一地,这就给行为人的聚集提供了便利。因此,对于网络犯罪而言,存在高危地区就在情理之中。但如果掌握了这些区域,也就为一网打尽犯罪嫌疑人提供了便利。

与高危地区密切相关的概念是犯罪热点。"犯罪热点是指存在不同空间尺度上的犯罪聚集状态。热点泛指空间上的一个区域,在这个区域内,犯罪率水平显著高于整个地域的平均水平。"③ 目前国内已经有学者发表了相关的论文,并且指出了基于犯罪热点形成的

---

① 参见靳高风、王玥、李易尚:《2016 年中国犯罪形势分析及 2017 年预测》,载《中国人民公安大学学报(社会科学版)》2017 年第 2 期,第 6 页。
② 参见甘肃网警:《公安部:10 个电信网络诈骗犯罪重点地区摘牌,启动挂牌整治工作》,载百度网(https://baijiahao.baidu.com/s?id=1585837515166159087&wfr=spider&for=pc),访问日期:2020 年 6 月 1 日。
③ 〔英〕Spencer Chainey、〔美〕Jerry Ratcliffe:《地理信息系统与犯罪制图》,陈鹏、洪卫军、隋晋光、瞿珂译,中国人民公安大学出版社 2014 年版,第 105 页。

犯罪地图在犯罪预防方面所能起到的重要作用。①

具体而言,犯罪地图的建立需要大数据的支撑。不过,详尽的数据仅仅是形成犯罪地图的第一步,之后还需要对这些数据进行信息的整合。② 目前形成犯罪地图所依据的数据来源于各个部门,包括金融业、公安、交通,等等。这些信息隔离开来,并不具有太大的意义。但是,一旦将这些信息整合起来,其所能发挥之优势将远远胜于点对点的犯罪预测和防控,进而有利于侦查预警措施的宏观布局和有的放矢。犯罪地图在形成之后,应当注意向政府有关部门传递,这样有利于政府决策的合理开展。不仅如此,犯罪地图同时更应当注意向一线的防控部门延伸。这主要体现在公安机关的侦查部门。正如上文所述,侦查不仅包括刑事案件发生后的侦查,还包括刑事案件发生之前的事前侦查。而犯罪地图能够通过锁定犯罪热点的方法,使得侦查部门能够有重点地在海量的信息中筛选出有价值的信息,合理分配侦查资源。

2. 事前侦查适用之犯罪类型

目前在我国,网络犯罪事前侦查的适用主要集中在某几类特殊的犯罪类型上。换言之,并不是所有的传统犯罪类型都能够无缝隙地转入网络犯罪领域。了解这一特性,能够使侦查人员更好地集结优势力量,有重点地解决网络犯罪问题。本章只列举分析以下两种。

(1)恐怖活动犯罪

2018年修正的《反恐怖主义法》第3条对恐怖活动进行了界定,基于以上规定,所谓恐怖活动犯罪,主要包含以下几点特征:其一,在行为样态上,使用暴力、破坏和恐吓等手段。所谓暴力,一般来讲是针对人的暴力。破坏,指的是对物的暴力。恐吓,是指通过

---

① 参见王梦瑶:《大数据背景下侦查创新研究》,中国人民公安大学2018年博士学位论文,第71页。
② 参见单勇:《犯罪热点成因:基于空间相关性的解释》,载《中国法学》2016年第2期,第300页。

以恶害相威胁的方法使他人产生恐惧心理,从而达到特定的犯罪目的。其二,在行为效果上,制造社会恐慌,危害公共安全,侵犯人身财产,或者胁迫国家机关、国际组织。其中,公共安全、人身财产属于刑法所保护的法益,而制造社会恐慌、胁迫国家机关、国际组织则并未作为单独的法益被规定在刑法之中。因此,有多种诠释方式,比如,可以将这两种效果理解为侵犯了社会管理秩序,也有观点将其理解为等同于侵犯了国家安全法益,等等。其三,在行为目的上,行为人是出于政治、意识形态等目的。换言之,行为人通常会有较为长期的计划,而不会只着眼于眼前的利益。行为人通常寄希望于通过实施恐怖活动而实现对一国政体之改变,或者实现某一特定地区的"独立"。

从以上特点不难看出,恐怖活动犯罪的典型样态并非是网络犯罪。在实践中,造成广泛社会恐慌的恐怖活动犯罪通常发生在现实生活之中,恐怖分子通过实施暴力犯罪,直接侵犯他人的人身和财产安全,最终造成恶劣的社会影响。但是必须认识到以下两方面内容。

其一,恐怖活动犯罪中,并不是所有类型的恐怖活动犯罪都必须通过现实的暴力而实施。比如,恐怖活动犯罪的客观样态包括"破坏",而"破坏"并不只是意味着在现场实施暴力破坏。恐怖分子完全可以通过远程的操控,通过计算机病毒的方式,破坏计算机信息系统。而如果作为犯罪对象的计算机信息系统直接关系到公民的人身、财产安全,那么恐怖分子通过网络空间实施的破坏行为很可能会造成比现实中实施的恐怖活动犯罪更加恶劣的社会效果。比如,恐怖分子可以通过计算机网络攻击某一个核电站的操作系统,进而使得操作系统发生故障,最终导致核事故。再比如,恐怖分子可以通过计算机网络攻击飞行器的自动航行系统,最终导致飞行事故。还比如,恐怖分子可以通过计算机网络攻击金融系统,最终导致客户信息的大范围泄露,进而威胁到金融市场的稳定,乃至整个社会的稳定。这些都不是局限于一地的、街面意义上的恐怖活动犯罪所能比拟的。毋宁说发生在网络领域的恐怖活动犯罪才是更应当引起侦查人员重视的犯罪类型。这样的恐怖活动犯罪,甚至不需要恐怖分子身处国内,就可以通过计算机网络使得整个国家面临危机。

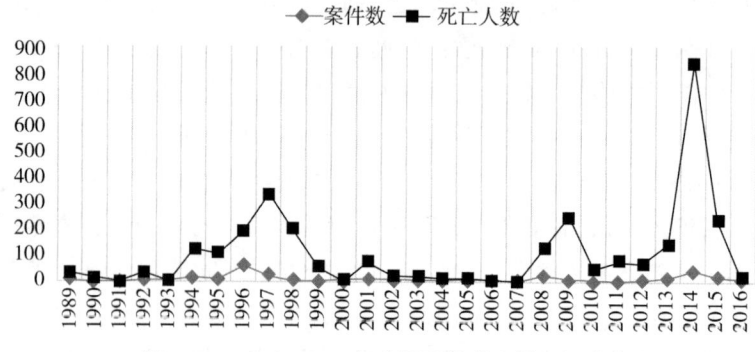

图 4-1　1989—2016 年我国恐怖袭击情况概览①

如图 4-1 所示,我国恐怖活动犯罪所造成的危害总体上维持在较低水平,在某一个时间节点,尽管案件数量整体保持稳定,但是受害人数却会呈现出爆发式的增长。这提醒我们对恐怖活动犯罪的防范一刻都不能松懈。尤其是在网络越来越普及的今天,网络恐怖活动犯罪所造成的损失,无法单纯用死亡人数来衡量。对这样的恐怖活动犯罪如何防范,很大程度上取决于事前侦查是否有效。

其二,正如《反恐怖主义法》中所定义的,除了那些作为实行行为的恐怖活动犯罪之外,还有一些帮助类型、预备类型的恐怖活动犯罪。这些恐怖活动犯罪与网络空间具有相当紧密的联系。比如,为恐怖活动犯罪准备工具、制造条件的行为就有可能通过网络实施。恐怖分子很有可能通过信息网络招募人员、制订计划、查找攻击目标的信息等。在网络技术尚未普及时,恐怖分子通常只能通过实地考察来了解攻击对象的详情,但是,在网络技术普及之后,恐怖分子甚至能够了解到实地考察所不能了解到的信息。这在一定

---

　①　参见王梦瑶:《大数据背景下侦查创新研究》,中国人民公安大学 2018 年博士学位论文,第 72 页。

程度上为后续恐怖活动犯罪的实施提供了便利。比如,当恐怖分子准备以一栋写字楼为攻击目标时,他需要提前了解大楼的内部结构和人员构成。如果通过实地考察的方式去掌握这些信息,可能会非常困难。因为写字楼多有门禁,人们不能随意进出,无法进入建筑物内部,也就无法了解到建筑物的内部结构。但是,通过计算机网络,恐怖分子可以查询该楼的设计图纸,详细全面地掌握整栋楼的内部结构,并且通过对人事信息的查询了解到在楼内工作的人员的详细信息。这些工作如果通过实地考察的方式进行,不仅费时费力,而且很难做到对信息的全面掌握。但是,通过网络空间,几个人坐在一起点击鼠标就能完成。这为恐怖活动犯罪提供的助力是难以估量的,必须引起侦查人员的重视。另外还有一个现象需要引起关注,即恐怖分子对于恐怖主义思想的宣传,在过去主要通过发传单、线下宣讲等方式,而这些是很容易被发现的。但是,在网络时代,这种传统的宣讲模式也开始发生改变,逐渐从线下转移到线上。常见的,比如恐怖分子会在网络上共享恐怖活动的资料,包括恐怖主义的思想、恐怖活动的具体实施方式等,好奇的网民可能会去下载,甚至相互传播,其影响远远超过线下一对一、一对多的宣讲方式。现实中已经发生过多起类似的案件。

问题在于,这些视频的制作者通常难以被溯源,而受到处罚的通常只是出于好奇心理传播这些视频的网民。由于这些网民并不具有恐怖活动犯罪的目的,所以似乎并不满足《反恐怖主义法》对恐怖活动犯罪的界定。之所以处罚传播恐怖活动视频的网民,主要在于他们的行为客观上起到了促进恐怖主义思想蔓延的效果,如果不对此现象进行遏制,这些恐怖主义思想将持续存在于社会之中,造成极其恶劣的影响。因此,出于刑事政策的考量,有必要通过刑事处罚的方式将此类信息的传播尽可能控制在规模较小的人群之内。否则,一旦这些视频被某些容易被挑唆的人看到,这些人是有可能仿效视频内容实施恐怖活动的。在实践中,有一类恐怖活动犯罪叫做独狼式恐怖活动犯罪。此种恐怖活动犯罪的特点在于,恐怖分子通常与恐怖组织并没有明确的隶属关系,恐怖组织也不清楚这些恐怖分子的存在。这些恐怖分子基于自己的信念实施犯罪,他们在实施恐怖活动犯罪时并没有接受任何人的领导。如果说这些恐怖分子与恐怖组织还是有一种联系,这种联系可以被认为是一种意识形态上的联系,恐怖分子正是因为附庸于此种意识形态才选择独自实施恐怖活动犯罪。而这种意识形态的传播,很大程度上依赖于此类恐怖主义视频、资料的广泛传播,只要有一个人受到影响,造成的危害就是难以估量的。因此,实践中重拳打击通过网络传播恐怖主义视频的行为,正是考虑到网络传播的便利性、蔓延性,以及此类恐怖主义视频的危害,而作出的不得已的选择。

(2) 违禁品犯罪

利用网络实施违禁品犯罪,已经逐渐演变为一种不可忽视的犯罪类型。这里的违禁品范围十分广泛,包括毒品、枪支、弹药等。目前在我国,比较常见的是毒品和枪支、弹药的网络交易。对于传统的违禁品犯罪而言,由于特情的介入,所以在收集证据方面并不存在太大的困难。但是,通过网络售卖违禁品这样一种犯罪类型在取证上可能会变得非常困难。根据最高人民检察院的报告,网络和物流使得打击毒品犯罪的难度加大。[①] 具体而言,网络形式的违禁品犯罪主要存在以下几点问题:

其一,交易双方在交易过程中并不会直接使用诸如"枪支""冰毒"等表述方式,而是通过各种形式的隐语或者"黑话"隐藏自己的犯罪意图,这就给侦查人员带来了很大的困难。因为通过传统的技术侦查手段,侦查人员难以直接通过关键词检索的方式查找犯罪线索,即便侦查人员了解到一批隐语用词,一旦这批用词更新,直接通过检索关键词的方式进行事前侦查仍然会陷入困境。这就对侦查人员的侦查技术提出了更高的要求,侦查人员必须能够通过多重指标,综合评析某一网络交易行为的危险程度。比如,可以将上文提到的高危人群和高危地区作为评估交易行为危险程度的重要指标。

---

① 参见《最高检:利用网络和物流运输毒品成毒品犯罪常态》,载新浪网(http://news.sina.com.cn/o/2019-06-25/doc-ihytcitk7479855.shtml),访问日期:2020年6月10日。

其二,通过物流形式进行违禁品的交付提高了案件的侦破难度。这里存在这样几个问题。首先,寄件人身份登记制度没有完全落实。在不少地区,寄件人并不需要任何的身份登记,如此一来,即便在物流过程中发现包裹存在问题,也很难直接通过溯源的方法查找到寄送人员。其次,犯罪嫌疑人为了规避物流行业对寄送人身份登记的要求,会利用不知情第三人的名义寄送包裹,这样的话,即便是溯源也溯及不到自己身上。而不知情的第三人很可能并不认识犯罪嫌疑人。当出现问题时,犯罪嫌疑人可以脱身而去,留下不知情第三人"顶包"。最后,犯罪嫌疑人在寄送包裹时,会使用假的身份信息,或者冒用所购买的他人身份信息,这些都为案件的侦查带来了很大的难度。①

所以,对于违禁品犯罪的侦查,如果仅仅局限于传统意义上的事后侦查模式,很有可能会陷入被动。尽管对于这些新兴的犯罪类型,主动侦查模式可能会显得捉襟见肘,但是,如果对主动侦查模式所依赖的侦查技术进行及时的更新,在事前锁定行为人,或者锁定行为人的大致范围,这样就有可能在行为人实施犯罪之前制止其犯罪。

3. 事前侦查所依赖的侦查技术

在互联网时代,实现对网络犯罪的事前侦查的重要技术就是大数据侦查技术,其中,数据包嗅探是最为常用的侦查技术之一。数据包嗅探技术是实现无线网络监听的重要技术保障。② 数据包嗅探主要遵循以下逻辑:其一,网络数据包的捕获。如果用户的行为满足了过滤器中对于过滤规则的要求,那么模块就会打开一个捕捉器,"捕获经过机器的数据包"。通过对该数据包的分析,侦查人员能够获得诸如报文头、源 MAC 地址、目的 MAC 地址、源 IP 地址、目标 IP 地址等相关信息。其二,敏感信息的获取。第一步过滤规则的

---

① 参见《物流快递成为贩毒新渠道》,载凤凰网资讯频道(http://news.ifeng.com/c/7fcTPMywIT6),访问日期:2020 年 6 月 10 日。
② 参见陈金英、唐丽玉:《基于 Sniffer 的网络经济犯罪预警系统设计》,载《电脑编程技巧与维护》2016 年第 22 期,第 64 页。

内容只是起到一个宏观限缩收集数据包范围的作用,之后还需要对数据包的内容进行仔细的筛选,找出有价值的信息。其三,在筛选出敏感词后,预警模块就应当发出预警,提示侦查人员发现可能的网络犯罪。① 应当注意数据包嗅探技术与区块链技术之间的联系。区块链技术本质上是一种综合性的信息技术。这种技术通过预设规则,使得数据的收集更加有序,并且能够筛选出有效数据,而且,"区块链分布式传播机制可确保各节点同步获取信息,从而迅速响应反应机制,快速参与到侦查协作中"②。

事实上,事前侦查模式所依赖的大数据侦查技术,最为重要的就是信息的筛选和提取机制。大数据时代的重要特征就是数据的混杂性增加。在这样的背景之下,如何确保信息的质量、信息的真实性、信息的相关性,都需要侦查人员合理设定筛选规则,从而提高网络犯罪预警机制运行的准确性。针对如何设计有价值的筛选规则,我国学者提出,应当从过去的案件入手发现规律。换言之,大数据侦查的重点就在于"认识过去"。已经侦破的案件具有丰富的案件信息和背景信息,能够为侦查人员总结规律提供充足的信息基础。③ 不过,已经侦破的案件存在一定的局限性,这些案件也许具有地域性特征,整合这些案件发现规律的方式,很可能得出的结论是不符合实际的。而且,已经侦破的案件是一个过去时,它们一定是落后于现在的犯罪发展形势的。比如,对于违禁品犯罪而言,过去案件中常见的隐语,可能在现在和未来的案件中不再被使用。再有,已经侦破的案件数量有限,从整体上来看,也许单个案件的信息足够丰富,但是这些信息并不足以支撑起具有一定普适性的规则的建立。

大数据侦查除了从过去的案件中寻求相关规律之外,还应当重

---

① 参见陈金英、唐丽玉:《基于 Sniffer 的网络经济犯罪预警系统设计》,载《电脑编程技巧与维护》2016 年第 22 期,第 65 页。
② 李康震、陈刚、周芮:《区块链技术在侦查领域中的应用研究》,载《信息资源管理学报》2018 年第 3 期,第 87 页。
③ 参见王梦瑶:《大数据背景下侦查创新研究》,中国人民公安大学 2018 年博士学位论文,第 82 页。

视对网络舆情的分析。网络舆情对于犯罪侦查具有非常重要的意义。比如,某些网络谣言的散布,都是从一到多,然后达到"炸点",引起网络舆情的"爆炸",最终使侦查人员陷入被动。所以,必须针对网络空间中社会情绪的蔓延设定监控机制,从而消除社会不安定的重大隐患。具体而言,可以通过对于点击量的监测,发现某些行为人异常的情绪波动,这对于网络舆情和网络谣言的监控具有重要的作用。另外,侦查人员还应当对常见的敏感话题有所掌握,从而能够在日常的大数据侦查中有重点地进行网络监控,并且对网络舆情作出倾向性分析和趋势分析。比如,鉴于目前国际范围内的防疫形势,关于疫情的谣言仍可见于互联网平台之中。在提早了解到这一点的前提下,侦查人员就可以通过关键词的检索、关键信息的检索,及时发现可能引起关注的谣言,并在行为人实施犯罪之前及时删除谣言,控制谣言的蔓延。

(二)事后侦查模式

所谓事后侦查模式,主要指的是在案件发生之后,为了寻找犯罪嫌疑人所遵循的侦查模式。事后侦查模式适用于一切犯罪类型。对于网络犯罪而言,事后侦查模式当然是一种无法忽视也绝对不应被忽视的侦查模式。

1. 主要侦查措施

首先,事后侦查模式的核心在于犯罪线索的发现。而在线索发现阶段,主要依赖的侦查措施首先是网络摸排。对此我国有学者指出,传统的摸底排队,是指通过对案情的分析,划定范围,在该范围内进行逐个排查,而在新型犯罪尤其是网络犯罪中,这种排查方式需要进行一定的改进。① 传统的摸底排队的侦查模式,依赖的是侦查人员对一定范围内住户的全面排查,挨家逐户搜集线索。而在网络犯罪的侦查过程中,运用这种侦查模式可能会面临一些困境。因

---

① 参见王秋杰:《论网上摸底排队》,载《湖北警官学院学报》2009年第2期,第80页。

为网络犯罪需要排查的信息量可能非常之巨大,这时候就非常依赖相关的侦查技术的运用和发展,从而提高摸底排队的精准性和效率。① 具体而言,网络摸排和传统的摸排方式基本上遵循相同的逻辑进程。第一步,应当根据作案特点合理缩小摸排范围。换言之,作案的特点越明显,摸排的范围就越小。这就要求侦查人员能够从案件中获取尽可能多的信息。在传统刑事案件的侦查过程中,一些犯罪嫌疑人的行为模式相当固定,他们通常使用固定的作案工具,作案手法也非常相似。在发现这些特点之后,锁定犯罪嫌疑人就有了依据。对于网络犯罪而言,困难之处在于,不少网络犯罪属于一种有组织犯罪,这些网络犯罪遵循了大致相同的流程。以网络诈骗犯罪为例,虽然网络诈骗中犯罪嫌疑人所编造的理由层出不穷,但是大体上仍集中在相当固定的范围之内。这也就意味着,全国范围的网络诈骗犯罪嫌疑人几乎都会运用这样一套模式化的诈骗流程,这也导致此类案件中足以将犯罪嫌疑人区分出来的特性较少,从而给网络摸排带来了非常大的困难。但是,困难并不代表不可能。正如上文所言,网络犯罪中,犯罪行为所蕴含的信息并不是那么容易灭失,行为的各个环节都会在网络中遗留下信息,无论这些信息的质量如何,都保存了犯罪嫌疑人的部分特征。充分掌握这些信息,就能在很大程度上缩小网络摸排范围。所以,归根结底,网络摸排还是要依靠对信息的充分掌握。第二步,通过高危人群和高危地区进行网上摸底排队。这可能是比较常用的一种摸底排队方式。无论是在传统刑事案件的侦查过程中,抑或在网络犯罪的侦查过程中,通过高危人群限缩排查范围都是一种不可忽视的侦查思路。无论是哪一种刑事案件,通常都有一些可以锁定的高危人群和高危地区。对于网络犯罪而言,侦查人员可以在第一步的基础上限缩排查的地域范围,再收集特定地区内犯罪的高危人群和高危地区,最后通过信息之间的碰撞和比对,进一步缩小下一步的排查

---

① 参见王秋杰:《论网上摸底排队》,载《湖北警官学院学报》2009年第2期,第81页。

范围。

其次,事后侦查模式中另一个非常重要的侦查措施就是阵地控制。对于何为阵地控制,我国学者给出了精准的定义。所谓阵地控制,是指"运用公开管理和秘密力量相结合,控制犯罪人员经常涉足、利用和易受犯罪侵害的吃、住、行、消、乐等场所或行业,从中发现、查缉、控制犯罪的一项刑侦基础工作"[①]。阵地控制适用于事后侦查模式有两种情况:一种是通过被害人的报案了解到犯罪信息,依据该信息开展案件的侦查活动。另一种是通过日常的阵地控制发现犯罪线索。这种阵地控制有些类似于事前侦查,但是不同之处在于,其首要目标在于发现可能表征了某些犯罪的可疑信息,在发现这些可疑信息之后,侦查人员就能有的放矢,顺藤摸瓜查找案件的其他信息。此时,被害人很可能还并不知情。

总体上,由于事后侦查通常属于一种精准性的侦查,因此侦查人员通常对犯罪嫌疑人的信息掌握得比较全面。在此基础上,实现有针对性的阵地控制将极大提高侦查效率。在刑事案件发生后,侦查人员会根据既往案件的规律以及犯罪嫌疑人的特点,进行有针对性的阵地控制。比如,在重大盗窃案件发生后,犯罪嫌疑人很有可能在第一时间尝试销赃,那么,典当行、金店、二手车交易市场等就应该作为侦查人员的重点控制场所。但是,由于阵地控制耗时耗力,需要投入大量的侦查资源,因此,虽然阵地控制也能够作为事前侦查的有效措施,出于节省侦查资源的需要,通常不会进行长时间、大范围、高强度的阵地控制(当然,维持日常的阵地控制对于发现犯罪线索十分重要)。不过,在犯罪发生后,进行有针对性的阵地控制就显得十分必要。比如,之所以将典当行、金店、二手车交易市场等作为刑事案件发生后的重要侦查阵地,原因在于犯罪嫌疑人与这些场所具有较多的交集。但对于网络犯罪而言,发现这种交集非常困难:

---

① 马忠红:《论侦查阵地控制的发展趋势》,载《江西公安专科学校学报》2009年第4期,第31页。

其一,网络空间具有匿名性。比如,犯罪嫌疑人在销赃过程中,很有可能只是在网络上通过非常隐晦的方式发布消息,留下的联系方式也是难以溯及到源头的电子邮箱或者手机号码等。与之相对,传统刑事案件侦查中所强调的阵地控制,通常会有一个重要的环节,那就是验证登记。① 通过这种方式,一旦发现可疑线索,就能够直接通过溯源的方式查找到问题的源头。但是,网络空间中的验证登记制度相比现实生活中的重点场所的验证登记制度,落实得仍然不够充分,或者受到各方面的限制:一是许多重要的交易过程并不存在严格意义上的验证登记制度。这是平台自身的问题。比如,不规范的二手物品交易平台很有可能会出现类似的问题。二是犯罪嫌疑人很有可能使用虚假身份。目前,针对公民个人信息的犯罪数量与日俱增,假冒他人身份实施犯罪的案件屡见不鲜。犯罪嫌疑人很可能使用的是他人的真实身份证件,但由于缺少对犯罪嫌疑人面部识别的流程,事后信息的查验很可能会走向歧途。归根结底,这是网络信息的平面化和单薄化导致的结果。相比之下,现实生活中的销赃通常需要面对面的交易,即便犯罪嫌疑人使用的是虚假身份,但是在天网工程开展得如火如荼的今天,犯罪嫌疑人总会留下影像踪迹,基本上无处遁形。而网络空间中的销赃行为则基本上不会留下这样的踪迹,这就为网络空间内的阵地控制带来了困难和阻碍。

其二,网络销赃具有便利性。犯罪嫌疑人的销赃信息通过网络总能获得足够的曝光度,这种曝光度使得网络销赃相比现实生活中的销赃更加高效和便捷,买方和卖方根本不需要见面,只需要在网络上留言、互留地址就可完成交易,剩下的就只是赃物的投递等。所以,一般的刑事案件尤其是财产案件发生后,犯罪嫌疑人通常会沉寂一段时间,以隐藏踪迹,降低曝光率,而网络空间的匿名性和沟通成本的低廉性,使得越来越多的犯罪嫌疑人将网络作为重要的销

---

① 参见马忠红:《论侦查阵地控制的发展趋势》,载《江西公安专科学校学报》2009年第4期,第33页。

赃渠道。

其三,网络销赃具有广泛性。现在的网络销赃已经不再局限在一个地区,而是可能遍及全国,买方或者卖方甚至可能身居海外,这些都给侦查带来了非常大的困难。因此,相比现实生活中通过面对面的交流进行销赃,通过网络虚拟空间进行销赃为买方和卖方都提供了不少的便利。而目前,除了直接以被害人网络银行账号里的存款为犯罪对象的网络财产犯罪,其他类型的网络犯罪,尤其是通过网络销售违禁品的犯罪,比如网售枪支、弹药、爆炸物以及网络贩毒等,都将网络看作重要的交易渠道以及销赃空间。

但是,尽管存在上述困难,却并不代表网络犯罪的阵地控制就毫无可能。实现网络犯罪的阵地控制,必须重视以下几个方面:

其一,重视落实验证登记制度。目前,验证登记制度在许多正规交易平台落实得比较到位,比如,一些正规的网络二手物品交易平台,均要求买方和卖方进行比较全面的信息登记,包括身份证号码、银行卡信息、手机号等,有的交易平台还会要求上传身份证件等。而收集的信息越充分,就越有利于犯罪后可疑信息的溯源,也越能挤压犯罪嫌疑人的销赃空间,将其从"舒适区"中逼出来。不过,对于一些不正规的交易平台,这种信息登记制度就难以得到监管和落实。

其二,结合使用其他侦查手段。对于非正规交易平台,在短时间内将其"一网打尽",或者要求其完全落实信息登记制度并不现实。此时就需要一些其他的侦查手段,综合运用多种手段实现对于特殊网络空间的阵地控制。具体而言,就是特情控制措施。实践中,在犯罪发生后,被害人尚未发觉时,通过特情控制的方法能够及时掌握犯罪信息,从而侦破案件。[①] 在网络阵地控制中,当然要有特情人员的存在,尤其对于那些不正规的交易平台,特情人员所起的作用往往是普通的侦查人员所不能替代的。特情人员通常更了解

[①] 参见马忠红:《论侦查阵地控制的发展趋势》,载《江西公安专科学校学报》2009年第4期,第33页。

这些平台的运转规律和特点,也就更容易在看似普通的信息中发现异常,进而找到可能的犯罪线索。

其三,锁定高质量阵地。实现阵地控制的前提就在于能够锁定一个阵地,而锁定一个好的阵地能够使得侦查活动事半功倍。一个好的阵地通常需要具有以下两个特征:首先,通过对过去的案件情节的总结,可以发现其在某特定平台的发生率显著高于其他同类型平台;其次,该平台具有可监控性,换言之,维持日常的阵地控制并不存在太大的困难,相反,平台如果存在太大的技术阻碍,抑或存在彻底的匿名性,要对其实现阵地控制有可能需要投入大量的侦查资源。这是决策者需要仔细权衡的问题。

总之,在线索发现阶段,实现良好的阵地控制和高效率的网络摸排十分重要。其中,阵地控制相比网络摸排具有一定的独特性,正如上文所述,它能够使侦查人员在被害人尚未报案时就发现犯罪信息,这对于侦查人员提高侦查效率、抢得先机具有十分重要的意义。总体上来说,两种侦查措施对于线索发现都十分重要,在具体的侦查过程中需要注意结合使用。

2. 主要侦查技术

电子取证技术是网络犯罪事后侦查中所需要的重要技术类型,有必要对其进行宏观的梳理。我国学者对于电子取证的模型进行了深入研究,并提出了大数据环境下电子取证的层次化模型。总体上来看,这个模型非常具有参考价值。

在具体的技术细节方面,数据恢复技术是电子取证技术中的重要技术之一。对于网络犯罪而言,电子数据对于查证犯罪过程、锁定犯罪嫌疑人十分关键,因而是网络犯罪侦查的重点所在。而犯罪分子显然也熟谙这一点。所以,他们会通过各种方式销毁与犯罪相关的电子数据。当犯罪行为发生后,与其相关的数据信息一方面可能留存于第三方平台,另一方面会留存在犯罪分子所使用的电子设

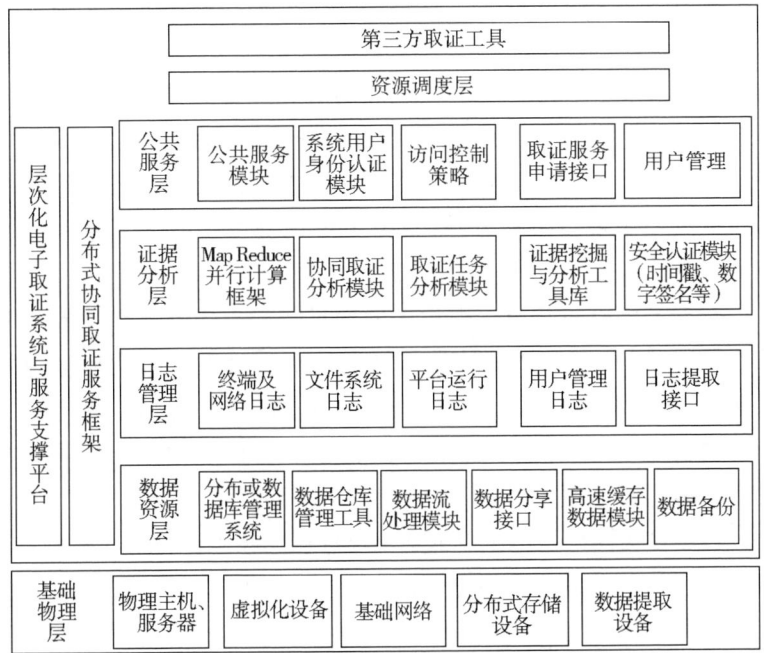

图 4-2 大数据环境下的层次化电子取证模型①

备之中,他们有的会选择通过物理方式销毁,比如砸毁硬盘,有的则通过系统操作的方式销毁,典型的就是数据格式化。格式化早在 2004 年马加爵案中就已经被使用过。在该案中,行为人在实施犯罪之后,通过格式化手段清除了自己电脑硬盘中的信息,企图借此掩盖自己的行踪。但是,侦查人员仍然通过数据恢复手段发现,行为人在出逃前几天通过电脑查询过海南的旅游、交通等信息。侦查人员据此确定了下一步侦查重点,很快就在海南省将行为人抓获。② 根据我国学者的论证,除非犯罪分子使用了非常专业的删除算法(这将大大增加数据恢复的难度),普通的数据删除方式恢

---

① 参见姜凤燕、姜瑾、姜吉婷:《基于大数据环境的电子取证研究》,载《信息网络安全》2016 年第 9 期,第 62 页。
② 参见关非:《小荷才露尖尖角———国内计算机取证技术市场面面观》,载《信息网络安全》2005 年第 9 期,第 18 页。

复起来通常并不困难。而无论犯罪分子使用哪一种数据删除方式,总能留下一丝痕迹。其原理在于,数据在移动过程中,总会留下数据痕迹,这些数据痕迹可以成为数据恢复的重要依据。[1] 当然,如果行为人通过物理方式销毁硬盘等存储设备,那么数据恢复几乎是不可能的。实践中,有一些犯罪分子会在电脑运行过程中通过砸毁电脑摧毁数据,此种情形下如何进行数据恢复还需要技术人员深入研究。

数据加解密也是电子取证中的常见技术。侦查人员在收集电子数据时,通常会遇到两种数据加密情形。最主要的情形是犯罪分子通过人为设定密码的方式加密。此时,获取密码是取得电子数据的关键。侦查人员一方面可以通过讯问的方式获得,另一方面可以通过技术手段破解,尽管在许多情形下这并不容易。

数字签名同样是电子取证中不可忽视的技术。[2] 数字签名与传统的手写签名相比,最突出的优势在于难以伪造。传统手写签名会给犯罪分子伪造他人签名提供充分的空间。为防止这一现象,数字签名中利用了多项特殊的密钥技术,使得对数字签名的伪造变得极其困难。数字签名能够准确"识别并记录文件信息的有效范围,同时能够有效保证文件信息的完整性和准确性"[3]。基于这些特征,数字签名在电子取证中具有很强的说服力,行为人几乎很难进行抵赖,这就提高了此类电子数据的证据效力。

入侵检测系统(IDS)同样是网络犯罪侦查中的常用技术。入侵检测系统可以通过各种方式筛选出网络行为中的异常行为和被攻击迹象,在这个过程中,入侵检测系统一方面可以防卫系统安全,另一方面也可以对入侵行为进行记录并将相关数据留存,"包括日志

---

[1] 参见封令宇:《计算机取证中数据恢复关键技术研究与实现》,北京邮电大学2018年硕士学位论文,第4页。

[2] 参见王淼:《数字签名技术在网络安全中的应用》,载《电子测试》2019年第6期,第66页。

[3] 王淼:《数字签名技术在网络安全中的应用》,载《电子测试》2019年第6期,第66页。

记录、攻击的行为结果、网络流量的变化,并进行分析"①。就目前而言,常见的入侵检测技术主要有以下两种:一是基于统计分析的检测方法。此类检测方法的特征在于,通过大数据统计发现存在较大统计偏差的网络行为,并将其标记为异常行为。二是基于规则的检测方法,又细分为向前推理的检测规则和向后推理的检测规则。② 此外,还有基于模式预测以及基于免疫系统的检测方法等。目前,IDS通过与网络犯罪侦查中的取证技术结合,对互联网中的可疑行为进行筛选和分析,并且对该筛选过程进行数据留存,已经被作为可靠的电子数据来源,被广泛运用于证明犯罪事实方面。

三、网络犯罪侦查与隐私权保护

对于网络犯罪的侦查而言,最重要的相关法律问题是大数据侦查带来的侵权问题。我国目前并未对侦查过程中电子数据的收集和使用作出明确而细致的规定。考虑到大数据侦查可能带来的后果,有必要对侦查过程中收集电子数据的过程进行专门的立法。

(一)问题:网络隐私侵权

大数据侦查可能带来的主要问题是对公民隐私权的侵犯。大数据的特征在于强大的数据收集、存储和分析功能,这种功能本身就蕴含着侵犯公民隐私权的危险。

在进入网络时代后,公民的信息相比传统社会更加立体而全面。这集中体现在公民的各种网络行为之上。如果人们想要使用微博,就需要填写详细的注册信息,而在翻阅微博的过程中,也会留下相应的行为痕迹。这些信息是人们主动提供的。但是,还有一些

---

① 李玲俐:《网络犯罪下电子取证技术研究与探索》,载《智能计算机与应用》2020年第2期,第152页。

② 参见李威、杨忠明:《入侵检测系统的研究综述》,载《吉林大学学报(信息科学版)》2016年第5期,第659页。

信息的收集是人们并不会意识到的。比如，人们在使用手机地图时，就可能被网络运营商提取了位置信息和行程信息。在使用一些手机 APP 时，手机里的信息可能会通过 APP 的后台程序传送给运营商，从而导致信息的泄露。大数据侦查同样面临这样的问题，虽然其目的是正当的，但是手段是否正当仍具有讨论的空间。因为大数据侦查不仅会收集与犯罪嫌疑人相关的信息，而且还会收集与犯罪无关的其他信息。只有建立在这些信息的综合使用基础之上，大数据侦查才有可能起到应有的作用。

大数据侦查除了会使用公安机关已经登记的公民信息之外，还会通过反向身份识别技术对公民的网络行为进行监控，从中发现犯罪线索。这里的反向身份识别技术，是指虽然信息本身并未显示提供者的姓名等关键信息，但是通过对信息的逆推和溯源就可以一步步地溯及信息的来源和提供者。基于大数据的强大运算和分析功能，通过非常少的公开信息就能推测出公开信息背后的隐私信息。而网络空间的特性对此同样起到了推波助澜的作用。人们在网络中主动或者被动留下的信息可能会基于网络空间的"可搜索性和永久存续性"而被长期保存在网络空间之中[①]，通过对这些信息的积累和分析，人们的形象在网络中将变得越来越丰富和全面，这又给公民隐私权的保护带来了很大的困难。

具体而言，大数据侦查过程中进行的数据挖掘可以分为三类。第一类是在明确目标对象的前提下展开数据挖掘。第二类是对比型数据挖掘，即确定对象是否符合犯罪嫌疑人的相关特征而以比对为主要目的展开的数据挖掘。第三类是以具体事件为起点的数据挖掘，此类数据挖掘通常没有明确的嫌疑人范围，而是基于特定的规则搜寻特定的行为模式。此处以位置信息为例尝试说明这一点。在网络犯罪的侦查过程中，基于上文中提及的侦查模式，必然涉及对大量位置信息的收集和运用，而位置信息相比其他的敏感信

---

① 参见徐明：《大数据时代的隐私危机及其侵权法应对》，载《中国法学》2017 年第 1 期，第 133 页。

息,比如身份证信息、银行卡信息等,常常并不容易被人所重视。但事实上,位置信息与个人的隐私密切相关。我国学者认为,第一,位置信息与身体隐私相关联。① 比如,如果位置信息曾定位某人在医院,那么就可以依据该位置信息推断其身体状况。第二,位置信息与空间隐私密切相关。② 第三,位置信息与信息隐私密切相关。③

对此,我国有学者总结道,大数据侦查使得犯罪侦查的效率大大提高,有利于合理分配警力,实现更加有效的犯罪打击和防控。④ 但是这同样意味着公民在强大的大数据侦查面前几乎没有隐私可言,边沁所设计的圆形监狱,似乎在网络空间中通过大数据侦查这种兼具威慑的侦查措施变成了现实。因此,大数据侦查措施一方面提高了侦查效率,另一方面也起到了一定的威慑作用,使得公民自觉地约束自己的网络行为,只是这种大规模监控是否合理,仍有待考量。

不过,正如上文所述,面对日益猖獗的网络犯罪,大数据侦查已成为一个非常有效的犯罪预警手段,因此不能因噎废食,因为可能存在对公民隐私权的侵犯而放弃这一重要的侦查手段。换言之,在必要的范围之内,个人利益有必要向公共利益让步,而存储数据的运营商也应当在必要的情况下,通过法律规定的程序提供数据,以满足侦查的需要。如果过度强调公民隐私权的保护,大数据侦查必将寸步难行。

(二) 解决:网络侦查规范化

对于网络犯罪的大数据侦查,应当首先确立侦查手段的使用原

---

① 参见胡荣:《刑事侦查中位置服务数据利用及其立法规制》,载《学习与探索》2020年第4期,第61页。
② 参见胡荣:《刑事侦查中位置服务数据利用及其立法规制》,载《学习与探索》2020年第4期,第62页。
③ 参见胡荣:《刑事侦查中位置服务数据利用及其立法规制》,载《学习与探索》2020年第4期,第62页。
④ 参见程雷:《大数据侦查的法律控制》,载《中国社会科学》2018年第11期,第158页。

则,其次应在规范层面进行必要的立法补充。

对于大数据侦查所应遵循的原则而言,中国人民公安大学的陈刚教授提出了三点原则,即比例原则、最优原则和保密原则。在笔者看来,该概括是十分准确的。第一,就比例原则而言,鉴于大数据侦查可能带来的侵犯公民权益问题,使用此种手段必须考虑到犯罪本身的严重程度。对于那些并不严重,或者没有对公共利益造成侵犯,没有损害社会安全感的犯罪,就没有必要使用这种会给公共利益造成非常广泛影响且颇具争议的侦查手段。第二,就最优原则而言,在有其他更加便利的侦查措施时,应当谨慎使用大数据侦查手段,尽可能降低大数据侦查手段可能造成的不利后果。第三,就保密原则而言,大数据侦查的目的只能是预防和惩治犯罪行为,其中所收集到的各种信息不能被挪作他用。侦查信息的泄露很可能会造成非常恶劣的社会后果,在必要的情形下甚至需要追究相关侦查人员的刑事责任。

在以上原则的指导下,应完善大数据侦查的相关法律法规。对此,我国有学者总结了以下两个方面的立法建议。

一是应当在《刑事诉讼法》中明确大数据侦查的地位。具体而言,可以尝试在"技术侦查措施"中将大数据侦查作为一种全新的侦查措施进行规制。需要注意的是,网络犯罪侦查是否能够通过现行《刑事诉讼法》进行合理的规制,理论上可能存在一定的分歧。比如,有学者认为,刑事侦查可以区分为强制侦查和任意侦查。在一些情形下,网络犯罪的侦查,比如大数据侦查可能属于任意侦查。比如"对公开发布的电子数据的远程在线下载,不违背当事人的意志,也基本无侵入性,即为典型的任意侦查行为"[①]。但在其他情形下,网络犯罪侦查很可能属于一种强制侦查。该学者指出,侦查机关收集电子数据时的行为具有一定的侵入性,因而不能不认为这种

---

① 郑曦:《刑事侦查中远程在线提取电子数据的规制》,载《国家检察官学院学报》2019年第5期,第118页。

侦查行为属于强制侦查。而且,当事人对此通常并不知情。① 在此基础上,需要明确网络犯罪侦查中的信息侦查属于何种类型的行为。对此,我国有学者认为,侦查机关这种提取电子数据的方式其实就是搜查。不可否认,传统的搜查方式以物理搜查为主,但除去这一点,二者之间并无太大区别,基于此,将二者等同并不存在障碍。② 依据这种观点,对于网络犯罪侦查以及大数据侦查的法律规制,在现行的法律框架内即可实现。但是主张进行立法修正的观点认为,传统的搜查以物理搜查为核心特征,大数据侦查并不满足这种特征,不能将其归类于搜查。③ 因此,是否应当进行新的立法规制,取决于学者对于网路犯罪侦查措施以及《刑事诉讼法》相关规定的具体理解。需要注意的是,将网络犯罪侦查归为搜查的一种,并不意味着立法不需要进行修正。从总体上来看,主张设定新的侦查行为的观点,似乎是向着限制权力的方向发展;而主张不需要设定新的侦查行为的观点,基于现行《刑事诉讼法》的规定,则有扩张权力的倾向。比如有学者认为,在探讨相关问题时,我们通常着眼于如何限制权力,却没有关注如何确保权力的有效行使。④

二是"应当详细列明大数据侦查的启动条件、适用对象与适用程序。在启动条件、适用对象与适用程序的制度设计过程中应当充分考量比例原则的要求"⑤。对此,我国学者强调,应当十分重视比例原则在大数据侦查中的地位。对于基于个人目的等使用大数据侦查手段的,应当严令禁止。而对于以大数据侦查手段作为一种社会维稳措施的行为,也应当进行规制。因为此种方式被认为是"违背法律精神"的。对此,论者补充认为,"只有具备初步的犯罪嫌疑

---

① 参见郑曦:《刑事侦查中远程在线提取电子数据的规制》,载《国家检察官学院学报》2019年第5期,第116—117页。
② 参见郑曦:《刑事侦查中远程在线提取电子数据的规制》,载《国家检察官学院学报》2019年第5期,第118页。
③ 参见程雷:《大数据侦查的法律控制》,载《中国社会科学》2018年第11期,第167页。
④ 参见郑曦:《刑事侦查中远程在线提取电子数据的规制》,载《国家检察官学院学报》2019年第5期,第123页。
⑤ 程雷:《大数据侦查的法律控制》,载《中国社会科学》2018年第11期,第173页。

之后方可启用"①。风险社会不同于传统社会,我们正面临层出不穷的新型风险,为了应对这些风险,必然要寻求区别于传统应对方式的解决之道。在这一过程中,需要处理好风险控制和公民权利保护之间的可能冲突。比如有论者提到,大数据侦查应当具有一个前置的法定审批程序。"总体上看,就我国目前的状况而言,当务之急是改革大数据侦查封闭运行的现状,较为便捷可行的方式是实行检察官审批制,辅之以紧急情形下的侦查机关自我先行审批机制。"②通过明确启动条件,严控前端入口,综合考量违法犯罪的严重性、大数据侦查所涉范围以及可能带来的不良影响,平衡隐私权保护和法益保护、风险控制的需求,才能使大数据侦查进一步明确化、标准化、规范化以及合理化。

---

① 程雷:《大数据侦查的法律控制》,载《中国社会科学》2018 年第 11 期,第 173 页。
② 程雷:《大数据侦查的法律控制》,载《中国社会科学》2018 年第 11 期,第 174 页。

第五章　网络犯罪与电子数据*

一、一般问题

(一)电子数据的界定

随着计算机网络的发展,信息科技对人类生活的影响愈发深入,与计算机相关的犯罪也越来越多。认定犯罪离不开证据的支持,而在与计算机相关的犯罪中,一类新颖而独特的证据就是电子数据。为了更好地认定犯罪,有必要先对电子数据进行界定。

一般来说,对电子数据的定义有两种表达方式,一种方式是对常见的电子数据形式进行列举,另一种方式是对电子数据的本质特征进行概括归纳。① 2016年9月9日最高人民法院、最高人民检察院、公安部发布的《关于办理刑事案件收集提取和审查判断电子数据若干问题的规定》(以下简称《电子数据规定》)第1条第1款以先定性后列举的方式对电子数据进行了界定,按其规定,电子数据是案件发生过程中形成的,以数字化形式存储、处理、传输的,能够证明案件事实的数据。根据这一规定,案件发生后形成的证人证言、被害人陈述、犯罪嫌疑人、被告人供述和辩解、鉴定意见、勘验、检查、辨认、侦查实验等笔录的电子数字化形式都不属于电子数据。

就电子数据的表现形式而言,根据《电子数据规定》第1条第2款的列举,包括:①网页、博客、微博客、朋友圈、贴吧、网盘等网络平台发布的信息;②手机短信、电子邮件、即时通信、通讯群组等网络

---

* 本章作者为曾军翰。

① 参见万春、王建平、吴孟栓等:《〈关于办理刑事案件收集提取和审查判断电子数据若干问题的规定〉理解与适用》,载《人民检察》2017年第1期,第49页。

应用服务的通信信息;③用户注册信息、身份认证信息、电子交易记录、通信记录、登录日志等信息;④文档、图片、音视频、数字证书、计算机程序等电子文件。

对于电子数据的证据性质,在学理上有视听资料说、书证说、物证说、独立证据说之争。视听资料说认为,电子证据与视听资料形态相似,以非符号、文字的数据形式保存,需要借助一定设备呈现其内容,也都以图像和声音形式证明案件真实情况。这种观点指出,1996年最高人民检察院发布的《关于检察机关侦查工作贯彻刑诉法若干问题的意见》第3条第1款规定,电子计算机内存信息资料也是视听资料的一部分。书证说依托于早期将电子数据转化为其他法定证据形式的规定,在2012年《刑事诉讼法》修改后已经不再站得住脚。而物证说着眼于电子数据的物质性载体和对技术手段的需求,缺乏充足理由,在此不予展开。[①] 独立证据说则以现行《刑事诉讼法》为依托。《刑事诉讼法》第50条规定,电子证据是与传统证据和视听资料并列的一种证据类型,并不依附于其他证据。不过论者也指出,"电子数据实际上是传统证据种类的电子数据化"[②]。从这一视角出发,电子数据与视听资料的区别也只体现在存储形式上。视听资料以磁带、唱片、CD等模拟信号存储,电子数据则是以数字化的形式存储。总的来看,在《刑事诉讼法》已有明确规定的情况下,应当将电子数据理解为独立证据。

(二)电子数据与网络犯罪

虽然电子数据与计算机犯罪密切相关,但并非所有电子数据都与网络犯罪相关。为更好地认识电子数据及其作用,我国学者将与电子数据相关的犯罪划分为三类:①主要犯罪证据仅存在于计算机、网络系统中的犯罪;②利用互联网实施的传统犯罪;③使用其他

[①] 具体展开,参见刘显鹏:《电子证据认证规则研究:以三大诉讼法修改为背景》,中国社会科学出版社2016年版,第20—22页。

[②] 喻海松:《刑事电子数据的规制路径与重点问题》,载《环球法律评论》2019年第1期,第37页。

侦查措施效率不高的其他犯罪。①

其中,第一类犯罪的特点是,只能发生在计算机信息系统和信息网络中,犯罪对象是计算机信息系统或信息网络安全;第二类犯罪具有传统犯罪的特点,只是借用了信息网络作为实施犯罪的手段;第三类犯罪并不以计算机信息系统或信息网络为实施手段,只是在犯罪过程中使用计算机数据通信,犯罪的部分证据以电子数据的方式保存于电脑上。

但是,这种分类方式没有囊括犯罪过程与计算机信息系统和信息网络无关,只有证据保存在计算机信息系统或信息网络的情形,未能实现分类的周延性。例如,嫌疑人甲恰好出现在路人乙发布在微博上的照片中,而该照片拍摄于案发时的案发地楼下,可以用以否定甲事先准备的不在场证据。这一电子数据与甲自身无关,但有助于证明甲的犯罪事实,应当作为证据。

因此,为了更全面地界定电子数据与相关犯罪的关系,以探究电子数据与网络犯罪的关系为目的,可以把与电子数据有关的犯罪重新划分为:①犯罪对象为计算机或网络的犯罪;②利用计算机或网络实施的犯罪;③被告人或被害人在计算机或网络中留下与犯罪相关的电子数据的犯罪;④第三人在计算机或信息网络中留下与犯罪相关的电子数据的犯罪。其中,前两类犯罪与网络犯罪有关,后两类犯罪与网络犯罪无必然关联。前两类犯罪的主要证据都存在于计算机信息系统或信息网络中,通常更为依赖电子数据。

有时在同一个案件中可能出现多种犯罪类型下的电子数据。例如,在最高人民检察院发布的第十八批指导性案例中,检例第68号"叶源星、张剑秋提供侵入计算机信息系统程序、谭房妹非法获取计算机信息系统数据案"中就出现了不同类型的电子数据。案件基本案情如下:2015年1月,被告人叶源星编写了用于批量登录某电商平台账户的"小黄伞"撞库软件("撞库"是指黑客通过收集已泄

---

① 参见皮勇:《论侦查中的计算机数据实时收集措施》,载《法学评论》2005年第1期,第127—128页。

露的用户信息,利用账户使用者相同的注册习惯,如相同的用户名和密码,尝试批量登录其他网站,从而非法获取可登录用户信息的行为)供他人免费使用。"小黄伞"撞库软件运行时,配合使用叶源星编写的打码软件("打码"是指利用人工大量输入验证码的行为)可以完成撞库过程中对大量验证码的识别。叶源星通过网络向他人有偿提供打码软件的验证码识别服务,同时将其中的人工输入验证码任务交由被告人张剑秋完成,并向其支付费用。2015年1月至9月,被告人谭房妹通过下载使用"小黄伞"撞库软件,向叶源星购买打码服务,获取到某电商平台用户信息2.2万余组。

在这个案件中,被告人通过"小黄伞"软件侵入他人的计算机信息系统,以计算机为犯罪对象,符合上述与电子数据有关的犯罪划分的第一类。在此,重要的电子数据是"小黄伞"软件的功能、被告人获得的某电商平台用户账号和密码、被告人的MAC地址与"小黄伞"软件源代码里包含的MAC地址等。同时,在证明被告人之间具有共同犯罪故意时,又使用了两个被告人的QQ聊天记录,这一电子数据属于上述犯罪划分的第三类。事实上,在不少犯罪对象为计算机或网络的犯罪和利用计算机或网络实施的犯罪中,都存在被告人、被害人或第三人在计算机或网络中留下犯罪相关证据的可能,因此四类犯罪并非是相互对立的。

(三)电子数据与公民权利保障

信息科技在为人们提供方便的同时,也使得个人信息暴露在服务提供者手中。正如郑戈教授所说:"人们每天都在自愿提供着各种信息。"在朋友圈刷动态、晒娃,"在淘宝、京东、亚马逊输入个人信息以便购物,在百度搜索各类关键词以便获得资讯。这些平台背后的'信息帝国'因此掌握着海量信息,它们可以把这些个人信息数据化,用整合了相关算法的软件对之进行分析和处理,从而得出关于每一个人的准确身份资料,包括个人兴趣、消费偏好、健康状况、家庭成员乃至工作单位、身份证号、家庭住址等"[1]。如果侦查机关要求运营商收集并使用这些信息,完全有可能更好地起到预防犯罪和打击犯罪的作用。但是,这种做法尽管有效,却缺乏正当性。正如我国《宪法》规定的,公民的人格尊严不受侵犯,不能将其作为打击犯罪的工具;公民的通信自由和通信秘密受法律保护,不得随意侵犯。虽然可以因为国家安全或者追查刑事犯罪的需要,由公安机关或检察机关按法律规定的程序对通信进行检查,但这种规定只限于特殊场合,而不能普遍性地适用于所有公民,否则通信自由和通信秘密将沦为笑谈。

正因如此,在犯罪发生后,如何在保障公民权利的前提下收集电子证据也成为一个关键问题。皮勇副教授在介绍加拿大民间对电子数据实时收集的意见时提到,民间的关注点集中于以下三方面:第一,担心设立计算机数据实时收集措施将导致政府对国民的永久监视,并对公民隐私权形成严重侵犯;第二,设立计算机数据实时收集措施会对技术发展产生消极影响,进而妨害人们充分享受技术革新所创造的便利;第三,计算机数据实时收集措施中的网络服务提供商的作用问题。对此种担心,皮勇副教授认为,计算机数据实时收集措施是一把双刃剑,如果只看到消极的一面,将导致失去遏制新型犯罪的有力武器,导致犯罪肆虐,造成更严重的危害。这一措施如同现有的诸多强制措施一样,在特定情况下应当适用。[2]

在具体的适用上,有学者提出了私权保护原则。在电子数据的取证过程中,想要获得全面的电子数据,难免侵犯到公民个人权利。对于此种矛盾,从打击犯罪和权利保障的不同视角出发,会导出不同的规则。德国、法国等国家更加注重对犯罪的打击,而美国、英国等国家更注重对公民权利的保障,对电子数据的取证进行了严格的限制。樊崇义教授认为,不同国家的做法体现出,要坚持电子证据

---

[1] 郑戈:《在鼓励创新与保护人权之间——法律如何回应大数据技术革新的挑战》,载《探索与争鸣》2016年第7期,第81页。

[2] 参见皮勇:《论侦查中的计算机数据实时收集措施》,载《法学评论》2005年第1期,第128—129页。

运用过程中的私权保护,就要做到收集和保全电子数据时"有限性"与"完整性"之间的权衡。①

所谓有限性,体现在计算机调查专家国际协会公布的《电子检验程序》中,按其规定,"基于各种原因的制约,检验员要对介质上所有数据实施彻底检验常常得不到授权或者不可能、不必要、不可行。这时,检验员就只能进行有限制检验"②。我国目前的电子证据立法虽未确认这一原则,但在具体措施中也有所体现。例如,《公安机关办理刑事案件程序规定》第 227 条第 1 款规定:"在侦查活动中发现的可用以证明犯罪嫌疑人有罪或者无罪的各种财物、文件,应当查封、扣押;但与案件无关的财物、文件,不得查封、扣押。"不过,在电子数据的提取中,一旦收集不完整,就需要进行二次取证,但电子证据并非固定不变,有取证失败的可能。因此,如何在坚持"有限性"的同时保证"完整性"是一个重大的问题。③ 对此,仍需要进一步探讨。

二、法律渊源

(一) 法定地位变革

1996 年《刑事诉讼法》第 42 条规定的法定证据只有七类,分别是:①物证、书证;②证人证言;③被害人陈述;④犯罪嫌疑人、被告人供述和辩解;⑤鉴定结论;⑥勘验、检查笔录;⑦视听资料。可见,早期的立法并没有预见到随着信息技术的发展而产生的电子数据,电子数据不具有法定地位,能否使用电子数据与如何使用电子

---

① 参见樊崇义、李思远:《论我国刑事诉讼电子证据规则》,载《证据科学》2015 年第 5 期,第 529 页。
② 刘品新主编:《电子取证的法律规制》,中国法制出版社 2010 年版,第 43 页。转引自樊崇义、李思远:《论我国刑事诉讼电子证据规则》,载《证据科学》2015 年第 5 期,第 529 页。
③ 参见樊崇义、李思远:《论我国刑事诉讼电子证据规则》,载《证据科学》2015 年第 5 期,第 529 页。

数据都成为问题。在这种背景下,最高人民法院喻海松法官对缺乏《刑事诉讼法》规定时司法实务对电子数据采取何种变通处理办法进行了梳理。首先,2010年6月最高人民法院、最高人民检察院、公安部、国家安全部、司法部发布的《关于办理死刑案件审查判断证据若干问题的规定》(以下简称《证据审查判断规定》)第29条将电子证据规定在法定的七种证据之外,并规定了专门的审查与认定方式。喻海松法官认为,这是将电子数据直接规定为独立的证据形式,为其提供了法律渊源。其次,他指出也存在将电子数据转化为其他法定证据形式的做法。例如,2010年8月最高人民法院、最高人民检察院、公安部发布的《关于办理网络赌博犯罪案件适用法律若干问题的意见》第5条第2款规定:"侦查人员应当对提取、复制、固定电子数据的过程制作相关文字说明,记录案由、对象、内容以及提取、复制、固定的时间、地点、方法,电子数据的规格、类别、文件格式等,并由提取、复制、固定电子数据的制作人、电子数据的持有人签名或者盖章,附所提取、复制、固定的电子数据一并随案移送。"喻海松法官认为,这种做法就是将电子数据转换为勘验、检查笔录加以使用。① 不过,随着2012年《刑事诉讼法》的修订,电子证据已经作为一种独立的法定证据存在,电子证据的地位问题也就此尘埃落定。

(二)规制体系

随着电子数据法定证据地位的确定,其规制体系也在逐步完善。不过这种完善并未体现在2012年修订的《刑事诉讼法》之中,而是由相关司法解释和规范性文件陆续进行规定。对此,喻海松法官梳理了大致的发展脉络。②

---

① 参见喻海松:《刑事电子数据的规制路径与重点问题》,载《环球法律评论》2019年第1期,第36页。
② 参见喻海松:《刑事电子数据的规制路径与重点问题》,载《环球法律评论》2019年第1期,第36—37页。

1. 审查判断规则

2012年12月发布的《最高人民法院关于适用〈中华人民共和国刑事诉讼法〉的解释》（以下简称《刑诉法解释》）在吸收完善《证据审查判断规定》的基础上，对电子数据的审查判断规则作出了详细规定，这也是电子数据法定地位确定后完善电子数据规制体系的第一步。具体言之，《刑诉法解释》第93条、第94条规定了电子数据的审查内容和排除规则，前者包括对提取、收集、复制、移送、保存电子数据相关情形的审查，对真实性、相关性的审查与对是否全面收集电子数据进行审查；后者包括对真实性和取证过程存疑的电子数据的排除。

2. 证据取证规则

2014年5月最高人民法院、最高人民检察院、公安部发布的《关于办理网络犯罪案件适用刑事诉讼程序若干问题的意见》（以下简称《网络犯罪刑事诉讼程序意见》），对电子数据的收集、移送和审查作了全面规定。《网络犯罪刑事诉讼程序意见》第5部分规定了电子数据的取证与审查，但相对《刑诉法解释》的规定而言，此处规定皆以侦查人员为主体，重点在于为侦查人员提供行为标准，而不是以法院为主体。因此，喻海松法官认为《网络犯罪刑事诉讼程序意见》侧重于对电子数据的收集提取与移送展示进行规定。

3. 规则的集合与细化

在规制体系的发展过程中，早期并没有形成对电子数据规制体系进行全面构建的司法解释，相应规则只是零星地规定于《刑诉法解释》与《网络犯罪刑事诉讼程序意见》之中。根据检察院一方的《〈关于办理刑事案件收集提取和审查判断电子数据若干问题的规定〉理解与适用》（以下简称"检察院的《电子数据规定理解与适用》"）对《电子数据规定》制定背景的介绍，前述规定较为原则，在诸如如何保存电子数据的完整性、在特定情况下能否要求网络服务提供者协助冻结电子数据及其程度等问题上还缺乏细致的规定。为此，2016年9月最高人民法院、最高人民检察院、公安部联合发布的《电子数据规定》专门对电子数据进行了体系化和精细化的建构。在内容上,《电子数据规定》共分为五个部分,分别是"一般规定""电子数据的收集与提取""电子数据的移送与展示""电子数据的审查与判断"以及"附则"。下文也将以《电子数据规定》为主,结合相应理论展开介绍电子数据的具体规制路径。

三、规制路径

按《电子数据规定》的内容,对电子数据的规制路径可以划分为三步:从收集提取,到移送与展示,再到审查判断。

(一)收集提取

1. 取证主体与取证方法

就取证主体而言,《电子数据规定》第7条规定,"收集、提取电子数据,应当由二名以上侦查人员进行"。对此,法院一方《〈关于办理刑事案件收集提取和审查判断电子数据若干问题的规定〉的理解与适用》(以下简称"法院的《电子数据规定理解与适用》")指出,过去的规则强调侦查人员应当具备相关专业知识,但随着信息网络技术的发展,电子数据取证呈现普及化趋势,"经侦、治安、刑侦、禁毒等警种甚至派出所都需要参与电子数据的收集提取工作"[1],要求取证人员必须具备专业知识并不现实,不必再在这方面有要求。不过,对于技术性强的取证活动,应当尽量选派具有相关专业知识的侦查人员收集、提取电子数据,以便更好地完成相关工作。相应的,检察院的《电子数据规定理解与适用》也认为,只要取证过程符合法定程序和相关技术规范,能保证收集、提取的电子数据的真实性、完整性即可,没有必要在侦查人员是否具备专业知识问题上作硬性要求。

---

[1] 喻海松:《刑事电子数据的规制路径与重点问题》,载《环球法律评论》2019年第1期,第39页。

但是,有学者指出,《电子数据规定》对取证主体的规定应该在两个方面予以改进、完善。一方面,没有必要要求必须由两名以上侦查人员取证,也可由侦查人员搭配技术人员进行取证;另一方面,对于取证主体合法的内涵及其不合法的后果,还应当具体展开。

龙宗智教授认为,要求两名以上侦查人员进行取证并不符合侦查实践与现实需要,并提出了以下理由:(1)电子数据取证可以分为需要将其原始存储介质一并查封扣押的情形与只需要提取电子数据的情形,两种情形并非都需要两名以上侦查人员取证;(2)日常刑事侦查活动中,大量的取证行为是由不具备技术的刑警进行。他们需要技术人员的协助,而技术人员又非侦查人员,作为电子数据取证常见的主体,应当体现在对取证主体的规定中。同时,一概要求有两名以上侦查人员也勉为其难。龙宗智教授认为,可以借鉴《刑事诉讼法》的规定,"实行侦查人员与专业技术人员相配合的取证方法"①。《刑事诉讼法》第128条规定:"侦查人员对于与犯罪有关的场所、物品、人身、尸体应当进行勘验或者检查。在必要的时候,可以指派或者聘请具有专门知识的人,在侦查人员的主持下进行勘验、检查。"参照这一规定,可以在电子数据取证的场合允许技术人员在侦查人员的主持下进行取证,而不必要求必须有两名以上侦查人员。②

谢登科教授则认为,虽然《电子数据规定》并未明确对收集主体的技术资质进行限定,但它又要求取证方法须符合相应技术标准,实际上仍然对取证主体的技术资质有要求。不过,这只是从法定权限的角度保证了取证的合法性,并未从技术资质角度保证取证主体的合法性。电子数据取证主体的合法性通常包括取证权限的合法性与技术资质的合法性,前者是为了保障被调查对象的基本权利,后者是为了防止因缺乏专业技术知识而使得电子数据遭到人为

---

① 龙宗智:《寻求有效取证与保证权利的平衡——评"两高一部"电子数据证据规定》,载《法学》2016年第11期,第13页。

② 龙宗智教授的具体观点,参见龙宗智:《寻求有效取证与保证权利的平衡——评"两高一部"电子数据证据规定》,载《法学》2016年第11期,第13—14页。

破坏,影响对事实的查明。关于取证主体的合法性及其违反的法律后果,《刑事诉讼法》和相关司法解释并未明确,因此谢登科教授对此展开了研究。①

在理论上,对取证主体的合法性是否会影响证据的证据能力,存在着"绝对肯定说""相对肯定说"与"否定说"三种观点的对立。"绝对肯定说"认为,取证主体合法性影响证据能力,因此不适格人员收集的证据都不具备证据能力。"否定说"认为,取证主体并非证据合法性的构成要素,只要取证程序不违法,不适格人员收集的证据仍可能具有证据能力。"相对肯定说"认为,不能一概而论,应该结合取证的行为性质、证据的具体种类、违法的主观方面等因素综合认定证据能力。而在电子数据的场合,一方面,由于客观上存在技术人员协助侦查人员的情形,而技术人员并非法律规定的取证主体,因此不能完全否定证据的证据能力。另一方面,取证行为可能侵犯被调查人员的权利,因而也不能对此不作规制,故采用"相对肯定说",结合具体因素衡量证据的证据能力更为契合我国的法律规定和司法运行状况。②

在侦查人员委托技术人员取证的情形下,持"相对肯定说"的立场应当考察以下内容:首先,应当区分强制性侦查行为和任意性侦查行为。对于强制性侦查行为,一般不能委托他人,只能自行实施。而任意性侦查行为则可以委托他人实施。其次,《刑事诉讼法》第128条和第146条分别规定侦查人员可以指派、聘请有专门知识的人进行勘验、检查和鉴定。至于能否委托搜查、扣押等,应当考虑两个方面的问题:第一,在强制性措施的适用中,通常包括强制措施的审查决定权和执行权,其中审查决定权不宜委托给他人行使,但执行权可以委托。第二,在勘验、检查和鉴定中,委托的对象限定为"有专门知识的人"。对此,应当从三个方面予以限定:首先,专门知

---

① 参见谢登科:《电子数据的取证主体:合法性与合技术性之间》,载《环球法律评论》2018年第1期,第84—85、95页。
② 参见谢登科:《电子数据的取证主体:合法性与合技术性之间》,载《环球法律评论》2018年第1期,第90—91页。

识应限定为与电子数据收集相关的专业技术性知识;其次,在采信证据前,法官应当从学历、职称、专业背景、职业经历等方面考察有专门知识的人是否适格;最后,法庭应给予控辩双方就电子数据收集主体是否适格进行辩论和质证的机会。①

在取证方法上,《电子数据规定》第 7 条规定,"取证方法应当符合相关技术标准"。对此,法院的《电子数据规定理解与适用》指出,过去的规则同时要求取证设备应当符合相关技术标准,但由于网络技术的发展,取证设备日新月异,相关技术标准很难跟得上取证设备的发展,故未再要求取证设备符合相关标准。检察院的《电子数据规定理解与适用》提出,还存在没有现成的取证设备,只能由侦查人员自行开发取证工具的情形,如果按旧的标准,导致新的设备或没有标准的自主开发工具收集提取的电子证据被排除,与实践需求不符。不过,对取证设备有疑问的,可以通过出具说明、侦查实验、程序功能检验或鉴定予以验证。

2. 取证规则

法院的《电子数据规定理解与适用》指出,为确保电子数据的真实性和完整性,电子数据取证"以扣押原始存储介质为原则,以直接提取电子数据为例外,以打印、拍照、录像等方式固定为补充"。

首先,"以扣押原始存储介质为原则"是指,《电子数据规定》第 8 条规定:"收集、提取电子数据,能够扣押电子数据原始存储介质的,应当扣押、封存原始存储介质,并制作笔录,记录原始存储介质的封存状态。封存电子数据原始存储介质,应当保证在不解除封存状态的情况下,无法增加、删除、修改电子数据。封存前后应当拍摄被封存原始存储介质的照片,清晰反映封口或者张贴封条处的状况。封存手机等具有无线通信功能的存储介质,应当采取信号屏蔽、信号阻断或者切断电源等措施。"

在传统证据中,一般要求物证应当是原物,书证应当是原件,以

---

① 参见谢登科:《电子数据的取证主体:合法性与合技术性之间》,载《环球法律评论》2018 年第 1 期,第 97—99 页。

避免在传播、复制过程中出现失真的现象。但电子数据可以脱离存储介质而存在,对其进行复制可以保证与原始数据完全一致,不存在原始电子数据的概念,因此对电子数据而言重要的是原始存储介质。① 根据《电子数据规定》的规定,对原始存储介质,以扣押、封存为原则。在效果上,扣押、封存要使得电子数据无法被更改;在形式上,扣押、封存后能够轻易辨别是否被解封。对于具有无线通信功能的存储介质,还要注意隔断信号。

其次,"以直接提取电子数据为例外"则是与《电子数据规定》第9条相关,该条规定:"具有下列情形之一,无法扣押原始存储介质的,可以提取电子数据,但应当在笔录中注明不能扣押原始存储介质的原因、原始存储介质的存放地点或者电子数据的来源等情况,并计算电子数据的完整性校验值:(一)原始存储介质不便封存的;(二)提取计算机内存数据、网络传输数据等不是存储在存储介质上的电子数据的;(三)原始存储介质位于境外的;(四)其他无法扣押原始存储介质的情形。对于原始存储介质位于境外或者远程计算机信息系统上的电子数据,可以通过网络在线提取。为进一步查明有关情况,必要时,可以对远程计算机信息系统进行网络远程勘验。进行网络远程勘验,需要采取技术侦查措施的,应当依法经过严格的批准手续。"按此规定,直接提取电子数据只能在无法扣押原始存储介质的前提下进行。

就提取方式而言,明确通过网络在线提取的电子数据的证据效力是《电子数据规定》的一处重要变化。此外,《电子数据规定》第9条第3款还规定了网络远程勘验和技术侦查措施。检察院的《电子数据规定理解与适用》指出,网络远程勘验与在线提取的区别在于,"网络在线提取,只是通过网络公共空间对网页、网上视频、网盘文件上的电子数据进行提取,可以理解为从网上下载文件。而网络远程勘验,则是通过网络对远程计算机信息系统实施勘验,发现、提

---

① 参见喻海松:《刑事电子数据的规制路径与重点问题》,载《环球法律评论》2019年第1期,第40页。

取与犯罪有关的电子数据,记录计算机信息系统状态,判断案件性质,分析犯罪过程,确定侦查方向和范围,为侦破案件、刑事诉讼提供线索和证据的侦查活动"。后者与对犯罪现场的勘查相似,目的就是进入特定计算机信息系统去寻找与犯罪相关的证据,判断案件性质,分析犯罪过程。值得注意的是,如果网络远程勘验涉及技术侦查措施的,必须按照有关规定依法经过严格的批准手续。

不过,《电子数据规定》对电子数据网络提取的规定还较为粗糙。例如,在网络上在线提取存储介质位于境外的电子数据时,并未区分公开发布的电子数据和未公开发布的电子数据。然而,不公开发布的、可能和隐私权相关的电子数据与国家主权相关,对此不加以限制很容易引发国际争端和外交风险。[①] 对此,应当限缩为仅适用公开发布的电子数据,公安部 2019 年《公安机关办理刑事案件电子数据取证规则》(以下简称《电子数据取证规则》)也已经进行了这一限制。此外,《电子数据规定》并未详细规定电子数据网络在线提取的运行程序,而《电子数据取证规则》对此有所补充。《电子数据取证规则》规定,网络在线提取应当计算电子数据的完整性校验值,并且提取有关电子签名认证证书、数字签名、注册信息等关联性信息。同时,《电子数据取证规则》也规定了电子数据网络在线提取的固定保全程序,即规定了在线提取笔录和同步录音录像制度。[②] 这些规定使得电子数据的关联性得到了更好的证明。

有学者提出,在提取电子数据时,更有可能侵害被调查人员的权利,因此应当设立对电子数据搜查、扣押的司法审查机制。[③] 尽管《电子数据规定》并未提到搜查,但根据实证分析,我国电子数据的勘验、检查和鉴定检验成为实质意义上的搜查措施,但却并未受到

[①] 虽然《电子数据规定》并未使用"搜查"这一概念,但论者指出,网络在线提取实际上通常应归为搜查的范围,此处按其原文引用其观点。参见谢登科:《电子数据网络在线提取规则反思与重构》,载《东方法学》2020 年第 3 期,第 90、95—96 页。

[②] 参见谢登科:《电子数据网络在线提取规则反思与重构》,载《东方法学》2020 年第 3 期,第 91 页。

[③] 参见陈永生:《电子数据搜查、扣押的法律规制》,载《现代法学》2014 年第 5 期,第 121—123 页。

搜查措施应有的规制。① 相较而言,大部分国家已经把电子数据纳入搜查的范围,并以令状原则加以规制。从公民权利保护的视角出发,学界认为我国将来也有必要把电子数据纳入搜查范围中。

就具体规则而言,在对一般物品进行搜查时,侦查机关不可能将搜查现场的所有物品都予以扣押,因而即使对搜查的对象和范围不作严格限制,相对人可能受到的损害也是有限的。然而,在电子数据的场合,由于计算机等介质存储的电子数据数量巨大,涉及方方面面,很可能侵犯调查对象的隐私。比如,在收集软件数据的同时可能获取到犯罪嫌疑人的医疗记录、家庭照片、私密录像等信息。侦查机关一旦滥用其权力,造成的后果将极其严重。同时,电脑搜查成本更低,时间压力更小,这也导致公民隐私长期暴露在并无限制的公权力威胁之下。因此,有必要对此建立司法审查机制。具体规制可以如此展开:首先,在程序上,要求侦查机关在搜查、扣押前必须取得司法机关签发的令状;其次,在实体上,要求侦查机关对搜查的理由和范围作出明确限定。②

最后,"以打印、拍照、录像等方式固定为补充"指的是《电子数据规定》第 10 条。在既不能扣押原始存储介质又不能提取电子数据的场合,就可以以这种方式提取、收集电子数据。这种情形并不少见,例如,检察院的《电子数据规定理解与适用》提到,部分即时通信软件开发了"阅后即焚"的功能,信息在用户阅读后的 5 秒后将被删除,难以恢复,只能以拍照、录像等方式固定。

在对刑事判决书进行实证分析后,有学者指出,对不同类型电子数据运用的取证手段多种多样。从使用频率上看,将电子数据的存储介质进行扣押,然后送检验鉴定是运用次数最多的手段,之后是远程勘验、截图、刻录光盘、电子数据检查、向有关机关调取、打印

---

① 参见胡铭、王林:《刑事案件中的电子取证:规则、实践及其完善——基于裁判文书的实证分析》,载《政法学刊》2017 年第 1 期,第 84 页。
② 参见陈永生:《电子数据搜查、扣押的法律规制》,载《现代法学》2014 年第 5 期,第 122 页。

等。① 可见,在大部分案件中,侦查人员确实也只扣押原始存储介质,提取电子数据交由鉴定机构的专业技术人员进行。这种做法既能弥补侦查人员相关知识的欠缺,也能减轻其取证工作负担。② 远程勘验运用次数居于第二,说明随着网络技术的发展,无法提取原始存储介质或并非存在于原始存储介质中的电子数据越来越多,带来了更多的挑战。

3. 冻结

法院的《电子数据规定理解与适用》指出,随着云计算等信息技术的发展,越来越多的信息电子数据存储在云系统中,侦查人员难以将海量数据封存、扣押、提取。为此,《电子数据规定》规定了电子数据的冻结,包括冻结的适用情形与具体程序。

就电子数据冻结的适用情形而言,《电子数据规定》第 11 条规定:"具有下列情形之一的,经县级以上公安机关负责人或者检察长批准,可以对电子数据进行冻结:(一)数据量大,无法或者不便提取的;(二)提取时间长,可能造成电子数据被篡改或者灭失的;(三)通过网络应用可以更为直观地展示电子数据的;(四)其他需要冻结的情形。"

就具体程序而言,《电子数据规定》第 12 条规定:"冻结电子数据,应当制作协助冻结通知书,注明冻结电子数据的网络应用账号等信息,送交电子数据持有人、网络服务提供者或者有关部门协助办理。解除冻结的,应当在三日内制作协助解除冻结通知书,送交电子数据持有人、网络服务提供者或者有关部门协助办理。冻结电子数据,应当采取以下一种或者几种方法:(一)计算电子数据的完整性校验值;(二)锁定网络应用账号;(三)其他防止增加、删除、修改电子数据的措施。"

4. 收集、提取电子数据的程序要求

《电子数据规定》第 13 条、第 14 条、第 15 条分别规定了电子数

---

① 参见胡铭、王林:《刑事案件中的电子取证:规则、实践及其完善——基于裁判文书的实证分析》,载《政法学刊》2017 年第 1 期,第 82 页。
② 参见胡铭、王林:《刑事案件中的电子取证:规则、实践及其完善——基于裁判文书的实证分析》,载《政法学刊》2017 年第 1 期,第 82 页。

据的调取程序、对笔录及见证人的要求。

就调取程序而言,《电子数据规定》第 13 条规定:"调取电子数据,应当制作调取证据通知书,注明需要调取电子数据的相关信息,通知电子数据持有人、网络服务提供者或者有关部门执行。"

就笔录而言,《电子数据规定》第 14 条规定:"收集、提取电子数据,应当制作笔录,记录案由、对象、内容、收集、提取电子数据的时间、地点、方法、过程,并附电子数据清单,注明类别、文件格式、完整性校验值等,由侦查人员、电子数据持有人(提供人)签名或者盖章;电子数据持有人(提供人)无法签名或者拒绝签名的,应当在笔录中注明,由见证人签名或者盖章。有条件的,应当对相关活动进行录像。"检察院的《电子数据规定理解与适用》指出,需要注意的是,为了确保电子数据的真实性与完整性,应当在第一时间计算完整性校验值,以便在诉讼阶段确认数据是否被篡改。

就见证人而言,《电子数据规定》第 15 条规定:"收集、提取电子数据,应当根据刑事诉讼法的规定,由符合条件的人员担任见证人。由于客观原因无法由符合条件的人员担任见证人的,应当在笔录中注明情况,并对相关活动进行录像。针对同一现场多个计算机信息系统收集、提取电子数据的,可以由一名见证人见证。"至于网络远程勘验是否应当有见证人,检察院的《电子数据规定理解与适用》指出:"如果进行的是网络远程勘验,则根据刑事诉讼法应当有见证人进行见证,由于客观原因无法由符合条件的人员担任见证人的,应当在笔录中注明情况,并对相关活动进行录像;如果是通过网络在线提取电子数据,由于刑事诉讼法并未要求见证人见证,实践中对于见证人和录像的要求应当灵活把握,如对可重复提取的网页、视频等,可以通过再次提取进行验证,而对于已被网站删除、无法在线提取的,则可以优先审查其同步录像,而非优先审查是否有见证人在场。"

5. 检查

《电子数据规定》第 16 条规定:"对扣押的原始存储介质或者提取的电子数据,可以通过恢复、破解、统计、关联、比对等方式进行检查。必要时,可以进行侦查实验。电子数据检查,应当对电子数据存储介质拆封过程进行录像,并将电子数据存储介质通过写保护设备接入到检查设备进行检查;有条件的,应当制作电子数据备份,对备份进行检查;无法使用写保护设备且无法制作备份的,应当注明原因,并对相关活动进行录像。电子数据检查应当制作笔录,注明检查方法、过程和结果,由有关人员签名或者盖章。进行侦查实验的,应当制作侦查实验笔录,注明侦查实验的条件、经过和结果,由参加实验的人员签名或者盖章。"相较于传统证据,电子证据除了提取和鉴定,还需要额外的程序,例如将加密文件解密,这一步骤不宜作为专门性问题进行鉴定,故对电子数据需要在现场取证和鉴定、检验之间增加检查阶段。这一阶段是现场取证工作的延续。此外,《电子数据规定》第 16 条第 3 款规定了电子数据的侦查实验,其目的是验证一定条件下是否存在特定电子数据,确定计算机程序是否具备特定功能和查明案件情况。

6. 鉴定与检验

对于电子数据的专门性问题,需要司法鉴定机构出具鉴定意见,但目前具备资质的鉴定机构较少,因此《电子数据规定》确立了"鉴定与检验两条腿走路"原则。《电子数据规定》第 17 条规定:"对电子数据涉及的专门性问题难以确定的,由司法鉴定机构出具鉴定意见,或者由公安部指定的机构出具报告。对于人民检察院直接受理的案件,也可以由最高人民检察院指定的机构出具报告。具体办法由公安部、最高人民检察院分别制定。"

此外,《电子数据规定》第 26 条规定:"公诉人、当事人或者辩护人、诉讼代理人对电子数据鉴定意见有异议,可以申请人民法院通知鉴定人出庭作证。人民法院认为鉴定人有必要出庭的,鉴定人应当出庭作证。经人民法院通知,鉴定人拒不出庭作证的,鉴定意见不得作为定案的根据。对没有正当理由拒不出庭作证的鉴定人,人民法院应当通报司法行政机关或者有关部门。公诉人、当事人或者辩护人、诉讼代理人可以申请法庭通知有专门知识的人出庭,就鉴定意见提出意见。对电子数据涉及的专门性问题的报告,参照适用前三款规定。"检察院的《电子数据规定理解与适用》指出,鉴定人、检验人出庭质证,有利于保障公诉人和当事人对鉴定意见、检验报告提出异议的权利,也有助于法官查明案件事实。在审查过程中,法官也可以借助专家辅助人的帮助更好地审查判断专业性强的鉴定与检验。

(二) 移送与展示

1. 移送

《电子数据规定》第 18 条、第 19 条、第 20 条规定了电子数据移送的规则。第 18 条规定:"收集、提取的原始存储介质或者电子数据,应当以封存状态随案移送,并制作电子数据的备份一并移送。对网页、文档、图片等可以直接展示的电子数据,可以不随案移送打印件;人民法院、人民检察院因设备等条件限制无法直接展示电子数据的,侦查机关应当随案移送打印件,或者附展示工具和展示方法说明。对冻结的电子数据,应当移送被冻结电子数据的清单,注明类别、文件格式、冻结主体、证据要点、相关网络应用账号,并附查看工具和方法的说明。"第 19 条规定:"对侵入、非法控制计算机信息系统的程序、工具以及计算机病毒等无法直接展示的电子数据,应当附电子数据属性、功能等情况的说明。对数据统计量、数据同一性等问题,侦查机关应当出具说明。"总的来看,《电子数据规定》第 18 条和第 19 条按不同类型的电子数据规定了不同的移送要求。

除此之外,《电子数据规定》第 20 条还规定了电子数据的补充移送和补正。该条规定:"公安机关报请人民检察院审查批准逮捕犯罪嫌疑人,或者对侦查终结的案件移送人民检察院审查起诉的,应当将电子数据等证据一并移送人民检察院。人民检察院在审查批准逮捕和审查起诉过程中发现应当移送的电子数据没有移送或者移送的电子数据不符合相关要求的,应当通知公安机关补充移送或者进行补正。对于提起公诉的案件,人民法院发现应当移送的电子数据没有移送或者移送的电子数据不符合相关要求的,应当通知人民检察院。公安机关、人民检察院应当自收到通知后三日内移送电子数据或者补充有关材料。"

2. 展示

《电子数据规定》第 21 条规定:"控辩双方向法庭提交的电子数据需要展示的,可以根据电子数据的具体类型,借助多媒体设备出示、播放或者演示。必要时,可以聘请具有专门知识的人进行操作,并就相关技术问题作出说明。"

这一制度虽然简单,但有重要的价值。陈永生教授指出,一方面,由于电子数据数量庞大、纷繁复杂,而受诉讼立场、职业习惯等因素的影响,侦查机关在搜查电子数据时,经常有意无意地忽视有利于被告人的证据。因此,这一制度有利于发现对辩护方有利的证据,减少被告人被错误定罪的可能。另一方面,电子数据极易变动,任何一处疏忽都可能导致电子数据发生变化,影响其真实性。对此,控方可能没有意识到,也可能意识到了但基于职业利益而没有主动说明。因此,电子数据的展示制度也有利于发现侦查机关在搜查、扣押、保管、鉴定过程中可能存在的违法情形,保障电子数据的客观性和原始性。①

(三) 审查与判断

真实性、合法性、关联性是证据的三大特性,此处对电子数据的审查判断也围绕这三大特性展开。

1. 真实性与完整性

《电子数据规定》第 22 条规定:"对电子数据是否真实,应当着重审查以下内容:(一)是否移送原始存储介质;在原始存储介质无

---

① 参见陈永生:《电子数据搜查、扣押的法律规制》,载《现代法学》2014 年第 5 期,第 117—118 页。

法封存、不便移动时,有无说明原因,并注明收集、提取过程及原始存储介质的存放地点或者电子数据的来源等情况;(二)电子数据是否具有数字签名、数字证书等特殊标识;(三)电子数据的收集、提取过程是否可以重现;(四)电子数据如有增加、删除、修改等情形的,是否附有说明;(五)电子数据的完整性是否可以保证。"不过,法院的《电子数据规定理解与适用》强调,《电子数据规定》第22条第(二)项、第(三)项不是必须具备的。

事实上,电子数据的真实性有三个不同的层面,分别是电子数据存储介质的真实性、电子数据的真实性和电子数据内容的真实性。[1] 例如,以手机短信"我杀了张三"为例,存储介质是手机,电子数据是"我杀了张三"所对应的电子数据,而"我杀了张三"所表达出的信息是电子数据的内容。对这三个层面的电子数据的真实性,应当适用不同的审查判断规则。首先,就存储介质的真实性而言,主要有两个方面的要求,一是存储介质来源的真实性,二是存储介质在诉讼流转中的真实性。《电子数据规定》第22条审查的第一项内容与此相关。其次,电子数据的真实性,指的是电子数据是否与原始数据保持一致,是否存在被修改、删除、增加等问题。《电子数据规定》第22条审查的第二、三、四、五项内容与此相关。

对于电子数据前两个层面真实性的认定,除了已经提到的鉴定和完整性证明的方法,还应当注意独特性证明与保管链条证明的方法。[2] 其中,独特性证明是物证鉴真程序中的重要方法,也有助于对电子数据真实性的认定。这种方法一般通过辨认的方式实现,例如对物证的大小、数量、外观和形状进行比对。不过,由于第二个层面电子数据的鉴真更具多元性和技术性,更多地需要借助鉴定、科学检查等专业手段实现鉴真。而保管链条证明是适用于种类物的重要鉴真方法,一般始于侦查机关收集到证据,终止于公诉方将证据

---

[1] 参见褚福民:《电子证据真实性的三个层面——以刑事诉讼为例的分析》,载《法学研究》2018年第4期,第123页。

[2] 参见刘译矾:《论电子数据的双重鉴真》,载《当代法学》2018年第3期,第93—96页。

提交至法庭。其作用是,通过记录证据提取、收集和保管的过程,证明证据与其被发现时的状态有一致性。在电子数据中,由于只有其存储媒介能够被直接感知,因此这一证明方法仅适用于对存储媒介的鉴真,且主要针对三类情形:一是存储媒介为种类物;二是电子数据以特有状态对案件事实发挥作用;三是电子数据需要作为检材被鉴定或者加以技术检查。①

最后,电子数据内容的真实性,指的是电子证据所包含的信息与案件中其他证据所包含的信息能够相互印证,从而准确证明案件事实。对此的审查,与传统证据一样,审查证据是否相互印证,有时需要借助于鉴定。②

在最高人民检察院发布的第十八批指导性案例中,检例第 67 号"张凯闵等 52 人电信网络诈骗案"就体现了电子数据真实性的不同层面。本案案情如下:2015 年 6 月至 2016 年 4 月间,被告人张凯闵等 52 人先后在印度尼西亚共和国和肯尼亚共和国参加对中国大陆居民进行电信网络诈骗的犯罪集团。在实施电信网络诈骗过程中,各被告人分工合作,其中部分被告人负责利用电信网络技术手段对大陆居民的手机和座机电话进行语音群呼,群呼的主要内容为"有快递未签收,经查询还有护照签证即将过期,将被限制出境管制,身份信息可能遭泄露"等。当被害人按照语音内容操作后,电话会自动接通冒充快递公司客服人员的一线话务员。一线话务员以帮助被害人报案为由,在被害人不挂断电话时,将电话转接至冒充公安局办案人员的二线话务员。二线话务员向被害人谎称"因泄露的个人信息被用于犯罪活动,需对被害人资金流向进行调查",欺骗被害人转账、汇款至指定账户。如果被害人对二线话务员的说法仍有怀疑,二线话务员会将电话转给冒充检察官的三线话务员继续实

---

① 参见刘译矾:《论电子数据的双重鉴真》,载《当代法学》2018 年第 3 期,第 94—95 页。
② 参见褚福民:《电子证据真实性的三个层面——以刑事诉讼为例的分析》,载《法学研究》2018 年第 4 期,第 123—129 页。也有观点把前两个层面分别对应为外在鉴真与内在鉴真,参见刘译矾:《论电子数据的双重鉴真》,载《当代法学》2018 年第 3 期,第 91—92 页。

施诈骗。至案发,张凯闵等被告人通过上述诈骗手段骗取 75 名被害人钱款共计人民币 2 300 余万元。

在侦查过程中,侦查机关提取、恢复了涉案的 Skype 聊天记录、Excel 和 Word 文档、网络电话拨打记录清单等电子数据,并由鉴定机关对电子数据进行无污损鉴定。但是,问题在于电子数据无污损鉴定意见的鉴定起始基准时间晚于犯罪嫌疑人归案的时间近 11 个小时,不能确定在此期间电子数据是否被增加、删除、修改。检察机关经审查认为,根据肯尼亚警方出具的《调查报告》、我国驻肯尼亚大使馆出具的《情况说明》以及公安机关出具的扣押决定书、扣押清单等,能够确定境外获取的证据来源合法,移交过程真实、连贯、合法。国家信息中心电子数据司法鉴定中心重新作出的无污损鉴定,鉴定的起始基准时间与肯尼亚警方抓获犯罪嫌疑人并起获涉案设备的时间一致,能够证实电子数据的真实性。

最高人民检察院指出,就本案的指导意义而言,在于对电子数据应重点审查客观性。"一要审查电子数据存储介质的真实性。通过审查存储介质的扣押、移交等法律手续及清单,核实电子数据存储介质在收集、保管、鉴定、检查等环节中是否保持原始性和同一性。二要审查电子数据本身是否客观、真实、完整。通过审查电子数据的来源和收集过程,核实电子数据是否从原始存储介质中提取,收集的程序和方法是否符合法律和相关技术规范。对从境外起获的存储介质中提取、恢复的电子数据应当进行无污损鉴定,将起获设备的时间作为鉴定的起始基准时间,以保证电子数据的客观、真实、完整。三要审查电子数据内容的真实性。通过审查在案言词证据能否与电子数据相互印证、不同的电子数据间能否相互印证等,核实电子数据包含的案件信息能否与在案的其他证据相互印证。"[1]

这一意见和学界的观点是一致的。

---

[1] 《最高人民检察院发布第十八批指导性案例》,载最高人民检察院网(https://www.spp.gov.cn/spp/xwfbh/wsfbh/202004/t20200408_458230.shtml),访问日期:2020 年 11 月 28 日。

此外,真实性中最重要的是完整性的审查判断。《电子数据规定》第 23 条规定:"对电子数据是否完整,应当根据保护电子数据完整性的相应方法进行验证:(一)审查原始存储介质的扣押、封存状态;(二)审查电子数据的收集、提取过程,查看录像;(三)比对电子数据完整性校验值;(四)与备份的电子数据进行比较;(五)审查冻结后的访问操作日志;(六)其他方法。"检察院的《电子数据规定理解与适用》也强调,对电子数据真实性、完整性的审查不以满足《电子数据规定》第 22 条、第 23 条的所有要点为必要。

2. 合法性的审查与判断

《电子数据规定》第 24 条规定:"对收集、提取电子数据是否合法,应当着重审查以下内容:(一)收集、提取电子数据是否由二名以上侦查人员进行,取证方法是否符合相关技术标准;(二)收集、提取电子数据,是否附有笔录、清单,并经侦查人员、电子数据持有人(提供人)、见证人签名或者盖章;没有持有人(提供人)签名或者盖章的,是否注明原因;对电子数据的类别、文件格式等是否注明清楚;(三)是否依照有关规定由符合条件的人员担任见证人,是否对相关活动进行录像;(四)电子数据检查是否将电子数据存储介质通过写保护设备接入到检查设备;有条件的,是否制作电子数据备份,并对备份进行检查;无法制作备份且无法使用写保护设备的,是否附有录像。"

这部分判断认定的内容是,在取证过程中,是否侵害嫌疑人或第三人等的合法权益。在具体内容上,与取证主体部分的展开有重复之处,可以参照前文的内容。

此外,在实践中,对电子数据合法性的质疑占绝大多数。这种异议有两类:一是指出"没有鉴定人员签名""送检人显示为无"等瑕疵;二是没有多少线索地一般性质疑"程序不合法"。法院对此不予采信的理由也分别是:通过侦查机关的"必要说明""合理解释",证据合法性得以补正;或非法取证问题并未提供线索或材料。① 可见,面对较为专业的电子数据,尽管被告方对其有质证意愿,但能力不足。而在无法获得电子数据原始载体或完整备份的情况下,难度更加提高。对此,有必要进行制度上的调整,以确保被告方能够接触电子数据原始载体或者完整备份。

3. 关联性的审查与判断

法院的《电子数据规定理解与适用》指出,司法实践中虚拟身份与真实身份对应以及与存储介质的关联判断等问题较为常见,且一般都是疑难问题。喻海松法官认为,《电子数据规定》仅对关联性审查进行了原则性规定,内容涉及虚实对应和人机关联两方面。② 具体而言,《电子数据规定》第25条规定:"认定犯罪嫌疑人、被告人的网络身份与现实身份的同一性,可以通过核查相关 IP 地址、网络活动记录、上网终端归属、相关证人证言以及犯罪嫌疑人、被告人供述和辩解等进行综合判断。认定犯罪嫌疑人、被告人与存储介质的关联性,可以通过核查相关证人证言以及犯罪嫌疑人、被告人供述和辩解等进行综合判断。"除了这些认定方式,法院的《电子数据规定理解与适用》指出,对于"人机关联",还可以提取必要的指纹、DNA 等痕迹物证进行综合判断。

4. 瑕疵证据的补正与排除

《电子数据规定》第27条对瑕疵证据的补正与排除进行了专门规定:"电子数据的收集、提取程序有下列瑕疵,经补正或者作出合理解释的,可以采用;不能补正或者作出合理解释的,不得作为定案的根据:(一)未以封存状态移送的;(二)笔录或者清单上没有侦查人员、电子数据持有人(提供人)、见证人签名或者盖章的;(三)对电子数据的名称、类别、格式等注明不清的;(四)有其他瑕疵的。"

---

① 参见胡铭、王林:《刑事案件中的电子取证:规则、实践及其完善——基于裁判文书的实证分析》,载《政法学刊》2017年第1期,第84页。
② 参见喻海松:《刑事电子数据的规制路径与重点问题》,载《环球法律评论》2019年第1期,第46页。

这一部分主要针对电子数据的真实性、合法性瑕疵提供了补正与排除规则。

5. 排除规则

除了上述瑕疵证据的排除规则,《电子数据规定》还对电子数据规定了一般性的排除规则。该规定第 28 条规定,这些情形包括:"(一)电子数据系篡改、伪造或者无法确定真伪的;(二)电子数据有增加、删除、修改等情形,影响电子数据真实性的;(三)其他无法保证电子数据真实性的情形。"从该条规定可以看出,排除规则都是针对证据真实性存疑的场合,而不涉及合法性与关联性。

有学者指出,当下的非法证据排除规则只针对数据收集、提取阶段,并未涉及运输、保管、移送等环节,其范围应当进一步延伸。[①]

总的来看,规制路径部分通过引用法院与检察院的《电子数据规定理解与适用》的内容来梳理当下体系化和精细化都相对完善的《电子数据规定》,对我国目前关于电子数据的程序性规制进行了粗略的介绍,呈现了电子数据收集与提取、移送与展示、审查与判断阶段的具体规则。当然,《电子数据规定》的具体内容也仍有不足之处,有待进一步细化和深入。[②]

[①] 参见胡铭、王林:《刑事案件中的电子取证:规则、实践及其完善——基于裁判文书的实证分析》,载《政法学刊》2017 年第 1 期,第 88 页。

[②] 相关问题,参见龙宗智:《寻求有效取证与保证权利的平衡——评"两高一部"电子数据证据规定》,载《法学》2016 年第 11 期,第 7—14 页;对《电子数据规定》的探讨与评价,参见喻海松:《刑事电子数据的规制路径与重点问题》,载《环球法律评论》2019 年第 1 期,第 35—47 页。